W0095473

HANS PFEIFFER

DIE SPIELE DER TOTEN

Ungeklärte Todesfälle auf
dem Seziertisch

WILHELM HEYNE VERLAG
MÜNCHEN

HEYNE ALLGEMEINE REIHE
Nr. 01/10787

Copyright © 1995 by Militzke Verlag, Leipzig
Wilhelm Heyne Verlag GmbH & Co. KG, München
Printed in Germany 1999
Umschlagillustration: Bildagentur Mauritius/Supertock, Mittenwald
Umschlaggestaltung: Atelier Schütz, München
Satz: (3172) IBV Satz- und Datentechnik GmbH, Berlin
Druck und Bindung: Elsnerdruck, Berlin

ISBN 3-453-14745-6

http://www.heyne.de

INHALTSVERZEICHNIS

VORWORT

Der Tod, das Unabwendbare des menschlichen Schicksals, fordert das Gefühl der Lebenden auf widerspruchsvolle Weise heraus. Sie fürchten ihn, denn niemand kann ihm entfliehen. Zugleich aber fasziniert er sie durch die unendlichen Kostümierungen, in denen er auftritt.

Urtümlicher Volksglaube stellte sich den Tod als Person vor, als Jüngling mit gesenkter Fackel oder als Gerippe mit Sense. Aber jenseits solcher allegorischen Bilder vom Tod erregt seine reale Gestalt als biologischer und sozialer Vorgang immer wieder ein mit Erschrecken verbundenes Interesse. Das gilt besonders für die außergewöhnlichen Todesfälle. Ihre oft bizarren Umstände zwingen uns, sie »schaudernd-lüstern« (Goethe) zur Kenntnis zu nehmen, ganz gleich, ob es merkwürdige Unfälle, raffinierte oder brutale Morde oder kaum glaubliche Formen einer Selbsthinrichtung sind.

Im Unterschied zum natürlichen, durch innere Ursachen bedingten Tod ist beim außergewöhnlichen Tod eine äußere Gewalt wirksam. »Unheimlich sind die außergewöhnlichen Todesfälle besonders dann, wenn anscheinend ein natürlicher Tod vorliegt«, sagt der Gerichtsmediziner Dr. H. Siegrist. Die wirkliche Todesursache kann nur von einem Arzt festgestellt werden. Beim außergewöhnlichen Todesfall ist es ein dazu berufener, besonders ausgebildeter Arzt, der Rechts- oder Gerichtsmediziner. Deshalb, so heißt es bei Siegrist weiter, sei eine Hauptaufgabe der Rechtsmedizin »die Bearbeitung der außergewöhnlichen Todesfälle. Beim außergewöhnlichen Todesfall liegt keine gewöhnliche Leiche, sondern eine außergewöhnliche, eine verdächtige Leiche, eine Problemleiche im Zentrum des Geschehens. Den außergewöhnlichen Todesfällen haftet etwas Unheimliches, Erschreckendes, Erschütterndes, Unfaßbares und vor allem Verdächtiges an.« Sie aufzuklären, ist von höchstem gesellschaftlichem Interesse, denn sie haben vielfältige soziale und juristische Folgen.

Die Rechtsmedizin ist ein Teil der Kriminalistik. Oft kann ein Tatgeschehen nur durch rechtsmedizinische Erkenntnisse rekonstruiert werden. Damit trägt der Rechtsmediziner zur Rechtssicherheit in der Gesellschaft bei.

Für den Gerichtsmediziner ist nach Siegrists Erfahrung aus einer Leiche »außerordentlich viel ... herauszulesen. Die Leichen sprechen ihre eigene, schwer verständliche Sprache. Diese Sprache muß man kennen und verstehen. Dann kann man mit ihnen reden, und sie geben willig oder unwillig, vielfach erst nach längerem Bemühen, Auskunft.«

Die schweigenden Toten reden, willig oder unwillig. Sie eröffnen oder verschließen sich dem Betrachter, kommen ihm entgegen oder entziehen sich ihm. Es ist wie ein Spiel: Annäherung und Flucht, Sich-Verstecken und Entdeckt-Werden. Die Toten spielen mit den Lebenden ...

»Die Spiele der Toten« ist mein drittes Buch, in dem ich den wesentlichen Anteil der Rechtsmediziner bei der umfassenden Aufklärung außergewöhnlicher Todesfälle schildere. Der Leser lernt hier einen Bereich realistischer Kriminalliteratur kennen, der sonst meist nur oberflächlich dargestellt oder ganz ausgespart wird.

Dieses Buch verarbeitet in publizistischer Form Tatsachenmaterial, das ich von Rechtsmedizinern erhalten oder in entsprechender Fachliteratur in Berichten von Rechtsmedizinern und Kriminalisten gefunden habe. Damit wird ihre erfolgreiche und verantwortungsvolle Arbeit gewürdigt und der Öffentlichkeit bekannt gemacht. Ihnen allen schulde ich Dank. Eine Reihe Namen von Opfern und Tätern, vor allem bei jüngeren Fällen, habe ich aus verständlichen Gründen geändert.

I. KAPITEL

SHOCKING!

Der stille Tod in den Betten, das langsame Erlöschen des Lebens erregt kaum jemand anderen als die Angehörigen. Schockierend dagegen wirkt der Tod unter ungewöhnlichen Umständen: als merkwürdiger Unfall, als sonderbarer Selbstmord, als absurder Mord.

Es sind Todesfälle mit einem bizarren Hintergrund.

Die Tote im Brennofen

Alois Riedl ist sechsundfünfzig Jahre alt und in zweiter Ehe mit der achtzehn Jahre jüngeren Anna Maria verheiratet. Seit vierzig Jahren arbeitet Riedl in einer oberösterreichischen Ziegelei. Als verläßlicher Arbeiter mit einer so langen Berufserfahrung wird er am Ziegelbrennofen beschäftigt. In diesem Ofen werden die Ziegel bei einer Temperatur von 1200 °C und mehr gebrannt. Riedl ist für die Heizung der Öfen, auch Ringöfen genannt, verantwortlich. Der Brennerboden ist eine Plattform, auf der sich die Schürlöcher befinden. Durch die Schürlöcher wird das Heizmaterial eingefüllt. Sie sind mit einer eisernen Kapsel abgedeckt. Der beim Brennvorgang entstehende Rauch entweicht durch einen zentralen Rauchabzugskanal.

Riedl ist ein ruhiger Mann. Seine Ehe gilt als harmonisch. Aber unter der Oberfläche sieht es anders aus. Da glüht es wie im Brennofen. Affekte haben sich erhitzt, Leidenschaft und Eifersucht. Vor einiger Zeit hatte sich

Riedl in eine Arbeitskollegin verliebt. Emmy ist fast dreißig Jahre jünger als Alois. Er trifft sich heimlich mit ihr. Bisher hatte seine Frau noch nichts von dieser Affäre gemerkt. Und Alois ist sehr darauf bedacht, seine Liebschaft geheimzuhalten. Er fürchtet Anna Marias brennende Eifersucht. Die Furcht vor der einen und die Leidenschaft zur andern Frau verleihen der Affäre mit Emmy den Reiz der Gefahr und binden Alois um so fester an sie.

Aber je enger die Bindung wird, je länger sie andauert, desto schwieriger wird es für Riedl, sie vor seiner Frau zu verbergen. Nachbarn und Kollegen treffen Riedl und Emmy in Lokalen. Wie lange werden sie schweigen?

Es bedarf keiner vertraulichen Mitteilung einer guten Freundin, um Anna Maria allmählich mißtrauisch werden zu lassen. Immer häufiger kommt Alois abends Stunden später von seiner Mittelschicht heim. Die Gründe, die er vorbringt – Treffs mit Kollegen zu Bier und Kartenspiel – überzeugen Anna Maria nicht. Alois wehrt ihren Verdacht, fremdzugehen, wütend ab. Es kommt zum Streit. Anna Maria schlägt Alois, Alois schlägt zurück. Anna Maria beginnt, ihren Mann zu beobachten. Kontrolliert ihn auf Schritt und Tritt. Sie holt ihn nach der Schicht am Fabriktor ab, neuerdings erscheint sie sogar unerwartet an seinem Arbeitsplatz. Riedl fühlt sich vor den Kollegen gedemütigt. Zu Hause reagiert er zornig seinen Frust ab. Vorwürfe, Geschrei, Tätlichkeiten – ein Ohrenschmaus für die Nachbarn. Eine Schmach für Riedl.

Riedl weiß nicht, wie das alles weitergehen soll. Seine Liebe zu Anna Maria ist tot, seine Leidenschaft für Emmy um so ungestümer. Er wagt nicht mehr, sich mit Emmy in der Öffentlichkeit zu zeigen. Nicht auszudenken, was Anna Maria anstellte, wenn sie wirklich Beweise für seine Untreue hätte. Vorbei die Wirtshausbesuche mit Emmy, kein Glaserl mehr mit ihr in der Weinschenke. Nur selten noch eine flüchtige Stunde in Emmys Zimmer. Auch das wird bald zu riskant. Was bleibt, sind verstohlene Treffs am Brennofen, wenn beide Nachtschicht haben.

So ist es auch in dieser Nacht.

Riedl ist allein auf dem Brennerboden und schaufelt Koks in die Schürlöcher. Er ist guter Stimmung dabei. Denn er erwartet Emmy. Heute braucht er nicht zu fürchten, daß Anna Maria plötzlich auftaucht. Sie will morgen früh zu ihrer Schwester nach Wels reisen und hat noch mit Reisevorbereitungen zu tun.

Gegen Mitternacht kommt Emmy. Beide setzen sich hinter eine Tonne. Alois macht ihr sofort die frohe Mitteilung, daß seine Frau für mehrere Tage verreisen werde. Emmy freut sich. Sie überlegen, wie sie die Tage der Freiheit am besten nutzen könnten. Dann sagt Emmy plötzlich: »Und wenn die Reise nur eine Finte ist? Um dich in Sicherheit zu wiegen und uns dann zu überraschen?«

»Bestimmt nicht. Sie hat schon ihre Reisetasche gepackt. Und bäckt noch Kuchen, den sie mitnehmen will.«

»Ich weiß nicht. Dich tagelang allein lassen, das paßt nicht zu ihrer Eifersucht!«

Niemand kann mehr sagen, ob Anna Marias Reiseplan wirklich nur ein Täuschungsmanöver gewesen war. In diesem Augenblick jedenfalls verläßt Riedl sein Versteck, um nachzuschüren. Da sieht er hinten auf dem Brennerboden Anna Maria auftauchen.

Halblaut ruft er Emmy zu, sie solle verschwinden. Emmy schleicht sich durch die rückwärtige eiserne Tür. Die Tür fällt hinter ihr zu.

Bald steht Anna Maria neben ihrem Mann. »Da fiel eine Tür zu. Wer war das?«

»Na wer schon. Der Meister.«

»Der Meister!« Anna Maria lacht böse auf.

»Was geht dich das überhaupt an? Was willst du hier?«

»Es war eine Frau!« sagt Anna Maria. »Wer ist das Mensch?«

Riedl fragt sich, ob seine Frau tatsächlich Emmy noch erblickt haben könnte. Er schaufelt emsig Koks ein. »Du spinnst wohl«, erwidert er unsicher.

Auch Anna Maria ist sich nicht sicher, ob es eine Frau war, die da durch die Tür gegangen ist. Aber sie spürt die Verlegenheit ihres Mannes. Der macht sich noch immer, ohne sie anzublicken, am Schürloch zu schaffen. »Es war eine Frau!« wiederholt sie hartnäckig. »Und ich bekomme es schon raus, wer die Schlampe ist!«

Riedl spürt Wut in sich aufsteigen. Wut über sich, daß er sich in solche Verlegenheit bringen ließ. Und noch mehr Wut über Anna Maria. Nicht mal hier ist er vor ihr sicher! Selbst dieses armselige Liebesnest will sie ihm noch nehmen!

Er schreit sie an, sie solle sich davonscheren. Ihn in Ruhe arbeiten lassen.

Arbeiten! äfft sie höhnisch nach, das nennst du arbeiten, Drecksau elendigliche!

Eine Schimpfkanonade setzt ein. Jeder beschießt den andern mit unflätigen Ausdrücken. Riedls Schuldbewußtsein schlägt in blanken Haß um. Er will nur eins: daß diese keifende Stimme endlich schweigt. Mit geballter Faust schlägt er zu. Anna Maria schwankt, stürzt, schlägt mit dem Hinterkopf auf die eiserne Kapsel neben dem Schürloch. Bleibt reglos liegen.

Riedl atmet auf. Endlich Ruhe. Was mußte sie auch hier auftauchen. Nun hat sie ihre Strafe.

»Steh auf«, sagt er friedfertig.

Anna Maria steht nicht auf.

Er kniet neben ihr nieder, rüttelt sie. Sie ist bewußtlos. Er ertastet an ihrem Handgelenk den Puls. Der ist weich, träge, kaum noch zu spüren. Ehe ich Hilfe hole, sagt er sich, ist es aus mit ihr. Die ist hin, die steht nicht wieder auf. Und der Ärger dann, wenn ich den Vorgang melde. Das Aufsehen, die Unruhe. Vernehmungen durch die Polizei. Vielleicht ein Prozeß. Knast. Und keine Emmy dann, die mich tröstet.

Er richtet sich auf, geht zum Rauchabzugskanal, öffnet die Einstiegstür. Kehrt zu Anna Maria zurück, packt sie unter den Armen, schleift sie zum Abzugsschacht und wirft sie kopfüber hinein.

Mehr als 200 Grad da drin, denkt er, da bleibt nichts übrig von ihr.

An der Abdeckkapsel entdeckt er Blut. Er schüttet Kohlenstaub darüber. Der saugt das Blut auf. Riedl kehrt das Gemisch ins Schürloch. Er blickt sich um. Das wäre geschafft. Nichts mehr deutet darauf hin, daß Anna Maria soeben noch hier war. Keine Leiche, keine Spur. Der Brennofen verrät sein Geheimnis nicht.

Nun kann Riedl ruhig nachdenken. Soll er Emmy erzählen, daß er Anna Maria getötet hat? Es könnte sie freuen. Es könnte sie aber auch belasten, so daß unsere Liebe darunter leidet. Je weniger sie weiß, desto besser. In einer Heizpause geht er hinunter. Emmy arbeitet an einer Strangpresse. Aufgeregt fragt sie, ob Anna Maria sie entdeckt habe. Nein, erwidert Alois, alles in Ordnung. Morgen mittag, wenn Anna Maria weggefahren ist, will er mit Emmy essen gehen.

Am nächsten Tag fahren sie in einen benachbarten Ort und essen in einem Restaurant zu Mittag. Einmal entsteht für Emmy eine peinliche Situation, als eine Arbeitskollegin sie erblickt und begrüßt. Aber Alois beruhigt sie. Sie sollten endlich wieder damit aufhören, sich zu verstecken. Emmy stimmt ihm halbherzig zu. Sie fürchtet sich vor Anna Marias Haß. Riedl muß sich zwingen, ihr sein Geheimnis nicht zu verraten. Er sieht sich, wie er Anna Maria in den Schacht wirft. Verdrängt das Bild. Ist längst als Rauch durch den Schornstein, beruhigt er sich.

Drei Tage später nimmt Riedl Emmy mit in seine Wohnung. Emmy hat Hemmungen, mit Alois in seinem Ehebett zu schlafen. Schließlich gibt sie seinem Drängen nach. Auch die nächsten Tage verbringt sie in seiner Wohnung. Eines Nachts fragt sie, wann denn nun Anna Maria zurückkomme.

»Sie wollte schon gestern zurück sein«, sagt Riedl.

Bestürzt richtet sich Emmy auf. »Das sagst du mir erst jetzt? Und wenn sie nun heute nacht zurückkehrt?«

»So spät kommt kein Zug mehr.«

Nun ist es mit Emmys Ruhe vorbei. Am Morgen verläßt sie die Wohnung wieder. Nach einer Woche ist Anna Maria immer noch nicht heimgekommen. Obwohl Emmy darüber froh sein müßte, drängt sie Alois, sich um den Verbleib seiner Frau zu kümmern.

An einem Märztag, so berichtet Gendarmerie-Bezirksinspektor Spenlingwimmer, erstattete der Arbeiter Alois Riedl Anzeige, seine achtunddreißigjährige Ehefrau Anna Maria sei seit Tagen überfällig. Sie wollte ihre Schwester in Wels besuchen. Er habe die Schwester angerufen und erfahren, seine Frau sei dort gar nicht angekommen.

Die Gendarmerie beginnt sofort nach der Vermißten zu suchen. Auf dem Bahnhof ermitteln die Kriminalisten, sie sei am fraglichen Morgen in Richtung Linz gefahren. Nun gilt es, Zeugen ausfindig zu machen, die im gleichen Zug gefahren sind und die Vermißte gesehen haben könnten. Niemand hat Anna Maria gesehen. Erneut wird das Bahnhofspersonal befragt. Die Aussagen ändern sich, man ist sich nicht mehr sicher, ob es jener Frühzug war, mit dem die Frau gefahren ist.

Routinemäßig wird auch der Ehemann vernommen. Er bezeichnet seine Ehe als glücklich. Nachbarn bestätigen es. Auch die Befragungen in Riedls Umfeld zerstreuen jeden Verdacht gegen ihn. Kollegen und Vorgesetzte bescheinigen ihm Verläßlichkeit und solide Lebensführung.

Anna Maria bleibt verschwunden. Die Ermittlungen schlafen ein. Daß sie dann nach Monaten doch wieder zum Leben erweckt werden, wird durch Gerüchte bewirkt, die verstohlen auftauchen. Die Gendarmerie erfährt, Riedls Ehe sei doch nicht so glücklich gewesen, er habe ein Liebesverhältnis mit einer Kollegin. Wenige Tage nach dem Verschwinden seiner Frau sei die Geliebte sogar in Riedls Wohnung gezogen. Es sei auch zu Schlägereien zwischen Riedl und seiner Frau gekommen, weil Anna Maria sehr eifersüchtig war.

Die Kriminalisten fragen sich, warum alle diese Verdachtsmomente gegen Riedl nicht schon früher zur Sprache gekommen sind und die nun aussagewilligen Zeugen die Ermittlung behindert haben. Die Nachforschungen erhalten jetzt also neuen Auftrieb. Wieder konzentrieren sie sich zunächst auf den Bahnhof. Haben sich jene Bahnhofsangestellten geirrt, die behauptet hatten, Anna Maria sei tatsächlich mit einem Zug abgereist?

Schließlich hat der Bahnhofsvorsteher einen folgenreichen Einfall. Er fragt beim Fahrkartenverwendungsvermerk der Österreichischen Bundesbahn nach, ob an jenem Tage eine Fahrkarte nach Wels gelöst worden sei. An diesem Tage, so der Bescheid, sei keine Fahrkarte nach Wels ausgegeben worden. Dann meldet sich auch noch ein Zeuge, der gesehen haben will, daß Anna Maria in der Nacht vor ihrem Verschwinden zur Ziegelei gegangen sei.

Riedl wird eindringlich vernommen. Gelassen und unberührt leugnet er, seine Frau getötet zu haben. Die Beweise gegen ihn reichen nicht aus. Die Gendarmerie fragt sich enttäuscht: Bleibt es ein Mord ohne Leiche?

Tage später gesteht Riedl die Tat. Aber eben der letzte Beweis, die Leiche, fehlt, so daß auch der Wahrheitsgehalt von Riedls Aussage nicht überprüft werden kann.

So entschließen sich die Ermittlungsbeamten, nach der Leiche zu suchen. Der Erfolg erschien zweifelhaft. Riedl hatte damit gerechnet, daß die Hitze im Brennofen die Leiche völlig verbrennen würde. Hier irrte er. Knochen, vor allem lange Röhrenknochen, entziehen sich auch bei starker Hitze lange Zeit einer völligen Verbrennung. Und die 200 Grad im Abzugskanal reichen nicht aus, um menschliche Knochen zu vernichten.

So beginnt nun mit einiger Hoffnung der Versuch, Überreste der Leiche im Brennofen zu finden. Aus Kostengründen weigert sich der Betrieb, den Ofen auch nur vorübergehend stillzulegen. Mit Hilfe von Absauggeräten und einer Frischluftmaske steigt ein Beamter in den glühend heißen Rauchkanal hinab. Der Boden des Schachtes ist mit einer etwa 15 cm hohen beizenden Schicht von Ruß und Asche bedeckt. In diesem heißen Bodensatz finden sich Knochen. Der höllische Fundort erlaubt keine gründliche Suche.

Die Gerichtsmediziner müssen sich mit Teilen des Skeletts begnügen. Es sind u. a. Wirbelknochen, Rippen, Armknochen. Es kann nachgewiesen werden, daß es sich um Teile eines weiblichen menschlichen Skeletts handelt. Die Todesursache ist nicht mehr feststellbar. Jedoch ist anzunehmen, daß Anna Maria nur bewußtlos, aber nicht tot war, als Riedl sie in den Abzugskanal warf.

Das Gericht stand vor der Frage, ob das Tötungsverbrechen Mord oder Totschlag gewesen war. Die Geschworenen erkannten auf Mord. Riedl erhielt lebenslänglich schweren Kerker.

Wie dieser Fall zeigte, konnte eine Mordleiche selbst in einem Brennofen noch nach Monaten nicht vollständig vernichtet werden. Eine solche Art der Leichenbeseitigung bleibt meist erfolglos. Das zeigt noch ein anderer Fall, der sich allerdings im Motiv, noch mehr aber in seinem Ausmaß vom Brennofen-Fall unterscheidet.

Paris im März 1946.

Der Gerichtsmediziner Dr. Paul wird von der Kriminalpolizei aufgefordert, sich in eine Vorortvilla in der Rue Lusueur zu begeben.

Als er dort eintrifft, sieht er das Haus von Schaulustigen, Polizisten und Feuerwehrleuten umgeben. Kommissar Massu empfängt den ihm bekannten Arzt und führt ihn ohne nähere Erklärung hinunter in den Heizkeller. Dort schlägt ihnen glutende Hitze entgegen. Der eine der beiden Kessel glüht. Neben dem Kessel und an den Wänden aufgestapelt liegen zerstückelte Menschen. Sie sind mumienhaft ausgedörrt.

Bevor Dr. Paul noch eine Frage stellen kann, nimmt Massu seinen Arm. »Das ist noch nicht alles, Doktor. Kommen Sie.«

Massu führt Dr. Paul in ein Seitengebäude. Das war früher ein Stall gewesen. Jetzt befindet sich im Boden eine tiefe Grube. Über der Grube dunstet der beizende Geruch von Chlorkalk. In der Grube liegen, mit Chlorkalk vermischt, Schädel, Arme, Beine, Knäuel von Menschenhaaren.

In diesem Augenblick durchzuckt Dr. Paul eine blitzhafte Erkenntnis. »Das ist unser Päckchen-Mann, nicht wahr?«

»Wahrscheinlich«, antwortet der Kommissar.

Der Päckchen-Mann. Vor drei Jahren hatte es begonnen. Woche um Woche erhielt das Gerichtsmedizinische Institut Pakete, in denen sich menschliche Leichenteile befanden. Spaziergänger hatten sie gefunden, in Parks und Wäldern rings um Paris, auch in der Seine wurden solche Päckchen aufgetischt. Dr. Paul hatte die Leichenteile untersucht und geordnet, selten war es jedoch gelungen, einen Körper vollständig zu rekonstruieren. Eines war allen Funden gemeinsam: Der die Leichen zerlegt hatte, verstand etwas von Anatomie. Der Täter hatte chirurgische Kenntnisse. Aber er entzog sich geschickt allen Nachforschungen.

Dann, ein Jahr später, im Frühjahr 1943, fand man keine Leichenpakete mehr. Es gab keine neuen Spuren. Der Fall kam zu den Akten. Es wahr unwahrscheinlich, daß der Massenmörder aufgehört haben sollte zu töten. Massu nahm an, er habe eine bessere Methode der Leichenbeseitigung entdeckt.

Daß der Täter damals nicht gefunden werden konnte, war nicht die Schuld der Polizei. Die Schwierigkeiten begannen bereits mit der Identifizierung der Leichenteile. Dazu mußte die Polizei wissen, welche Personen vermißt wurden. Diesen Überblick hatte sie nicht. Paris war von deutschen Truppen besetzt. Gestapo und SS verschleppten oder mordeten täglich viele Menschen. Andere tauchten in der Widerstandsbewegung unter. In diesem Chaos war eine auf pedantischer Kleinarbeit beruhende kriminalistische Arbeit unmöglich.

Massu und Dr. Paul sind sich einig: Der Mörder hatte damals eine neue Art der Leichenbeseitigung gefunden. Er trocknete die Körper durch Chlorkalk aus und verbrannte sie dann im Heizungsofen.

Das hier ist seine Mordfabrik.

»Und wer ist der Täter, Kommissar?«

»Der Arzt Dr. Petiot. Nachbarn hatten sich schon lange über den stinkenden Qualm beschwert, der aus Petiots Schornstein stieg. Wir wollten eine Haussuchung machen, aber er ist uns zuvor entwischt.«

Aber Dr. Petiot wird aufgespürt und verhaftet. Der Prozeß enthüllt das Motiv seiner Morde: hemmungslose Besitz- und Geldgier.

Mit Drogenhandel hatte er begonnen. Als ihm das zu gefährlich wurde, verfiel er auf ein weit einträglicheres und sichereres Geschäft. Ein Geschäft, das nur unter den Bedingungen der Okkupation möglich war, ja, diese mit ihren

Greueltaten und rechtlosen Verhältnissen geradezu voraussetzte.

Wenn Petiot erfuhr, daß jüdische Familien, um der Deportation zu entgehen, ins Ausland flüchten wollten, bot er sich ihnen als rettender Engel an. Er forderte sie auf, allen Besitz in Devisen und Schmuck umzusetzen. Er wollte ihnen gefälschte Papiere und Visa nach Südamerika besorgen. Vor der angeblichen Abreise bestellte er sie in seine Villa. Sie sollten eine Schutzimpfung erhalten. In einem fensterlosen dreieckigen Raum spritzte er seinen Opfern Phenol in die Adern – eine Mordmethode, die auch in den deutschen Konzentrationslagern angewendet wurde. Dr. Petiot kam auf diese Weise in den Besitz von Wertpapieren, Devisen, Schmuck.

Dr. Paul tritt vor Gericht als Gutachter auf. Sein Bericht über die aufgefundenen Leichenteile scheint kein Ende zu nehmen: Schädel und Oberarmknochen, Unterschenkel, Brustbeine und Rippen – insgesamt wurden allein mehr als hundert Kilo vom Feuer ausgeglühter Knochen gezählt. Es sind ausschließlich menschliche Knochen, aber nicht mehr identifizierbar. Die Knochen weisen keine Anzeichen einer Fraktur auf. Alle Brüche sind erst nach dem Tode eingetreten. Projektile sind nicht gefunden worden. Der Tod kann also durch Erdrosselung, Gas oder Gift verursacht worden sein. Die Todeszeit ist nicht mehr festzustellen, da an den noch nicht verbrannten Leichenteilen der Chlorkalk die Leichenflora zerstört und die Fäulnis verhindert hat.

Wie viele Flüchtlinge dem Massenmörder zum Opfer fielen, konnte nicht mehr festgestellt werden.

Die Tote im Kellergrab

Auch diese Mordgeschichte begann wie der Brennofen-Fall als Vermißtensache. Gendarmerieinspektor Spenlingwimmer nannte sie den aufregendsten und interessantesten Fall im Oberösterreich der 70er Jahre. Er ereignete sich 1971, an einem frostkalten Januartag im Städtchen Traun.

An diesem 15. Januar war der Installateur Kowalzik von einem Kunden namens Heinrich Knepper bestellt worden, um in dessen Werkstatt eine eingefrorene Wasserleitung aufzutauen. Der Auftrag erschien Kowalzik etwas kompliziert, weil der Termin nicht nur mit seinem Kunden, sondern auch mit der geschiedenen Ehefrau Kneppers abgestimmt werden mußte. Sie wollte anwesend sein, wenn der Installateur kam. Denn Kneppers Werkstatt befand sich auf ihrem Grundstück, neben ihrem Haus, das sie seit der Scheidung mit ihren drei Kindern allein bewohnte. Zu dritt hatte man dann den Reparaturtermin auf 15 Uhr festgelegt.

Gegen 17 Uhr kam Barbara Kneppers siebzehnjähriger Sohn Dietmar nach Hause. Zu seiner Verwunderung stand das Fahrrad der Mutter vor der Haustür auf der Straße. Am Lenker hing eine Einkaufstasche. Er nahm sie ab. Sie enthielt Lebensmittel, die Schlüssel und die Personalpapiere der Mutter.

Gegen Abend wurden Dietmar und seine zwei kleineren Geschwister immer unruhiger. Die Mutter war noch immer nicht zurück. Dietmar rief den Installateur an und erfuhr, daß Kowalzik es nicht geschafft hatte, den vereinbarten Termin einzuhalten, und überhaupt nicht gekommen war.

Dietmar suchte den Gendarmerieposten auf und meldete, daß seiner Mutter etwas zugestoßen sein müsse. Sie würde niemals ohne eine Benachrichtigung ihrer Kinder so lange wegbleiben.

Zwei Beamte begleiteten Dietmar nach Hause. Sie schauten sich in Haus und Werkstatt um, fanden aber nichts Verdächtiges. Dann suchten sie den geschiedenen Ehemann Heinrich Knepper auf, aber auch er wußte nicht, wo Barbara sein könnte.

Am nächsten Morgen hatte sich die Vermißte noch immer nicht eingefunden. Das gab der Gendarmerie nun doch Anlaß zu ernstlicher Sorge. Denn noch niemals hatte die Mutter ihre Kinder so lange Zeit sich selbst überlassen. Eine Sonderkommission wurde gebildet. Sie leitete mit einem großen Aufwand an Personal eine umfängliche Suche ein. Die Suchkommandos durchforschten die nähere und weitere Umgebung bis hinunter zu den Auengebieten der Traun. Sie fanden nichts. Funkfahndung und Fernschreiben in alle Landesteile blieben ohne Echo, Aufrufe an die Bevölkerung ohne Ergebnis. Heinrich Knepper, nochmals befragt, konnte nichts Neues beitragen.

In den nächsten Tagen wurde die Suche weiter verstärkt, die Auenlandschaft noch intensiver durchkämmt. Die Ermittlung im privaten Umfeld der Vermißten ergab keine brauchbaren Hinweise. Ein Selbstmord konnte nicht ausgeschlossen werden, aber man fand kein Motiv. Für einen Unfall oder Mord gab es keine Spur. Alles war noch offen.

Am dritten Abend nach Barbara Kneppers Verschwinden war das Ergebnis gleich Null.

Am vierten Tag erfuhr die Gendarmerie vom Auftrag Kneppers an den Installateur Kowalzik. Kowalzik erklärte, er habe den Termin nicht einhalten können. Er sei deshalb auch nicht auf dem Grundstück von Barbara Knepper gewesen und wisse auch nicht, ob sich Heinrich Knepper dort aufgehalten habe.

Ein erster Verdacht gegen Heinrich Knepper tauchte auf. Wo war er gewesen, als Barbara Knepper – wie inzwischen mit Sicherheit geklärt werden konnte – gegen 15 Uhr heimgekehrt war? Sohn Dietmar äußerte jetzt sogar, seine Eltern hätten auch nach der Scheidung so erbitterten Streit miteinander gehabt, daß sein Vater möglicherweise die Mutter getötet habe.

Die Kriminalisten untersuchten Kneppers Alibi. Sie befragten Kneppers Eltern, bei denen er wohnte. Sie erinnerten sich, an dem fraglichen Nachmittag sei Heinrich etwa zwei Stunden außer Haus gewesen. Er baue sich einen Bungalow und habe wahrscheinlich am Rohbau gearbeitet. Knepper bestätigte diese Aussage: »Ja, ich habe nachmittags am Rohbau zu tun gehabt.«

»Aber zur gleichen Stunde hatten Sie den Installateur bestellt!«

»Ich hatte mich mit der Zeit vertan. Als ich auf die Uhr sah, war es schon zu spät, zur Werkstatt zu fahren.« Mehr ließ sich nicht ermitteln. Niemand konnte bezeugen, ob Knepper gegen 15 Uhr auf dem Grundstück seiner Ex-Ehefrau oder am Bungalow-Rohbau gewesen war. Aber das konnte den Verdacht gegen ihn nicht entkräften. Die Ermittlungen konzentrierten sich deshalb auf die Beziehung zwischen Heinrich und Barbara Knepper – sowohl vor wie nach der Scheidung. Barbaras Arbeitskolleginnen wurden befragt. Sie äußerten sich anfangs zurückhaltend. Erst allmählich ließen sie durchblicken, daß Barbara auch nach der Scheidung heftige Auseinandersetzungen mit ihrem Mann gehabt habe. Sie habe ständig in Angst gelebt und einmal gesagt, es werde schon noch etwas passieren. Und worum ging der Streit? Sie wußten nichts Genaues, wahrscheinlich um Geld.

Tatsächlich, so wurde festgestellt, schuldete Knepper seiner Frau Geld, für Baumaterialien und nicht gezahlte Unterhaltskosten. Insgesamt ging es um etwa vierzigtausend Schilling. Der Streit sollte am 21. Januar gerichtlich geklärt werden.

War es deshalb zu einem Streit gekommen, der für Barbara tödlich geendet hatte? Wo aber war die Leiche? Knepper besaß keinen Wagen, mit dem er die Leiche hätte fortbringen können. Dann meldete sich ein Zeuge, der in der Nähe von Barbaras Haus wohnte. Er wollte gesehen haben, daß Knepper an jenem Nachmittag auf seinem Fahrrad mit Anhänger vorbeigefahren sei. Der Staatsanwalt ordnete eine Durchsuchung des Grundstücks der Vermißten an.

Besonders intensiv wurde die an das Haus angrenzende Werkstatt durchforscht. Sie war mit Baustoffen, Geräten, Gerümpel vollgestopft. Es fand sich kein Anzeichen für ein Verbrechen, ebensowenig wie im Haus. Auch die Durchsuchung von Kneppers Wohnräumen und des Bungalow-Rohbaus erbrachte nichts.

Knepper wurde erneut vernommen. Inspektor Spenlingwimmer berichtete: »Auf Vorhalte geht er nicht ein. Er überhört sie überhaupt oder gibt ausweichende Antworten. Sein Verhalten ist grob und herausfordernd. Er droht mit Klage und Rechtsanwalt. Sind wir auf einem Irrweg in der Sackgasse gelandet?«

Am nächsten Tag setzten die Gendarmen die Überprüfung des Rohbaues fort. Der Kellerraum war zwar schon zuvor untersucht worden. Nun aber räumten sie die darin liegenden Baumaterialien heraus und begannen, den Boden umzugraben. Der Boden war noch nicht betoniert. Es lag aber schon Aufschüttmaterial auf dem natürlichen Untergrund.

Der hart gefrorene Boden erschwerte das Umgraben. Er wurde Schicht um Schicht abgetragen. Keine Spur, daß hier schon einmal gegraben worden wäre. Allmählich erlahmte der Antrieb der Gendarmen, es war wohl sinnlos, weiterzumachen. Dann, schon im letzten Winkel, wurde der Erdboden lockerer. Man grub weiter. Nichts. Der Boden war wieder fest wie zuvor. Ein Gendarm stieß eine

Eisenstange in die Erde. Sie traf auf elastischen Widerstand. Alle eilten herbei und sahen gespannt zu, wie zwei der Männer nun ganz behutsam weiter gruben. Dann kam ein Stück Sackleinwand zum Vorschein. Bald war der ganze, mit Stricken umschnürte Sack freigelegt. Von außen ist ein menschlicher Körper zu ertasten ...

Die Kälte im Kellergrab hatte Barbaras Leiche gut konserviert. Die Obduzenten können deshalb die Todesursache zweifelsfrei feststellen. Am Hals deutlich sichtbar ist eine Strangfurche. Brüche des Kehlkopfgerüstes, Blutungen in den Weichteilen des Halses und eine Lungenblähung sind weitere Anzeichen dafür, daß Barbara Knepper erdrosselt worden ist.

Erdrosseln ist tödlich, weil die gewaltsame Zuschnürung der Halspartie die Blutzufuhr zum Gehirn und die Luftzufuhr in die Lungen blockiert. Die Drosselung beschädigt auch das äußerst empfindliche Halsnervengeflecht. Meist werden beim Erdrosseln nur die Halsschlagadern, nicht aber die tieferliegenden Wirbelsäulenarterien zugeschnürt. Deshalb erfolgt der Tod nicht so rasch wie beim Erhängen. Bleibt eine teilweise Blutzufuhr zum Gehirn erhalten, ist Ersticken die Hauptursache des Todes. In der Regel ist der Tod durch Erdrosseln langwieriger und qualvoller als der Erhängungstod. Der Täter braucht eine hohe Tatenergie, um die Tötung durchzuführen und zu vollenden, zumal das Opfer anfangs auch noch heftige Gegenwehr leistet.

Auch Heinrich Knepper zeigte diese hohe kriminelle Energie. In seinem Geständnis sagte er: »Ich habe ihr einen Strick um den Hals geschlungen und so lange zugezogen, bis sie umgefallen ist.«

Er gab vor, seine Frau hätte ihn zu der Tat provoziert. Als er sich mit ihr an jenem Nachmittag in der Werkstatt traf, habe sie ihm im Hinblick auf die kommende Gerichtsverhandlung gedroht. Er sei wütend geworden, habe nach dem nächstbesten Strick gegriffen, sie erdrosselt, in einem Sack verschnürt, auf dem Fahrradanhänger in den Keller des Bungalow-Rohbaues gebracht, eine Grube ausgehoben und sie darin verscharrt.

Die Überprüfung dieser Behauptung ergab jedoch, daß die Zeit für all das nicht ausgereicht hätte. Er hatte die für die Leiche bestimmte Grube bereits vor dem Treffen mit seiner Frau ausgehoben. Die Tötung Barbaras war kein Totschlag, sondern Mord.

Die Tote in der Badewanne

Jeden Sommer ertrinken Menschen beim Baden – im Meer, in Seen, in Flüssen. Selten stirbt ein Mensch in der Badewanne. Ein solcher Fall ereignete sich in der ungarischen Stadt Szeged.

An diesem Morgen stand der siebzehnjährige Lajos Szabo auf und wollte ins Bad gehen. Die Badezimmertür war verschlossen. Er glaubte, sein Vater sei im Bad und rasiere sich. Ob es noch lange dauere, fragte er. Er erhielt keine Antwort. Er hörte auch kein Geräusch im Bad. Lajos rüttelte an der Klinke und wiederholte seine Frage. Es blieb still im Bad. Vielleicht ist die Schwester drin, dachte er.

Aber in diesem Augenblick erschien die Schwester Joly, noch im Schlafanzug, auf dem Korridor. Der Vater sei im Bad und antworte nicht, sagte er.

»Vater ist in der Küche«, erklärte Joly.

»Dann ist Mutter im Bad. Warum antwortet sie nicht?«

Er klopfte, rief nach der Mutter, im Bad rührte sich nichts. Lajos lief in die Küche. Der Vater packte gerade seine Arbeitstasche.

»Mutter muß im Bad etwas passiert sein«, sagte Lajos. »Komm schnell!«

»Was soll denn schon passiert sein«, erwiderte der Vater. Auch er erhielt auf sein Rufen und Klopfen keine Antwort. Beunruhigt blickte er seine Kinder an. »Wir müssen die Tür aufbrechen.«

Lajos wollte durchs Schlüsselloch schauen, ob er irgend etwas erkennen konnte.

»Du wirst nichts sehen, der Schlüssel steckt doch von innen!«

Lajos beugte sich hinunter. »Kein Schlüssel drin!« Er blickte durchs Schlüsselloch. Er sah, daß die Beine der Mutter bewegungslos über den Wannenrand hinausragten. Lajos hatte ein unheimliches Gefühl. »Entweder ist sie bewußtlos oder tot«, flüsterte er.

Auch der Vater blickte durchs Schlüsselloch. Als er sich wieder aufrichtete, waren seine Augen feucht. »Ich glaube, sie ist tot.«

Er eilte hinaus und läutete beim Flurnachbarn. Weinend bat er ihn, einen Arzt oder Rettungswagen zu rufen. Dann ging er zur Hausmeisterin, sie möchte die Badezimmertür mit einem Paßschlüssel öffnen. Aber die Hausmeisterin hatte fürs Bad keinen Paßschlüssel. Lajos und der Vater brachen die Badezimmertür mit einem Stemmeisen auf.

Frau Szabo lag tot in der Wanne.

Das Wasser reichte ihr bis zum Kinn, das Gesicht befand sich über der Wasseroberfläche. Die Unterschenkel hingen über den Wannenrand hinaus.

Bald traf der Rettungsdienst ein. Die Sanitäter sagten, hier könnten sie nichts mehr tun. Das wäre eine Sache für die Kriminalpolizei.

Joszef Szabo war kaum ansprechbar. Er weinte laut und beklagte sein trauriges Schicksal. Lajos und Joly waren etwas gefaßter, sie zogen sich zurück und setzten sich still in die Küche.

Kriminalisten und Polizeiarzt erschienen wenig später und untersuchten den Unglücksort ...

Der Tod in der Badewanne stellt Kriminalisten, technische Sachverständige und Rechtsmediziner meist vor schwierige Fragen. Oft ist die Todesursache nicht auf den ersten Blick zu erkennen oder die vermeintliche Todesursache erweist sich später als Irrtum. Beim Tod in der Badewanne ist von vornherein an einen außergewöhnlichen Tod zu denken.

Davon gingen auch die Ermittler in diesem Fall aus.

Im Bad befanden sich ein Gasboiler und ein Gas-Heizofen. Der Heizofen war nicht in Tätigkeit. Im Gasboiler brannte die Sparflamme. Das Fenster war verschlossen. Der Schlüssel zur Badezimmertür hatte nach Aussage des Nachbarn, der beim Aufbrechen der Tür dabeigewesen war, auf dem Boden des Badezimmers gelegen.

Das Wasser in der Wanne wurde vorsichtig abgelassen. Zurück blieben Spuren von Kot und Erbrochenem. Die Leiche wies anscheinend keine Verletzungen auf.

Bei der Sektion jedoch fanden sich an Ober- und Unterschenkel des linken Beins in der Haut und im Unterhautgewebe kleinere frische Unterblutungen. Die Lungen waren aufgebläht. Ein Lungenödem wurde festgestellt. Die Bronchien enthielten erbrochenen Mageninhalt. Die spektroskopische Untersuchung des Blutes zeigte Kohlenmonoxid an. Bei beginnender Kohlenmonoxid-Vergiftung kann Brechreiz auftreten. Dann wird Erbrochenes eingeatmet und gelangt in die Bronchien. Ferner tritt bei Kohlenmonoxid-Vergiftung häufig Kotentleerung auf.

Alle diese Symptome ließen darauf schließen, daß Frau Szabo durch Einatmen von Erbrochenem erstickt war. Eine Kohlenmonoxid-Vergiftung hatte das Erbrechen ausgelöst.

Das stellte an die Kriminaltechniker die Frage, wodurch

die Kohlenmonoxid-Vergiftung entstanden war. Die Techniker kontrollierten zuerst, ob die Abgasleitung oder der Schornstein verstopft waren. Das war nicht der Fall. Dann verschlossen sie Fenster und Tür des Baderaums und setzten den Gas-Heizofen und den Gasboiler fünfzig Minuten in Betrieb. Nach Beendigung des Tests untersuchten sie die Luft im Badezimmer. Sie enthielt kein Kohlenmonoxid.

Es ergab sich also ein Widerspruch. Die Obduktion hatte als Todesursache Ersticken an Erbrochenem durch Kohlenmonoxid-Vergiftung ergeben, die Kriminaltechniker schlossen eine solche Vergiftungsmöglichkeit im Bad jedoch aus.

Die Kriminalpolizei forderte erneut eine Obduktion durch Gerichtsmediziner. Diese bestätigten den Befund der ersten, der polizeiärztlichen Sektion: das Lungenödem und die Einatmung von Erbrochenem in die Bronchien. Darüber hinaus fanden die Gerichtsmediziner auch noch kleinfleckige Blutungen unter den Lungenüberzügen. Der vom Polizeiarzt übergebene Mageninhalt zeigte noch immer deutlich eine Dreischichtung. Über dem Speisebrei befand sich eine wäßrige Phase und darüber eine Schaumschicht. Das wies darauf hin, daß Frau Szabo nicht durch Einatmen von Erbrochenem erstickt war. Offensichtlich lag ein durch Aspiration von Speisebrei verkürzter Ertrinkungstod vor. Dafür sprach auch die mikroskopisch festgestellte Lungenüberblähung.

Wie aber konnte die Frau in der Badewanne ertrinken? Ein Herztod in zu heißem Wasser kommt meist nur bei alten Menschen vor. Das Herz der Toten war nicht krankhaft verändert. Es konnte auch keine Ursache für eine Betäubung – durch Alkohol, Medikamente oder Gift – festgestellt werden, die ein Ertrinken bewirkt haben könnte. Eine erneute spektroskopische Blutuntersuchung ergab, daß bei der ersten Untersuchung ein falsches Reduktionsmittel verwendet worden war. Das Blut enthielt kein Kohlenmonoxid, also lag keine Kohlenmonoxid-Vergiftung vor.

Die Gerichtsmediziner stellten aber auch weit mehr Unterblutungen als der Polizeiarzt fest, nämlich im Muskelgewebe von Unter- und Oberarmen bis hinauf zur Schulter, an den Unterschenkeln und Knöcheln, schließlich eine umfängliche Blutinfiltration im linken Kopfnickermuskel und punktförmige Unterblutungen in den Augenbindehäuten. Die zahlreichen Unterblutungen deuteten auf äußere Gewaltanwendung. Frau Szabo war gewaltsam ertränkt worden.

Die kriminalistischen Ermittlungen ergaben, daß die Ehe der Szabos zerrüttet war. Joszef Szabo hatte eine Geliebte, die ein Kind von ihm erwartete. Er wollte sie heiraten und hatte bereits die Scheidung beantragt. Aber er konnte sich mit seiner Frau nicht über die Wohnung einigen. Diese ungewisse Situation verschärfte die Spannung zwischen beiden.

Szabo gestand, daß er seine Frau ertränkt hatte, und zwar schon am Abend zuvor. Er war ins Badezimmer gegangen, um sich zu rasieren. Seine Frau lag in der Badewanne. Wiederum brach ein Streit aus. Szabo trat plötzlich zur Wanne und drückte seine Frau unter Wasser. Sie wehrte sich, aber es gelang ihm trotzdem, sie so lange unterzutauchen, bis sie tot war. Dann verschloß er die Badezimmertür und schob den Schlüssel unter dem Türspalt hindurch ins Badezimmer.

Szabo erhielt wegen Totschlags im Affekt eine Freiheitsstrafe von fünfzehn Jahren.

Die Tote in der Fäkaliengrube

Täglich verschwinden Menschen. Spurlos, wie es heißt. Die meisten tauchen irgendwann wieder auf. Fernsehsender strahlen Suchaufrufe aus. Die Presse berichtet von verschwundenen und wiedergefundenen Menschen. Manche bleiben für immer verschollen. Sie sind untergetaucht, um sich irgendwelchen Verpflichtungen oder widrigen Lebensumständen oder auch der Verantwortung für ein Verbrechen zu entziehen.

Einige der für immer spurlos Verschwundenen sind Mordopfer, irgendwo verscharrt, verbrannt, versenkt.

Zuweilen kann aber ein Mensch auch durch einen absonderlichen Unfall endgültig oder für eine Zeitlang »spurlos« verschwinden. Darüber berichtet folgender Fall.

Es ist an einem naßkalten Wintertag in einer süddeutschen Stadt. Frau Lerchner und ihre fünfzehnjährige Tochter Ulrike bügeln Wäsche, falten gemeinsam Bettlaken zusammen. »Einen Augenblick«, sagt Ulrike, »ich muß nur mal auf die Toilette.«

Ulrike geht hinaus. Frau Lerchner hört die Wohnungstür hinter ihr zuschlagen. In diesem alten Mietshaus liegt die Toilette im Hausflur, eine halbe Treppe tiefer. Die Mutter hatte genickt und sich wieder der Wäsche zugewandt.

Hausarbeit läßt die Gedanken um alles Mögliche kreisen. Manchmal vergeht die Zeit dabei schleppend, manchmal wie im Flug. Erst nach geraumer Zeit wird Frau Lerchner bewußt, daß sie noch immer allein am Bügelbrett steht. Sie kann sich nicht erinnern, ob sie das Zuschlagen der Wohnungstür gehört hat, als Ulrike wieder zurückkam. Sie ruft ihre Tochter.

Keine Antwort.

Und in keinem Zimmer ist das Mädchen zu finden.

Die Mutter geht hinaus, die halbe Treppe hinunter. Die Toilette ist leer. Sie geht vier Stockwerke hinunter in den Keller, steigt hinauf zur Bodenkammer – keine Spur von Ulrike.

Frau Lerchner läutet bei den anderen Mietern im Haus. Niemand hat Ulrike gesehen. Die Mutter spürt wachsende Angst. Das Mädchen kann doch bei diesem Dreckswetter und den ständigen Schneeschauern das Haus nicht verlassen haben. Sie hatte nur Hausschuhe aus Stoff an den Füßen. Auch ihr Mantel hängt noch an der Garderobe.

Frau Lerchner denkt an die oft unglaublichen Geschichten über spurlos Verschwundene. Da geht einer nur mal auf die Straße an den Zigarettenautomaten und kehrt nie wieder. Gibt es das denn wirklich? Das würde uns Ulrike nicht antun, einfach so zu verschwinden, niemals!

Wenn nur Rolf schon da wäre. Endlich kommt ihr Mann von der Arbeit. Ungläubig hört er den Bericht seiner Frau. Sucht selbst noch einmal alle Räume, alle nur möglichen Verstecke ab, befragt die Mitbewohner.

Nichts, keine Spur.

Rolf Lerchner geht zur Polizei und meldet seine Tochter als vermißt.

Auf dem Revier ist man nicht so schnell bereit, wie der Vater es erwartet, nach der Vermißten zu fahnden.

»Fünfzehn ist sie?« fragt der Beamte und wiegt vielsagend den Kopf. »Das ist gar nicht so selten in diesem Alter, daß sie mal verschwinden. Da machen sie sich auf, um was zu erleben. Verstehen Sie? Und nach paar Tagen sind sie wieder da. Das süße Leben ist ziemlich bitter. Sie kommen reumütig zurück. Warten wir erst mal bis morgen früh.«

Lerchner läßt sich nicht bis morgen vertrösten. Er drängt, die Polizei solle ihm bei der Suche nach der Tochter helfen. Schließlich erklärt sich der Beamte bereit, eine Vermißtenanzeige aufzunehmen. »Und was hilft das?«

fragt Lerchner ungeduldig. »Es muß sofort etwas geschehen!«

Aber sofort geschieht gar nichts. Man verspricht Lerchner, am nächsten Morgen einen Kriminalbeamten zu schicken, der werde sich mal in der Wohnung umsehen. Die Eltern verbringen eine schlaflose Nacht zwischen Angst und Hoffnung.

Die Hoffnung erweist sich als Illusion.

Am nächsten Morgen trifft der Kriminalbeamte ein. Er läßt sich berichten, wann und wie Ulrike verschwunden ist, was die Eltern bisher unternommen haben, um sie wiederzufinden. Auch will er wissen, ob Ulrike ein Ausreißertyp sei. Dem widersprechen die Eltern energisch. Dann besichtigt er die Wohnung, Keller und Boden. Seine besondere Aufmerksamkeit gilt der Toilette eine halbe Treppe tiefer. Denn nach Meinung der Mutter war sie vom Gang zur Toilette nicht zurückgekehrt.

Dieses alte Haus hat noch, wie die Bewohner sagen, ein Plumpsklo. Den kleinen Raum füllt fast gänzlich ein Holzkasten aus, der von der linken bis zur rechten Wand reicht. Ziemlich nahe an der vorderen Kante des Holzgestells ist die sogenannte Brille eingeschnitten. Sie wird mit einem hölzernen Deckel verschlossen. Könnte Ulrike hindurchgerutscht sein? Unmöglich.

Die Öffnung ist zu eng. Dicht über dem Holzsitz, an der hinteren Wand des Raumes, befindet sich ein Fenster. Der Kriminalbeamte öffnet es. Wer aus dem Fenster hinunter in den Hof blicken wollte, müßte sich auf den Toilettenkasten legen. Das Fenster ist dicht darüber angebracht. Beugt man sich zu weit hinaus, könnte man leicht das Gleichgewicht verlieren.

Ist das Mädchen auf diese Weise zu Tode gekommen, fragt sich der Kriminalist. Liegend zu weit aus dem Fenster gelehnt, aus dem vierten Stockwerk auf den gepflasterten Hof gestürzt? Es wäre denkbar. Aber so kann es nicht gewesen sein. Es gibt keine Leiche. Und auf dem Hof sind auch keinerlei Blutspuren zu finden.

Der Kriminalist fordert einen Fährtenhund an. Der Hund bekommt Witterung an einem Kleidungsstück von Ulrike. Er läuft von der Wohnung die halbe Treppe hinunter bis in die Toilette. Dort verliert er die Witterung. Unten auf dem Hof nimmt er keine Fährte auf.

Der Beamte wiederholt, was schon die Eltern getan hatten. Er befragt die Bewohner des Hauses und der Nachbarhäuser. Niemand hat einen möglichen Absturz Ulrikes gesehen.

Spurlos verschwunden ...

Den Kriminalisten beunruhigt das Widersinnige seiner Ergebnisse. Entsprechend dem Verhalten des Fährtenhundes endet Ulrikes Spur in der Toilette. Die Spur führt von dort nicht wieder hinaus. Bleibt also nur die Vermutung, Ulrike sei aus dem Fenster gestürzt. Aber auf dem Hof gibt es nicht die geringste Spur von einem Absturz. Die aber müßte es geben, wenn das Mädchen aus einer solchen Höhe gefallen wäre. Die Hypothese vom Fenstersturz birgt einen unlösbaren Widerspruch. Bleibt nur die Annahme, Ulrike sei doch von zu Hause weggelaufen.

Tage vergehen, Wochen. Der Winter geht seinem Ende entgegen. Die Fäkaliengrube des Hauses soll geleert werden. Sie liegt auf dem Hof und ist oben mit einem eisernen Deckel verschlossen. Als die Arbeiter von der Fäkalienabfuhr den Deckel abheben wollen, stellen sie fest, daß er noch angefroren ist. Sie müssen ihn erst abtauen. Schließlich läßt er sich abnehmen. Plötzlich haben die Leute zwei Deckelteile in den Händen.

Der Deckel ist mittendurch gebrochen. Die beiden Teile waren so dicht aneinandergefügt, daß der Riß – solange der Deckel angefroren blieb – nicht sichtbar gewesen war.

Die Arbeiter legen den Deckel beiseite und wollen das Absaugrohr in die Grube schieben.

In der Grube schwimmt eine Leiche.

Im Beisein der Kriminalpolizei wird die Leiche aus der Grube gezogen, aufs Pflaster gelegt und mit einem Wasserstrahl gereinigt. Es ist Ulrike Lerchner.

Die gerichtsmedizinische Untersuchung ergibt anhand der Beschaffenheit der Luftwege und der Lunge einen Aspirationstod. Als Ulrike in der Fäkaliengrube versank, lebte sie noch. Die Einatmung von Fäkalienmasse und Jauche verstopfte die Atemwege. Das hatte akutes Ersticken zur Folge. Ferner stellen die Rechtsmediziner am inneren Grubenrand Blutspuren fest. Sie stammen wahrscheinlich von einer Verletzung am Knie, die beim Sturz in die Grube entstand.

Die Kriminalpolizei rekonstruierte den bizarren Unfall folgendermaßen: Ulrike hatte sich durch das Toilettenfenster hinausgebeugt, um in den Hof hinunterzuschauen. Dabei hatte sie das Gleichgewicht verloren. Beim Sturz überschlug sie sich. Sie landete mit den Füßen auf dem gußeisernen Grubendeckel. Dieser war durch den Frost spröde geworden. Der Aufprall ließ ihn in zwei Stücke zerbrechen. Beide Hälften öffneten sich nach unten, der Körper Ulrikes rutschte in die Grube hinab. Danach klappten die Deckelhälften wieder nach oben zurück. Sie froren aneinander, der Riß blieb unbemerkt.

Die Toten in der Toilette

Eine Gaststätte in Berlin-Schöneberg, eine Eckkneipe. Es ging schon auf Mitternacht zu. Qualm und Bierdunst erfüllten den Raum. Ein Angetrunkener erhob sich, torkelte vorsichtig aus der Gaststube hinaus auf den Flur. Er steuerte auf die Toilettentür zu, öffnete sie und trat ein. Für einen Augenblick schreckte er zurück. Auf dem Boden lag ein Mann. Er lag auf dem Rücken, ein Arm in der Abflußrinne.

Der Angetrunkene kicherte: »Das letzte Bier war wohl doch eins zuviel, Kumpel.« Er verrichtete sein Geschäft und ging wieder hinaus.

Eine Viertelstunde später betrat ein anderer Gast die Toilette. Interessiert beugte er sich über den Schläfer an der Abflußrinne. Neben ihm lag eine Geldbörse. Sie war leer. Das Futter der Hosentaschen war nach außen gestülpt. Anscheinend war der Schläfer ausgeraubt worden. Dann entdeckte der Gast die Blutlache, die sich unter dem Kopf des Mannes ausgebreitet hatte.

Er rüttelte ihn.

Der Mann an der Abflußrinne war tot.

»Am 7. 4. 1970, gegen 0.15 Uhr, wurde die Bereitschafts-Mordkommission unter dem Stichwort ›Raubmord im Lokal‹ alarmiert«, berichtete Kriminaloberkommissar P. Erich.

Die Situation, in der die Leiche gefunden wurde, ließ bei den Kriminalisten vorerst keinen Zweifel an einem Raubmord aufkommen. Der Leichenschauarzt bestätigte diese Annahme: Tötung durch Kopfverletzungen, genaue Ursache nicht geklärt.

Die ersten Recherchen der Kripo erwiesen sich als recht schwierig. Ein Teil der Gäste hatte das Lokal bereits verlassen. Die noch Verbliebenen zeigten sich nicht aussagewillig. Die meisten waren betrunken, verhöhnten die Beamten oder rebellierten gegen die Aufforderung, bis zum Ende der Befragung im Lokal zu bleiben.

So ergab sich vorläufig nur ein lückenhaftes Bild des möglichen Tatgeschehens. Der tot Aufgefundene, ein Maurer, war gegen 21 Uhr mit zwei Frauen in die Gaststätte gekommen. Er war bereits angetrunken. Ein anderer Mann hatte sich hinzugesetzt. Zu viert hatten sie Abendbrot gegessen und dabei weiter getrunken. Irgendwann war dem Maurer übel geworden. Man hatte ihn, das Taschentuch vor den Mund gepreßt, zur Toilette eilen gesehen. Er war nicht zurückgekehrt. Mehrere Gäste hatten wohl bemerkt, daß er neben der Abflußrinne auf dem Boden lag, aber geglaubt, er sei betrunken und sich nicht weiter um ihn gekümmert.

Die Kopfwunde des Mannes erwies sich bei näherer Besichtigung als nicht so beträchtlich, als daß sie seinen Tod bewirkt haben könnte. Es war nur eine etwa 2 cm lange Platzwunde der Kopfschwarte. Über dem rechten Auge befand sich eine leichte Abschürfung. Ein Gerichtsmediziner, der am Tatort den Toten besichtigte, hielt die Platzwunde ebenfalls für unerheblich. Das aus der Wunde ausgetretene Blut hatte, entsprechend der Rückenlage des Toten, Abrinnspuren über die rechte Kopfseite nach hinten außen hinterlassen. Sie endeten seitlich im Kopfhaar. Weitere Verletzungen waren nicht zu erkennen, beispielsweise auch keine Würgemale. Das Gesicht war blaßbläulich verfärbt.

So kam der Gerichtsmediziner zum vorläufigen Ergebnis, die Kopfwunde lasse zwar die Einwirkung von fremder Gewalt nicht ausschließen, die geringe Tiefe der Wunde jedoch vermuten, daß der Mann mit dem Kopf gegen einen stumpfen Gegenstand aufgeschlagen war. Die Gesichtsverfärbung spreche für plötzliches Herzversagen.

Kein Raubmord also, sondern ein Unfall?

Dieses vorläufige Gutachten, so erinnerte sich der Kriminaloberkommissar, war für die weitere Ermittlung nicht allzu hilfreich. Es bestand doch immerhin die Möglichkeit, daß der Tod durch innere Verletzungen erfolgt war. Deshalb wurde eine gerichtsmedizinische Obduktion beantragt.

Das Ergebnis der Obduktion überraschte Obduzenten wie Kriminalisten.

Die Obduzenten entdeckten, daß im Schlund des Toten ein großes Stück Rindfleisch steckte. Es füllte den Schlundkopf vollständig aus und verschloß den Kehlkopfeingang. Dadurch war der Mann einem Bolustod erlegen. Der Bolustod tritt ein, wenn bei hastigem Essen ein großer Bissen sich in Schlund oder Kehlkopf so fest verklemmt, daß er nicht mehr herausbefördert werden kann – auch nicht durch starkes Husten. Denn die völlige Sperre des Atemweges verhindert das Husten. Der Bolustod ist aber nur scheinbar ein Tod durch Ersticken. Im Unterschied zum typischen Ersticken erfolgt er blitzartig. Die Ursache, so der Gerichtsmediziner G. Hansen, ist »ein Reflextod infolge Reizung der empfindlichen Kehlkopf-Nervengeflechte durch den Fremdkörper … Entscheidend für die Diagnose ist der Nachweis des Fremdkörpers in den Luftwegen. Große Fleischbrocken, halbe Bratwürste, Rollmöpse, Kartoffelstücke, Obst, Süßigkeiten, Zahnprothesen, Knöpfe, Münzen und aller Art Kinderspielzeug.«

O. Prokop vermutet, daß der altgriechische Dichter Sophokles einen Bolustod erlitten habe, und zwar durch eine in die Luftwege oder in den Kehlkopf geratene Weinbeere.

Der Tod des Maurers, der aufgrund der äußeren Umstände zuerst für einen Raubmord gehalten wurde, war also ein tödlicher Unfall gewesen. Allerdings war er Opfer einer »Leichenfledderei« geworden.

Auch Anne Biedermanns anfangs unerklärlicher Tod in der Toilette erwies sich schließlich als tödlicher Unfall.

Frau Biedermann besuchte mit ihrem Mann ein befreundetes Ehepaar. Kurz vor Mitternacht wollten Biedermanns mit dem letzten Bus heimfahren. Zuvor ging Frau Biedermann nochmals auf die Toilette. Nach fast einer Viertelstunde war sie noch immer nicht zurück. Die Zeit, um den Bus zu erreichen, wurde knapp.

Die Frau des Gastgebers erinnerte sich, vor zehn Minuten ein Geräusch gehört zu haben, als ob etwas zu Boden gefallen sei. Sie habe jedoch gedacht, ihre Mutter, die im darüberliegenden Zimmer wohne, habe das Geräusch verursacht. Herr Biedermann stand auf, ging in die Diele hinaus und rief nach seiner Frau. Es kam keine Antwort. Unter der Toilettentür sickerte Blut hervor. Die Tür war von innen verriegelt.

Der Gastgeber eilte in den Vorgarten und schlug von draußen das Toilettenfenster ein. Er sah Frau Biedermann, das Gesicht nach unten, reglos auf dem Boden liegen. Er kletterte in den Raum hinein und öffnete die Türverriegelung. Zusammen mit Biedermann trug er die Bewußtlose in die Diele. Biedermann fürchtete, seine Frau sei tot. Er begann sofort mit Wiederbelebungsversuchen.

Ein Arzt wurde gerufen, er traf bald ein. Er bestätigte, daß Frau Biedermann tot war. Das blutverschmierte Gesicht der Toten veranlaßte ihn, die Kriminalpolizei zu benachrichtigen.

Eine Kommission der Linzer Polizei besichtigte den Fundort der Leiche und die Tote. In der Toilette fand sich nichts, was einen plötzlichen Tod erklärt hätte. Das Gesicht der Frau zeigte Schürfungen an der Nase. Am Nasenbein lagen zwei stichartige Wunden, die stark geblutet hatten.

Da die Ursache der Verletzungen unerklärlich war, forderte die Polizeikommission eine gerichtsmedizinische Klärung.

Die Obduktion ergab folgende Verletzungen: Neben oberflächlichen Abschürfungen auf Nasenrücken, rechter Nasenseite und Nasenspitze lagen etwa 5 cm lange tiefgreifende Wunden vor. Sie verliefen von der Höhe des Nasenbeins ins Naseninnere bis zum Oberkieferknochen, der an dieser Stelle sogar zersplittert war. Neben diesen bedeutenden Verletzungen gab es noch geringfügigere an der Nasenscheidewand. Das Nasenbein selbst, so hieß es im Befund weiter, war nicht gebrochen, das knorpelige Nasenskelett jedoch infolge teilweiser Ablösung aus dem Zusammenhalt abnorm beweglich.

Nach Ansicht der Obduzenten waren alle diese Verletzungen durch mehrere Stiche entstanden. Diese hatten zu starken Blutungen geführt. Frau B. hatte – wahrscheinlich bereits bewußtlos – das Blut eingeatmet und war daran erstickt. Berücksichtigte man die Situation, in der man die Leiche gefunden hatte, so war zu vermuten, daß sie von einem spitzen Gegenstand verletzt worden war.

Was für ein Gegenstand das war, konnten die Obduzenten nicht feststellen. So blieb es der Polizei überlassen, diesen Gegenstand zu finden. Sie fanden ihn nicht. Die Kriminalisten schlußfolgerten, daß es einen solchen Gegenstand nicht gab und die Verletzungen auf andere Weise entstanden sein mußten. Die Gerichtsmediziner sollten mit Unterstützung durch einen Nasenspezialisten ihren Befund überprüfen.

So kam ein neuer Befund zustande: Die Wunden waren nicht durch einen spitzen Gegenstand, sondern durch eine scharfe Kante verursacht worden.

Frau Biedermann hatte nach Aussage ihres Hausarztes an einer allergischen Erkrankung gelitten, die mitunter zu schockartigen Ausfallserscheinungen führte.

Nun konnte der plötzliche Tod in der Toilette rekonstruiert werden. Durch eine allergische Reaktion war Anne Biedermann in der Toilette plötzlich bewußtlos geworden. Sie stürzte vornüber mit dem Gesicht nach unten, auf die rechtwinklig abgekantete Türschwelle. Dadurch verschoben sich die Knorpel der Nasenscheidewand, drangen durch die Haut und riefen die stichartigen Verletzungen hervor. Zufällig waren alle inneren Verletzungen bis zur Absplitterung des Nasendorns in einer Richtung gelagert. So entstand ein langer durchgehender Wundkanal, der eine Stichverletzung vorgetäuscht hatte.

Der Tote im Löwengehege

Der zwanzigjährige Elektrogehilfe Detlef Angerer wollte nicht mehr leben. Er war depressiv und wegen seiner psychischen Erkrankung schon längere Zeit in ärztlicher Behandlung. Im letzten halben Jahr hatte er immer wieder darüber gegrübelt, wie er aus dem Lehen scheiden könnte.

Es wäre müßig, in seine düsteren Gedankengänge eindringen zu wollen. Sie bleiben uns verschlossen. Trotzdem drängt sich eine Vermutung – nichts als eine Vermutung – auf, die sich deshalb auch nicht beweisen läßt. Vielleicht hatte der verwirrte junge Mensch irgendwann und irgendwo die Geschichte vom biblischen Daniel gehört oder gelesen, den der König Darius in eine Löwengrube werfen ließ. Oder er hatte in einer Kirche ein Bild gesehen, das Daniel in der Löwengrube zeigte.

Jedenfalls begab sich Detlef an einem heißen Sommernachmittag in den Nürnberger Zoo zum Freigehege der Löwen. Vor dem felsigen, oben mit Bäumen bestandenen Hintergrund lagen vier mächtige Berberlöwen. Ein Wassergraben und eine davorstehende Mauer trennte die Raubtiere von den Zoobesuchern.

Detlef kletterte behende über die Mauerbrüstung und ließ sich von den warnenden Zurufen der Leute, die an der Brüstung standen, nicht beeindrucken. Jenseits der Mauer stieg er in den Wassergraben. Die nahe vor ihm liegenden Löwen blinzelten träge und schienen sich nicht für ihn zu interessieren. Detlef bückte sich zum Wasser hinab und begann, die Tiere zu bespritzen und sie mit rauhen Rufen aufzustacheln.

Nun sprang ein Löwe auf. Die andern erhoben sich ebenfalls. Mit wenigen Sprüngen erreichten sie Detlef, packten ihn mit ihren Pranken und zerrten ihn die Böschung empor. Sie warfen ihn unter einem Baum nieder,

rissen ihm die Kleidung vom Leib und schlugen ihre Reiß-
zähne in den nackten Körper ...

Zoobesucher riefen die Schutzpolizei zu Hilfe. Ein Über-
fallkommando traf ein. Aber da war der Mann in der Löwengrube schon tot.

Mit Schreckschüssen versuchten die Polizisten, die
Löwen wegzujagen. Aber die Tiere ließen sich nicht
schrecken und rissen immer wieder an ihrer Beute. Erst
Tränengas vertrieb die Raubtiere in ihre Käfige.

Kriminalinspektor E. Bürger berichtete über den Tatort: »In dem sog. Freigehege lag in der Nähe eines Baumes
der entkleidete Leichnam eines jungen Mannes, der unmittelbar unter dem Kehlkopf eine Bißwunde aufwies, die
wohl die Halsschlagader durchtrennt hatte. Das linke Ohr
war abgebissen und der Hinterkopf buchstäblich zerfetzt;
an der Hüfte zeigten sich mehrere tiefe Fleischwunden.
Außerdem wurden am ganzen Körper unzählige Kratzer vorgefunden, die offensichtlich von Löwenpranken
verursacht worden waren ...«

Es überrascht nicht, daß die Obduktion Tod durch Verbluten ergab.

In einem Bericht von I. Krumbiegel werden weitere
Selbstmorde im Zoo erwähnt, und zwar vier Selbstmorde
durch Löwen, einer durch Eisbären, einer durch Elefanten,
einer durch Giftschlangen.

Tatort Motorrad

Wenn ein Mopedfahrer tot auf der Straße neben seinem
umgestürzten Fahrzeug gefunden wird, scheint das nur einer der vielen Verkehrsunfälle zu sein. So war es auch an
jenem dunklen Novemberabend, als die Polizeiwache ei-

nes Mannheimer Vorortes telefonisch über einen Verkehrs-unfall informiert wurde. Ein Mopedfahrer sei schwer verletzt.

Die Diensthabenden benachrichtigten das Verkehrsunfall-Kommando und einen Notarzt und fuhren sofort zur Unfallstelle. Diese befand sich auf dem sogenannten Schüttlochweg. Der Schüttlochweg führt über Ödland und ist für alle Fahrzeuge gesperrt. Trotzdem benutzen ihn viele Kraftfahrer als Abkürzung. Die Polizisten erblickten zuerst einen Mann, der mit dem Scheinwerfer seines Motorrades den Erdboden ausleuchtete.

Hier lag neben seinem Moped der Verunglückte. Er lag auf dem Rücken. Der Kopf war unnatürlich weit in den Nacken zurückgebogen. Der Mann bewegte sich nicht mehr. »Vielleicht Genickbruch«, mutmaßte der Motorradfahrer.

Bald erschien der Notarztwagen. Der Arzt stellte fest, daß der Verunglückte bereits tot war. Am linken Mundwinkel und Nasenflügel befanden sich Blutabrinnspuren, die über die Wange in Richtung Ohr verliefen. Der Arzt nahm innere Schädelverletzungen als Todesursache an.

Inzwischen waren auch die Leute des Verkehrsunfall-Kommandos eingetroffen. Sie erledigten ihre Routinearbeiten bei der Aufnahme des Verkehrsunfalls. Verwunderlich erschien ihnen lediglich, daß die Zunge des Toten zwischen den Zähnen eingeklemmt war und aus dem Mund herausragte. Das war bei einem solchen Unfall ungewöhnlich. Sie benachrichtigten deshalb Beamte des Kriminaldauerdienstes.

Aber schließlich ließ die gesamte Unfallsituation Kriminalisten und Verkehrspolizisten die ärztliche Diagnose Unfalltod nicht anzweifeln. »Ohne eine im Rahmen der kriminalpolizeilichen Tätigkeit übliche Leichenbesichtigung«, so berichtete Kriminalhauptmeister R. Werner, »fuhren die Beamten des Dauerdienstes wieder weg.«

Durch seine Ausweispapiere wurde der Tote als Hans Stiehler identifiziert, verheiratet, wohnhaft in Mannheim-Schönau. Der Todessturz war unweit seiner Wohnung erfolgt. Schutzpolizisten benachrichtigten die Angehörigen – die Ehefrau und die siebzehnjährige Tochter – von Stiehlers Tod.

Am nächsten Vormittag wurden die beiden Frauen über die Person des Verunglückten befragt. Dabei ergaben sich keine relevanten Erkenntnisse über den Unfallhergang.

Inzwischen hatte das Verkehrsunfall-Kommando einen Pathologen der Mannheimer Städtischen Krankenanstalten beauftragt, den Blutalkoholwert des Toten zu bestimmen. Der Pathologe besichtigte die Leiche. Auch ihm fiel dabei der Zungenbiß auf. Zweifel stellten sich ein, ob die vom Notarzt vermuteten inneren Schädelverletzungen die Todesursache seien. Der Pathologe vermutete Tod durch Erdrosseln.

Das alarmierte die Kriminalpolizei. Beamte des Dezernats für Todesermittlungen besichtigten die Leiche. Auch ihnen fiel der Zungenbiß auf, sie stellten außerdem Blutungen in den Bindehäuten der Augen fest. Sollte Stiehler, wie der Pathologe vermutete, tatsächlich erdrosselt worden sein, so war es mit dem Wollschal geschehen, den der Tote um den Hals trug. Er war hinten am Hals fest verknotet und so fest zugezogen, »daß man weder mit einem Finger noch mit einer Pinzette zwischen Schal und Hals greifen konnte«.

Eine gerichtsmedizinische Obduktion wurde angeordnet.

Die Obduzenten entfernten den Schal. Am Hals wurde eine deutliche Drosselungsmarke sichtbar. Die Obduktion ergab u. a. Blutungen in den Augenbindehäuten, in der Muskulatur beider oberen Augenlider, in den Schleimhäuten der oberen Nasenräume, einen Bruch des linken Zungenbeinhorns, Unterblutungen an der Knotenstelle des Schals. Als Todesursache wurde Erdrosseln durch den Schal genannt.

Als die Leiche entkleidet worden war, hatte man an der Lederjacke des Toten die Innentaschen nach außen gestülpt gefunden. Die Ermittlungen ergaben, daß Stiehler am Tage seines Todes 150.- DM Lohn erhalten hatte. Dieses Geld war verschwunden. War Stiehler Opfer eines Raubmordes geworden? Der Verdacht richtete sich gegen den Mann, der den Unfall gemeldet hatte, und gegen den Motorradfahrer, den die Polizisten am Unfallort angetroffen hatten.

Gleichzeitig geriet auch Rosi Stiehler, die Tochter des Toten, in Verdacht, an der Tötung des Vaters beteiligt gewesen zu sein. Kriminalhauptmeister Werner ging in seinem Bericht nicht näher auf die Einzelheiten ein, die diesem Verdacht Nahrung gaben. Rosi wurde mehrmals vernommen und gab schließlich zu, ihren Vater getötet zu haben.

Und so war es nach ihrer Aussage zu dem Verbrechen gekommen: Rosi war kaufmännische Angestellte bei einer Mannheimer Firma. Im selben Betrieb arbeitete ein junger Mann, mit dem sie sich angefreundet hatte. Rosis Vater mißbilligte die Beziehung. Er begann, seiner Tochter nachzuspionieren. Immer häufiger fuhr er auf seinem Moped vor Rosis Betrieb vor, um sie nach Dienstschluß mit nach Hause zu nehmen.

So war es auch an jenem Abend. Aber Rosi lehnte es ab, mit dem Vater heimzufahren, denn sie hatte sich mit ihrem Freund verabredet. Der Vater, ein despotischer Charakter, befahl ihr, mit ihm zu kommen. Aus Angst fügte sie sich. Obwohl Rosi nun mit ihm nach Hause fuhr, fühlte sich der Vater allein durch ihr anfängliches Widerstreben brüskiert. Er dachte sich eine üble Strafe aus. Rosi mußte absteigen und den Weg – es waren etwa noch 7 km – neben dem Moped herlaufen. Kurz bevor sie daheim ankamen, hielt der

Vater auf dem Schüttlochweg an und befahl ihr, wieder aufzusteigen. Der holprige Weg zwang ihn, sehr langsam zu fahren. Währenddem beschimpfte er erneut die hinter ihm sitzende Tochter. Sie sei noch viel zu jung für ein Liebesverhältnis. Er drohte ihr, wenn sie erst zu Hause wären, würde er sie und ihre Mutter schon mit Schlägen wieder zur Vernunft bringen. Rosi, erschöpft durch den anstrengenden Lauf neben dem Moped, geriet in einen Zustand höchster Erregung. Angst verband sich mit dem Haß auf den gewalttätigen Vater. Sie nahm die beiden Enden des Wollschals, den ihr Vater um den Hals trug, in die Hände und zog den losen Knoten mit aller Kraft zu. Dann sprang sie vom Moped. Nach wenigen Metern stürzte ihr Vater vom Fahrzeug, das Moped fiel neben ihm um. Rosi ließ den Vater liegen und ging heim. Sie wußte nicht, ob er tot war.

Die Aussage des Mädchens war glaubhaft. Zeugen bestätigten die diktatorische Strenge des Vaters. Rosi wurde wegen Totschlags lediglich zu einer Erziehungsmaßnahme verurteilt.

Ein ähnliches Tötungsverbrechen auf einem fahrenden Motorrad – wenn auch aus einem sehr niedrigen Motiv – berichtete wenige Jahre später Dr. E. Danek aus dem oberösterreichischen Alpenland: »Am 16. Januar 1965, etwa um 19.20 Uhr, wurde in der Gemeinde R. beim Hause Nr. 12 ein unbekannter Motorradlenker augenscheinlich bewußtlos auf der vereisten Straße liegend aufgefunden...«

Merkwürdigerweise war der Verunglückte ohne Schutzhelm gefahren. Der Rettungsdienst brachte ihn ins Krankenhaus. Der diensthabende Arzt stellte fest, daß der Mann bereits tot war. Seine Verletzungen waren beträchtlich: Halsschlagader und Luftröhre waren in der Kehlkopfgegend glatt durchschnitten. Der Mann war entweder verblutet oder an eingeatmetem Blut erstickt.

Indessen untersuchte die Gendarmerie die Unfallstelle. Das Motorrad lag auf der Straße, der Motor lief nicht mehr, aber die Zündung war noch eingeschaltet und der erste Gang eingelegt. Auch der Scheinwerfer brannte noch. Bei der Rekonstruktion des Unfalls ergab sich, daß der Fahrer einen völlig vereisten Abkürzungsweg benutzt hatte. Eine Kratzspur auf dem Eis, hervorgerufen durch die rechte Fußstütze, zeigte an, wo das Motorrad nach rechts umgestürzt war.

Berücksichtigte man, daß das Fahrzeug nur ganz langsam, im ersten Gang, gefahren war, blieben Ursache und Verlauf des Unfalls rätselhaft. Deshalb machte sich eine gerichtsmedizinische Klärung notwendig.

Schon bei der äußeren Besichtigung der Leiche begann sich das Rätsel zu lösen. Die Obduzenten entdeckten am Hinterkopf, unter dem dichten Haar versteckt, eine Einschußwunde. Sie hatte nicht geblutet und war deshalb nicht bemerkt worden. Bei der Eröffnung des Schädels fand sich im Hirn »ein ausgestanzter zylindrischer Pfropfen ..., der zwischen einem dünnen roten Plastikplättchen und einem Lederplättchen eine Schaumgummipolsterung erkennen ließ«. Die weitere Untersuchung ergab, daß dieser Pfropfen vom Nackenschutz eines Sturzhelms stammte und von einem Bolzenschußapparat bis ins Hirn geschossen worden war.

Mit Bolzenschußapparaten werden Rinder vor dem Schlachten betäubt.

Der überraschende gerichtsmedizinische Befund stellte die Kriminalisten vor folgende Fragen: Wer besitzt einen solchen Apparat? Gibt es eine Beziehung zwischen dem Täter und seinem Opfer (das inzwischen als Stephen Vucobrankovic identifiziert worden war)? Oder war der Tod des V. Folge eines unbeabsichtigt ausgelösten Schusses? Wo aber waren dann der Schußapparat und der vom Bolzen durchlöcherte Schutzhelm verblieben?

Nach gerichtsmedizinischer Ansicht war ein unbeabsichtigter Schuß unwahrscheinlich. Der Bolzenschußapparat war direkt an den Lederschutz des Sturzhelms angesetzt worden. Also mußte der Täter hinter seinem Opfer auf dem Motorrad gesessen haben. Eine andere Möglichkeit, ihm die tödliche Verletzung zuzufügen, war undenkbar. So gingen die Ermittler von einer vorsätzlichen Tötung aus.

Der Mord war auf einem steilen und vereisten Weg begangen worden, der Fremden nicht bekannt oder auch zu gefährlich war. Der Täter müßte also aus der näheren Umgebung stammen und wahrscheinlich ein Bekannter des Opfers sein. Die Tatwaffe deutete darauf hin, daß er auf dem Dorf wohnte.

Die Kriminalisten gingen in den Dörfern der Umgebung von Hof zu Hof, von Tür zu Tür und fragten, wer einen Bolzenschußapparat besitze. So kamen sie auch zum Anwesen des Bauern Schweigert. Ja, Schweigert bestätigte, daß er einen solchen Apparat habe. Er wurde aufgefordert, ihn vorzuzeigen. Der Schußapparat war nicht aufzufinden, obwohl er vor kurzem noch im Werkzeugschuppen gelegen hatte.

»Rätselhaft«, sagte Schweigert.

Gar nicht rätselhaft, dachten die Kriminalisten. Sie informierten sich über Schweigerts Lebensverhältnisse. Er hatte einen untadligen Ruf. Es schien ausgeschlossen, daß er der Täter war. Schweigert hatte einen Sohn. Leo war zweiunddreißig und wohnte noch bei den Eltern. Leo war mit Vucobrankovic befreundet gewesen.

Die Kriminalisten suchten Leo Schweigert auf. Sie verlangten, ihnen den Bolzenschußapparat vorzuweisen.

»Welchen Schußapparat denn?« fragte Leo beunruhigt.

»Der, mit dem Ihr Freund Vucobrankovic ermordet worden ist!«

»Ermordet? Mit einem Bolzenschußapparat?«

»Als Sie mit ihm auf seinem Motorrad fuhren.«

»An dem Tag war ich gar nicht mit ihm zusammen! Ich habe ein Alibi!«

»Das läßt sich leicht nachprüfen.«

»Ich habe ihn nicht umgebracht!« schrie Leo auf.

Nach mehrstündigem Verhör gestand er die Tat. Er hatte wegen 400 Schilling seinen Freund ermordet! Vor einiger Zeit hatte er sich diese geringfügige Summe von Vucobrankovic geliehen. Als dieser sie zurückforderte, beschloß Leo, ihn zu töten.

Einen Tag zuvor legte er sich Bolzenschußapparat und ein Küchenmesser zurecht. Am nächsten Tag verabredete er sich mit seinem Freund zu einer kurzen Fahrt. Währenddem schlug er vor, den Abkürzungsweg zu nehmen. Leo konnte seine Tat nur bei geringer Geschwindigkeit ausführen, wollte er sich nicht selbst gefährden. Als Vucobrankovic im Schrittempo fuhr, setzte Leo den Schußapparat auf dem Schutzleder des Sturzhelms auf und jagte dem Freund den Bolzen in den Schädel. Dann sprang er ab. Das Motorrad stürzte mit dem bereits Toten um. Leo nahm ihm den Sturzhelm ab und schnitt ihm mit dem Küchenmesser den Hals durch. Er wollte sicher sein, daß sein Opfer tot war. Den Schußapparat, das Messer und den Sturzhelm versteckte er in einem Graben. Dort wurden sie auch gefunden. Der Nackenschutz des Helms war durchlöchert.

Dr. Denek schloß seinen Bericht: »Bei geringerer Sorgfalt der Erhebungsbeamten und bei Unterlassung der Obduktion wäre diese Tat als tödlicher Verkehrsunfall ohne Fremdverschulden abgetan worden.«

Eine »Sarggeburt«

Shocking! haben sicherlich auch die Kriminalisten gedacht, als sie an einem heißen Augusttag das Zimmer der neunzehnjährigen Beatrice betraten und ihre Leiche auf dem Bett entdeckten.

Beatrices Vermieterin hatte die Kriminalpolizei angerufen. Ihre Untermieterin sei seit Tagen nicht mehr aus ihrem Zimmer gekommen. Das Zimmer sei von innen verschlossen. Beatrice reagiere auf keinen Zuruf. Dem Zimmer entströme ein scheußlicher Gestank.

Beatrice war Arzthelferin und bewohnte eine Mansarde im Zentrum von Luzern. Als die Kriminalisten das Dachgeschoß betraten, bemerkten auch sie den Geruch. Sie kannten ihn. Es war der Verwesungsgestank einer Leiche.

Mit einem speziellen Türöffner verschafften sie sich Zugang in das Zimmer. Schon auf der Schwelle prallten sie zurück. Obwohl ein Flügel des Fensters offen stand, schlug ihnen wie eine Wolke Giftgas »ein unbeschreiblich intensiver Leichenfäulnisgeruch entgegen«. Ein Fliegenschwarm sirrte vom Bett empor.

Auf dem Bett lag eine Tote. Die aufgescheuchten Fliegen ließen sich bald wieder auf dem Leichnam nieder. Die Kriminalisten versuchten, das Zimmer zu lüften, um den Aufenthalt darin erträglich zu machen. Trotzdem war vorerst nur, wie Dr. K. Ebnöther in seinem Bericht bemerkte, kurzzeitiges Verweilen im Zimmer möglich.

Dabei stellten die Kriminalisten fest: Die vollständig angekleidete Leiche lag ausgestreckt auf der als Bett hergerichteten Couch. Sie lag auf der rechten Körperseite. Die Hausschuhe standen ordentlich vor der Couch.

Die Tote bot einen gräßlichen Anblick. In der Sommerhitze war sie bereits weitgehend zersetzt und demzufolge stark aufgebläht. Die Haut war grünlich verfärbt, das ge-

dunsene Gesicht blauschwarz, die Oberhaut blasig aufge-
trieben. Sie löste sich bereits in Fetzen ab. Am Gesäß der
Leiche lag eine pralle Fruchtblase. In ihr »waren die Teile
einer ebenfalls hochgradig zersetzten Kindesleiche sichtbar«.

»Eine sogenannte Sarggeburt«, sagte der Leichenschauarzt. Er konnte keine äußeren Verletzungen an der Leiche
finden. Unter der Leiche, in Höhe des Gesäßes, entdeckte
er eine eingetrocknete Blutlache. Sie war durch das Bett-
tuch bis auf die Matratze gedrungen.

Im Büstenhalter der Toten lag das Foto eines jungen
Mannes. Die Vermieterin identifizierte ihn als Beatrices
Freund. Beatrice hatte zwei Abschiedsbriefe hinterlassen.
Einer war an ihren Freund, der andere an ihre Eltern ge-
richtet. Beatrice bat ihre Eltern um Verzeihung, weil sie
ihnen ihre Schwangerschaft verschwiegen hatte.

Die Abschiedsbriefe und die Situation an der Leichen-
fundstelle machten einen Selbstmord wahrscheinlich.
Noch ungeklärt war, wie Beatrice ums Leben gekommen
war. Das mußte gerichtsmedizinisch festgestellt werden.

Der Leichenschauarzt hatte von einer »Sarggeburt« gesprochen. Eine Sarggeburt findet, wie der Name schon
sagt, meist unter der Erde, im Sarg, statt. Eine Kindsge-
burt nach dem Tode ist sehr selten, denn mit dem Tod
ersterben bald alle Lebensvorgänge. Zuerst erlöschen Atmung, Kreislauf und Nerventätigkeit. Die Muskulatur
kann noch nach Stunden reagieren, am längsten die Pu-
pille. Die Muskulatur des schwangeren Uterus, schrieb der
Gerichtsmediziner G. Hansen, bleibe ebenfalls noch relativ längere Zeit erregbar. Deshalb könne auch nach dem
Tode – sofern die Geburtswege bereits eröffnet seien –
die Frucht ausgestoßen werden. Das sei jedoch nicht mit
der sogenannten Sarggeburt zu verwechseln. Eine Sarggeburt werde durch die Leichenfäulnis bewirkt. Bakterien
zersetzen das Körpereiweiß und die Kohlehydrate. Im

Fäulnisprozeß verflüssigen sich die Organe. »In manchen Fällen steht die Gasbildung im Vordergrund der Fäulnis. Es kommt dann zu grotesker Auftreibung der Leiche, alle Organe und Gewebe sind mit Gasblasen durchsetzt ... Bei bestehender Schwangerschaft kann es durch den Druck der Fäulnisgase in der Bauchhöhle zur Ausstoßung der Frucht kommen.« Das ist die sogenannte Sarggeburt.

Es gibt auch Sarggeburten, die nicht durch Fäulnisgase verursacht worden sind. Sie entstehen durch postmortale, also nach dem Tode stattfindende Wehentätigkeit. Bereits in den 20er Jahren hatte sich Dr. Hellendall mit diesem Phänomen beschäftigt und bei der Untersuchung von achtzehn Fällen postmortaler Wehen festgestellt, daß Wehen nach dem Tode nur dann auftreten, wenn sie noch vor dem Tode begonnen hatten. Als extremes Beispiel nannte er zwei Fälle, wo noch nach 24 Stunden Wehen stattfanden.

Ungewöhnlich an dem Luzerner Fall einer »Sarggeburt« ist die Ausstoßung der Kindesleiche außerhalb des Sarges. Das mag durch die Hitze bewirkt worden sein, die die Fäulnis beschleunigte.

Die gerichtsmedizinische Obduktion erbrachte dann doch noch zeitweilig Verwirrung. Es wurde eine Schwangerschaft im 9. Monat festgestellt. Die Obduzenten konnten wegen der starken Zersetzung der Leiche keine äußeren Verletzungen finden. Aber sie entdeckten einen Defekt des Beckenbodens, einen Bauchfellriß und die Zerreißung einer Bauchvene. Außerdem hatten sie den Uterus, die Plazenta und die Kindesleiche vom Körper der Toten abgetrennt vorgefunden. Diese völlige Abtrennung deutete auf eine Gewaltanwendung durch fremde Hand.

Dieser Befund widersprach der Selbstmordthese und traf die Kriminalisten »wie ein Blitz aus heiterem Himmel«. Aber schließlich, so bemerkte Dr. Ebnöther, ließ sich dieser Widerspruch doch noch aufklären: »Der Zustand der Leiche auf dem Obduktionstisch entsprach nicht dem Zustand der Leiche am Tatort.«

Die Obduzenten waren nicht selbst am Tatort gewesen. Ein anderer Arzt hatte die Leichenschau vorgenommen. Nachweislich waren beim Auffinden der Toten Plazenta und Kindesleiche mit dem Körper der Mutter verbunden gewesen. Daß sie auf dem Obduktionstisch neben der Toten vorgefunden wurden, kam daher, daß beim Abtransport der Leiche der Sarg auf der engen Treppe hochkant befördert werden mußte, so daß dabei die Verbindung zwischen dem Körper der Mutter und der Plazenta sowie der Kindesleiche riß. Die Obduzenten akzeptierten diese Erklärung.

So blieb der Tod des jungen Mädchens mit seinen bizarren Folgen nun doch ein Selbstmord, ohne daß geklärt werden konnte, auf welche Weise sich Beatrice das Leben genommen hatte.

II. KAPITEL

DER SCHWERE TOD
DER SELBSTMÖRDER

In jedem Jahr wird in Deutschland eine Stadt ausgerottet. Nicht durch Bomben und Flammenwerfer: Die Menschen vernichten sich selbst mit Messer und Beil, Kugel und Strick und Gift. Jedes Jahr sterben durch eigene Hand so viele Menschen, wie in einer kleineren Stadt wohnen – mal fünfzehntausend, mal dreizehn- oder sechszehntausend. Mehrfach so viele scheitern bei ihrem Selbstmordversuch.

Hinter den nackten Zahlen der Statistik verbergen sich Schicksale voller tragischer Konflikte. Sie erscheinen den Betroffenen als unlösbar: Die einzige Lösung heißt Tod. Oft ist es ein schwerer Tod. Meist beginnt er schon lange vor dem endgültigen Schlußakt – wenn der erste Gedanke daran keimt. Setzt sich fort als Plan, der immer deutlichere Konturen annimmt: die Suche nach der schnellsten, sichersten Art zu sterben. Dann die letzten Vorbereitungen: die Mittel und Werkzeuge zu beschaffen. Die Wahl von Zeitpunkt und Ort. Der Abschiedsbrief vielleicht. Noch einmal Zögern: Muß es denn wirklich sein?

Und dann der unwiderruflich letzte Schritt.

Natürlich gibt es auch den spontanen Selbstmord als unüberlegte Reaktion. Und es gibt den nicht ernst gemeinten Selbstmordversuch als Hilferuf an die Umwelt.

Die Leichen der Selbstmörder, die auf den Seziertisch kommen, verraten nichts mehr von den seelischen Qualen, die ihrem Tod vorausgingen. Aber noch als Tote sprechen sie von ihrem schweren Tod, den sie wählten. Er wird sichtbar in den Sektionsprotokollen und läßt die Lebenden schaudern. Denn für die bleibt es unbegreiflich, was manche Selbstmörder unternehmen, um das Leben hinter sich zu lassen.

»... die sich verschließen hinter ihm«

Schichtmeister Rolf Hermann wurde zum letzten Mal gesehen, als er mittags über das Werkgelände kam. Sein Weg führte zwischen Öltanks und Rohrleitungen vorbei, über Schienenanlagen, neben Kesselwagen, die mit Erdöl gefüllt waren. Er schien sich auf einem Kontrollgang zu befinden – wie jeden Tag.

Erst beim Schichtwechsel bemerkten einige Kollegen, daß Hermann nicht mehr da war. Hatte er den Betrieb vorzeitig verlassen? Sehr unwahrscheinlich – er hätte sich abgemeldet. Man fand seinen Garderobenschrank unverschlossen, die Kleidung hing noch darin. Also mußte der Schichtmeister noch im Betrieb sein.

Stunden später hatte sich Hermann noch immer nicht blicken lassen. Nun durchsuchte man seine Kleidung im Spind. In den Anzugtaschen fanden sich Brieftasche und Personalausweis, die Armbanduhr und ein Brief an seine Frau.

Beunruhigt brachte man Frau Hermann den Brief. Es war ein Abschiedsbrief. Hermann schrieb: »Du brauchst nicht nach mir suchen zu lassen, ich bin nicht mehr unter den Lebenden. Ich erspare Dir die ganzen Unkosten, da ich nicht auffindbar bin.«

Wahrscheinlich hatte Hermann Selbstmord begangen. Nun erinnerten sich einige seiner Kollegen, daß Hermann in letzter Zeit sehr unausgeglichen gewesen war, manchmal wortkarg, manchmal rasch aufbrausend. Er hatte auch angedeutet, daß er sich durch Anschaffungen finanziell übernommen und deshalb Streit mit seiner Frau gehabt habe.

Die Leitung des volkseigenen Betriebes und die Sicherheits-Inspektion bildeten einen Einsatzstab. Volkspolizei und Feuerwehr beteiligten sich an der Suche nach dem

Verschwundenen. Er mußte innerhalb des Werkgeländes zu finden sein.

Das erschwerte die Suchaktion. Ein erdölverarbeitender Großbetrieb in der weiten Ausdehnung dieses Kombinats bot einem Selbstmörder, der unauffindbar bleiben wollte, zahlreiche Verstecke. Das waren Rohrbrücken und Rohrkanäle, mehr als fünfzig leere und gefüllte Kesselwagen und eine Reihe von Öltanks. Das alles zu durchsuchen, war sehr aufwendig. Es wurde Nacht. Die Suchkommandos arbeiteten mit Scheinwerfern.

Schließlich stieß man auf einen Öltank, dessen Deckel nicht vorschriftsmäßig verschlossen war. Der Peilstutzen, der einen Durchmesser von mehr als einem Meter hatte, war aufgeklappt. Der sechs Meter hohe Tank war bis in eine Höhe von etwa viereinhalb Metern mit Rohöl gefüllt. Im Scheinwerferlicht glaubte man auf der Innensteigleiter des Tanks Fußabdrücke zu erkennen.

Die Untersuchung des Tanks war sehr kompliziert. Zuerst mußten mehrere lange Stangen mit Fanghaken hergestellt werden, damit das Innere des Tanks abgetastet werden konnte. Diese Arbeit erforderte besondere Sicherheitsmaßnahmen. Gegen die Erdöldämpfe und möglichen Schwefelwasserstoff schützten Atemschutz- und Kreislaufgeräte. Aus elektrostatischen Gründen mußten die Stangen mit Isolierband umwickelt werden. Die Scheinwerfer mußten explosionssicher sein.

Einige Stunden später wurde die Leiche Hermanns ertastet. Die Bergung dauerte bis zum Morgen. Der Selbstmörder hatte sich einen 34 kg schweren Eisendeckel an den Hals gekettet.

Dr. Herold führte die Obduktion durch. In seinem Bericht stellte er fest, daß Haut, äußere Schleimhäute und die Körperöffnungen erheblich mit Erdöl verunreinigt waren. Erdöl füllte auch Magen, Zwölffingerdarm, obere und tiefe Luftwege aus.

Die mikroskopische Untersuchung der Lungenbläschen ergab fettanfärbbare Substanzen in großer Menge. Die übrigen inneren Organe wiesen auf Erstickung hin, so daß die Todesursache mit Sicherheit benannt werden konnte: Ertrinken in Erdöl.

In der Eifel befand sich ein Bleibergwerk, das Anfang 1969 stillgelegt worden war. Die Bergwerksgebäude sollten gesprengt werden, darunter auch der sechzig Meter hohe Förderturm. Das Treppenhaus des Turms war teilweise schon abgebrochen.

An einem sonnigen Augusttag beschlossen zwei Elektromonteure, die an der Demontage mitgearbeitet hatten, noch einmal den Turm zu besteigen. Die Turmspitze bot eine schöne Aussicht. Der Aufstieg war beschwerlich. Manchmal mußten die beiden über Geländer oder Eisenträger klettern. In vierzig Meter Höhe blieben sie auf einer Plattform stehen, weil sich hier schon ein weiter Ausblick bot.

Plötzlich deutete der eine wortlos nach oben. Einige Meter über ihm, den Kopf in einem Drahtseil, hing ein Toter. Er schwankte im Wind. Der Körper war verkohlt. An den angewinkelten Armen fehlten die Hände. Das Gesicht der Leiche war bis zur Unkenntlichkeit zerstört. Nase, Lippen, Ohrmuscheln waren verbrannt, ebenso die Bauchdecke. Die Eingeweide quollen hervor.

Die Kriminalpolizei stellte fest, daß sich auf der Plattform unterhalb der Leiche eine Schicht aus Körperfett, Blut und Öl ausgebreitet hatte. Darin lagen ein verbrannter Hut und Reste verbrannter Kleidung. Das Stahlseil, das sich tief in den Hals der Leiche eingegraben hatte, war ein PKW-Abschleppseil. Es war am Geländer der siebenten Etage befestigt. Außerdem fand man auf der Plattform ein abgebranntes Zündholz und Vertrocknungsspuren von Benzin.

Kriminalhauptkommissar Gröpper berichtete, die Kriminalisten hätten anfangs vermutet, das Drahtseil hätte bei einem so tiefen Absturz des Körpers den Kopf abtrennen müssen. Deshalb könnte der Mann zuerst getötet, dann mit dem Drahtseil hinabgelassen und mit Benzin verbrannt worden sein.

Bevor der Leichnam geborgen wurde, holte man einen Rechtsmediziner an den Leichenfundort, damit er sich vor der Obduktion über die Fundsituation kundig machen konnte. Der Gerichtsmediziner vermutete einen sogenannten kombinierten Selbstmord. Der Selbstmörder hatte sich zuerst in Brand gesetzt und dann erhängt.

Der Tote wurde vorsichtig abgeseilt, der teilweise verkohlte Leichnam durfte dabei nicht zerfallen.

Die Obduktion schloß mit Sicherheit eine Tötung durch fremde Hand aus. Der Mann hatte zuerst den Kopf in eine Drahtschlinge gesteckt, sich dann mit einem Benzin-Ölgemisch übergossen und es entzündet. Dann war er in die Tiefe gesprungen. Tatsächlich war es also ein kombinierter Selbstmord.

Inzwischen war der Tote identifiziert worden: ein einundvierzigjähriger Kraftfahrer, dessen Familienverhältnisse zerrüttet waren. Kurz vor dem Selbstmord hatte er noch ein Sexualdelikt versucht.

Auch dieser Selbstmörder hatte in einem Abschiedsbrief geschrieben, man solle nicht nach ihm suchen, er werde für immer verschwinden.

Dr. Herold hatte einmal einen Selbstmord in einem Hochofen zu untersuchen. Es war außerordentlich schwierig, diesen Selbstmord nachzuweisen. Der Ofen erreicht eine Hitze von mehreren tausend Grad. Bei solchen hohen Temperaturen verbrennt alle organische Substanz, nicht nur die Weichteile, sondern auch die Knochensubstanz. Die unterschiedliche Hitzeeinwirkung führt zu Rissen und Brüchen in den Knochen. Sie zerfallen in ausgeglühte

Aschestückchen. Es bedarf einer großen Erfahrung, um diese von ähnlich aussehenden Schlacketeilchen zu unterscheiden.

Dr. Herold stieg bei etwa achtzig Grad Hitze mit einer Sauerstoffmaske in den Ofen und entnahm dem schrägen Flugaschefang Ascheproben. Er siebte dann diese Proben und fand dabei bis zu zwei Zentimeter lange federleichte, ausgeglühte Knochenbestandteile.

Dr. Bartmann berichtete über eine Selbstmörderin, die sich in eine Sandgrube hineingewühlt hatte. Sie hatte zuvor geäußert, kein Tod sei ihr zu schrecklich. Prof. Holzer schilderte zwei absonderliche Selbstmordfälle durch Ertrinken. Ein Arbeiter zwängte sich in das mit Abwasser gefüllte Röhrensystem einer Kläranlage. Ein anderer Arbeiter war unauffindbar verschwunden. Schließlich fand man ihn tot in einem Tank, der 240 Hektoliter 96%igen Alkohol enthielt.

In einem Gedicht spricht Rilke vom Erz, das zur Münze wurde, aber zurückkehren werde in das Geäder der aufgetanen Berge, die sich hinter ihm wieder verschließen.

Dieses Bild drängt sich auf, wenn man an die Selbstmörder in Öl- und Alkoholtanks, im Hochofen, in Abwasserröhren denkt. Diese Selbstmorde gleichen einander in einer Hinsicht. W. Schollmeyer und E. Lucas, die über den Selbstmord des Schichtmeisters Hermann berichteten, bemerken dazu: »In der Absicht eines Selbstmörders kann es liegen, daß sein Körper nach der Tat unauffindbar verschwunden bleibt. Eine reale Chance für sein Verhalten bietet sich im Aufsuchen von natürlichen ›Verstecken‹ ... Neben natürlichen gibt es auch künstliche Verstecke. Bestimmte technische Einrichtungen und Ausrüstungen gewähren Gelegenheit, unauffindbar zu verschwinden.« Dafür, so Schollmeyer und Lucas, gebe es verschiedene

Gründe. Die Selbstmörder wollen ein Tötungsverbrechen vortäuschen oder die Hinterbliebenen in Ungewißheit belassen. Es könne auch eine Protestreaktion sein. Schichtmeister Hermann wollte seiner Frau die Kosten der Bestattung ersparen.

Vermuten ließe sich auch, daß die Einsamkeit von Wäldern und Gebirgen gesucht wird, um bei der letzten Handlung nicht gestört zu werden.

Vielleicht aber gibt es noch ein weiteres Motiv. Auch ein sterbendes Tier sucht Verstecke auf. Selbstmörder stehen meist unter einem für Außenstehende unvorstellbaren seelischen Druck, in einer psychischen Ausnahmesituation, in der das vernünftige Denken weitgehend ausgeschaltet ist. Prof. O. Prokop nennt einen solchen Zustand einen archetypischen, wo »die Handlung nur subkortikal abläuft«, also keine rationale Kontrolle mehr stattfindet. Der Mensch verhält sich dann ähnlich wie ein Tier und verkriecht sich vor seinem Tod. Auch andere Handlungen von Selbstmördern wiederholen sich immer wieder. So beruhigen ober betäuben sich Selbstmörder mit Alkohol. Andere gehen vor dem Foto des oder der Geliebten in den Tod. Häufig werden Abschiedsbriefe geschrieben, in dem das Motiv der Selbsttötung erklärt oder mit den vermeintlich dafür Verantwortlichen hart abgerechnet wird. Manche Selbstmörder treffen Vorkehrungen, damit andere Menschen nicht zu Schaden kommen. Oft wird vor dem Tod saubere Wäsche angezogen oder hinderliche Kleidungsstücke werden abgelegt. Der Gerichtsmediziner F. J. Holzer schilderte einige Fälle von Selbstmord durch Ertränken, bei denen die Betreffenden zuvor ihre Schuhe ablegten und säuberlich aufstellten. Holzer sah diese Handlung sogar als Kriterium für einen Tod durch Selbstmord. Das ist sicherlich nicht haltbar. Aber es läßt sich schon sagen, daß das menschliche Handeln in extremen Ausnahmesituationen erstaunlich gleichförmig ist.

Mit Hackmesser und Beil

Frau Mehlhorn wohnte in einer thüringischen Kreisstadt. Sie war neunundsiebzig Jahre alt und lebte allein in ihrer kleinen Wohnung. Seit einiger Zeit wurde sie von heftigen Leibschmerzen gequält. Sie fürchtete, es sei Krebs.

In dieser Septembernacht waren die Schmerzen besonders schlimm. Die alte Frau hatte keine Hoffnung mehr, sie würden wieder nachlassen. Wozu sie also noch länger ertragen. Man ist sowieso zu nichts mehr nütze, die Kinder und Enkel wohnen woanders. Niemand wird einen vermissen.

Und die Schmerzen wurden stärker. Frau Mehlhorn richtete sich mühsam im Bett auf. Schluß machen. Aber wie?

Wenn einer sich das Leben nimmt, dachte sie, hängt er sich meistens auf. Sie kroch aus dem Bett, zog sich die Pantoffeln an und ging zum Fenster. Die Gardinenschnur müßte reichen. Sie schnitt sie ab und band sie am Fenstergriff fest. Stellte mit zitternden Händen eine Schlinge her, setzte sich auf den Fußboden, legte die Schlinge um den Hals und zog sie allmählich zu.

Das Kratzen im Hals, der Druck im Kopf, das Erstickungsgefühl wurden unerträglich. Sie riß an der Schnur, lockerte sie, atmete tief ein. Dann legte sie die Schlinge ab, stand auf, ging zum Bett zurück, setzte sich auf den Bettrand und dachte nach. Ein Ende – aber wie? Und womit?

Der Kopf muß kaputtgemacht werden! Der Kopf ist das Leben. Den Kopf kaputtschlagen. Mit der Axt. Wieder stand sie auf, wollte die Axt aus dem Keller holen. Blieb stehen: die Axt, die ist doch viel zu schwer für mich. Zu lang und zu schwer!

Aber das Hackmesser in der Küche!

Sie entnahm der Küchenschublade das Hackmesser und kehrte zum Bett zurück, ließ sich erneut auf dem Bettrand nieder und schlug sich die scharfkantige Schneide gegen die Stirn.

Ein zweiter Hieb folgte, ein dritter, ein vierter. Blut lief ihr über Augen und Gesicht, spritzte auf Bettzeug und Kopfkissen und an die Wand. Sie hielt ermüdet inne. Schlug wieder zu, immer in dieselbe Wunde. Inzwischen waren es zehn Hiebe oder zwanzig, sie hackte weiter und spürte nicht einmal besonders viel Schmerzen.

Irgendwann mußte sie aufgeben, weil ihr übel wurde. Sie sackte am Bett zusammen, raffte sich wieder auf, tastete sich fast blind vor Blut zur Tür, ging die Treppe hinunter, pochte an die Wohnungstür eines Nachbarn. Der erschien endlich, aus dem Schlaf geweckt, und starrte die alte Frau an, als sei sie ein Gespenst.

Sie wurde ins Krankenhaus eingeliefert und war noch immer bei Bewußtsein. Sie wußte, wo sie sich befand und was sie getan hatte. Sie erzählte von den Leibschmerzen und dem Versuch, sich zu erhängen, und vom Hackmesser.

Das alles klingt unvorstellbar. Denn die Kopfwunde zwischen Stirn und Scheitel sah so schrecklich aus, daß vorerst niemand glauben wollte, jemand könne sich selbst eine solche Verletzung beigebracht haben.

Die Wunde klaffte drei Zentimeter breit und betrug etwa zehn Zentimeter in der Länge. Die Wundränder waren teilweise sägeschnittartig zerfetzt. Die genaue Anzahl der Hiebe konnte nicht festgestellt werden. Allein im Gebiet der Nasenwurzel waren es mindestens zehn. Das knöcherne Schädeldach war verletzt, die harte Hirnhaut an mehreren Stellen eröffnet, so daß die Hirnwindungen sichtbar waren.

Mehr als eine Woche später entstand eine eitrige Hirnhautentzündung. Am dreizehnten Tag nach ihrem Selbstmordversuch starb Frau Mehlhorn.

Auch in den folgenden zwei Fällen wählten Frauen eine besonders blutige Art des Selbstmordes.

An einem Augustabend, gegen 23 Uhr, ging die einundsechzigjährige verwitwete Gastwirtin Meta Hufnagel in ihr Schlafzimmer. Die Gaststube war noch geöffnet, Tochter und Schwiegersohn bedienten die Gäste.

Meta Hufnagel legte sich in der Unterkleidung aufs Bett. Sie wollte wachbleiben. Sie wartete. Die Gedanken kreisten immer um denselben Punkt: Die Gastwirtschaft soll verkauft werden. Fremde werden sie übernehmen. Ich bin zu krank, sie weiterzuführen. Aber warum wollen die Kinder es nicht tun? Was soll aus mir werden?

Meta Hufnagel wußte, daß sie nicht mehr die Kraft hatte, die bevorstehende Veränderung ihres Lebens zu bewältigen. Seit ihr Mann vor vier Jahren verstorben war, war es mit ihrem Lebensmut immer mehr bergab gegangen. Sie hing an ihrer Arbeit in der Gaststube und hatte doch keine Freude mehr daran. Alles war sinnlos geworden.

Sie blickte auf die Uhr. Die Viertelstunden schlichen dahin. Die Angst vor dem Ungewissen erdrückte sie. Jetzt wurde unten die Haustür abgeschlossen, die letzten Gäste sind gegangen. Es war 1.30 Uhr. Vertraute Geräusche drangen aus der Gaststube. Tochter und Schwiegersohn machten Ordnung.

Schritte auf der Treppe. Die beiden gingen zu Bett. Meta sah auf die Uhr. Halb drei. Die Tür öffnete sich leise: »Schläfst du, Mutter?«

»Nein, noch nicht.«

Die Tochter blieb an der Tür stehen. »Es gibt für alles eine Lösung. Mach dir nicht so viele Gedanken. Gute Nacht.«

Meta Hufnagel wartete noch einige Minuten, bis es ganz still im Hause war. Leise ging sie hinunter und gelangte durch die Hintertür auf den Hof. Auch im Dunkel fand sie im Schuppen den Hackklotz. Sie zog das Beil heraus und begab sich damit in die Küche. Sie prüfte, ob die Fenster verriegelt waren. Sie verschloß die Küchentür. Sie blickte sich um: der Tisch, die Stühle, die Liege, die Schränke, der Ofen. Das alles soll nicht mehr bleiben. Sie kniete vor der Liege nieder. Sie legte die linke Hand auf die Kante der Liege und hob das Beil. Meta hatte in ihrem Leben oft genug Holz gehackt, um zielsicher mit dem Beil umgehen zu können.

Sie schlug das Beil aufs Handgelenk. Der Schmerz durchzuckte sie wie elektrischer Strom. Blut quoll aus der klaffenden Wunde. Sie schlug nochmals zu, ein drittes Mal.

Die Hand fiel ab.

Stoßweise schoß das Blut aus dem Stumpf. Nun legte sie den linken Ellbogen auf die Kante. Schlug zu. Das Beil durchtrennte Haut und Muskeln. Nach weiteren Schlägen splitterten Knochen. Sie spürte ein Leeregefühl im Kopf und legte das Beil nieder. Schwankend stand sie auf, der linke Unterarm hing nur noch an einigen Sehnen. Irgendwo fand sie einen Zettel und einen Stift. Sie kritzelte auf das Papier: »Das habe ich selbst gemacht.«

Sie blickte auf den herabbaumelnden Unterarm. Und fügte hinzu: »Es geht doch nicht so leicht.« Sie wollte sich auf einen Stuhl setzen, verfehlte ihn und stürzte zu Boden.

Am nächsten Morgen entdeckten Tochter und Schwiegersohn durch die Scheibe der verschlossenen Küchentür die Tote.

Die Kriminalpolizei brach die Tür auf. Den Polizisten bot sich, wie Kriminalobermeister M. Pfeiffer berichtete, folgendes Bild: »Die Leiche der Gastwirtin lag in einer ausgedehnten Blutlache. Die linke Hand, in Höhe des Handgelenks abgetrennt, lag etwa zwei Meter von der Leiche entfernt auf dem Boden. Als die Leiche emporgehoben wurde, fiel der linke Unterarm ab. Unter der linken Hüfte der Toten ragte ein Handbeil hervor. Der gesamte

Fußboden war mit Blutspritzern übersät. Auch an Möbeln und am Zettelrand befand sich Blut.«

Die Obduktion ergab als Todesursache Verbluten.

Ein ähnlicher Fall wurde aus Nordrhein-Westfalen berichtet. Eine Bäuerin hatte sich im Schweinestall auf einem Hackklotz mit dem Beil die linke Hand abgeschlagen. Dann verließ sie den Stall, ging auf den Hof und überstieg eine meterhohe Mauer, die den Jauchekeller umgab. Sie begab sich in den Keller und legte sich in die Schweinejauche, die etwa dreißig Zentimeter hoch stand. Dort wurde sie einige Stunden später von ihrem Mann tot aufgefunden. Das Motiv für den Selbstmord der depressiven Frau waren erhebliche finanzielle Sorgen. Der Hof war verschuldet und sollte zwangsversteigert werden.

Der Obduzent berichtete: »Es wurde anfangs stark bezweifelt, daß ein Selbstmord in Betracht kam, da man es für kaum möglich hielt, daß jemand sich so schwere Verletzungen selbst beigebracht haben konnte und dann noch in der Lage war, den 14,5 Meter langen Weg zur Jauchegrube zurückzulegen und in diese hineinzusteigen, wobei vorher noch eine 1 Meter hohe Ummauerung überklettert werden mußte. Die weiteren Ermittlungen ergaben aber einwandfrei, daß nur ein Selbstmord in Frage kam ...«

In diesen Fällen beeindruckt die hohe Energie, mit der der Selbstmord ausgeführt wurde. Manche Ärzte erklären das mit einer Geisteskrankheit. Bei psychopathologischen Selbstmördern, so Prof. Dr. Chr. Rittner, seien Suizidhandlungen ernster und schwerer angelegt. Dr. E. Ringel ist sogar der Meinung, »daß der Selbstmord immer etwas Krankhaftes ist, was schon daraus logisch hervorgeht, daß er eigentlich gegen den stärksten Trieb gesetzt ist, der dem Menschen innewohnt, nämlich dem der Selbsterhaltung«.

Stoßen Kriminalisten auf einen solchen grausam ausgeführten Selbstmord, sind Zweifel an einem Selbstmord verständlich. Zuerst einmal ist es schwer vorstellbar, daß sich ein Mensch selbst mit dem Beil den Schädel zertrümmert oder Hand und Arm abhackt.

Auch die oft unglaubliche Handlungsfähigkeit des Selbstmörders nach solchen Verletzungen läßt Zweifel an einem Selbstmord aufkommen. Der britische Gerichtsmediziner Sir Sidney Smith wies an einem Beispiel aus seiner Praxis darauf hin, welche erstaunlichen Handlungen selbst bei schwersten Verletzungen noch möglich sind.

Ein älterer Herr verließ eines Abends das Fremdenheim, in dem er wohnte, und kehrte erst am nächsten Morgen mit blutigem Gesicht zurück. Er ging in sein Zimmer. Dort wurde er später bewußtlos aufgefunden und ins Krankenhaus eingeliefert, wo er einige Stunden später verstarb.

Sir Sidney Smith obduzierte den Toten. Dabei entdeckte er folgendes: »Der Mann hat einen Schuß in den Kopf erhalten, und zwar trat das Geschoß unter dem Kinn ein. Während jedoch um die Wunde herum keine Pulverspuren zu sehen waren, fand ich in den etwas zerrissenen Geweben des Mundbodens einige Spuren. Die Waffe war also unter dem Kinn angesetzt worden, was darauf schließen ließ, daß er sich die Wunde selbst beigebracht hatte. Sie zog sich nach oben durch das stark beschädigte Gehirn und endete an der linken Seite des frontalen Schädelknochens. Das Austrittsloch war drei Zentimeter im Durchmesser und sah nach Form und Größe wie die Wunde von einem .45er Revolvergeschoß aus, das sich vor dem Austritt auf die Seite gedreht hatte.«

Inzwischen untersuchte die Kriminalpolizei den Tatort. In allen Einzelheiten konnte sie Smiths Erkenntnis bestätigen. Der Mann hatte sich in einer Laube mit einem .45er in den Kopf geschossen. Dann hatte er noch eine Weile in der Laube gesessen, war im Park umhergegangen und schließlich in die Pension zurückgekehrt. »Und das alles«, fügte

Smith hinzu, »nach einer Schädelverletzung, die so stark war, daß die den Kopf durchschlagende Kugel Knochen- und Gehirnteile hen bis ans Dach der Laube mitgerissen hatte!« Es sei ein Irrtum zu glauben, bei schweren Schädel- verletzungen setzten sofort alle Willenshandlungen aus und bald danach trete der Tod ein.

Kriminalrat Engel bestätigte diese Bemerkung. Er er- wähnte einen Selbstmörder, der sich mit einem Browning durch beide Schläfen geschossen hatte, verhaftet wurde und dann noch zu einem Fußmarsch von 6 km fähig war. Kriminalrat Engel bezweifelt auch, ob ein Scharfschütze durch den sogenannten finalen Rettungsschuß in den Kopf eines Geiselnehmers in jedem Fall das Leben der Geisel retten könne.

Für welche Todesart sich ein Selbstmörder entschließt, hängt von verschiedenen Bedingungen ab. In der Regel bevorzugen Männer andere Mittel als Frauen. »Männer er- hängen sich, Frauen vergiften sich«, schrieb 1986 der Erste Kriminalhauptkommissar H. Krüger. Auch eine verän- derte Umwelt wirkt sich auf die Wahl der Todesart aus. Hochbauten in den Städten tragen dazu bei, daß Selbst- morde durch Sturz aus großer Höhe zunehmen. Dagegen geht die Zahl der Gasvergiftungen zurück, weil das im Haushalt verwendete Gas immer mehr entgiftet worden ist.

In den verschiedenen Statistiken über Todesarten beim Selbstmord finden sich neben übereinstimmenden Er- kenntnissen auch Differenzen. In den 70er und 80er Jahren stand Erhängen an erster Stelle. H. Krüger errechnete 1986 in einer territorialen, auf Schleswig-Holstein begrenz- ten Untersuchung 46 % Selbstmorde durch Erhängen. Das stimmt auch mit der Untersuchung von Kriminal- oberkommissar K. Bleischwitz überein. Allerdings stellte Bleischwitz fest, daß eine erstaunlich große Anzahl von

Frauen den Selbstmord durch Erhängen wählte. Vergiftungen einschließlich Gasvergiftungen standen an zweiter Stelle. Als dritthäufigste Todesart nannte Bleischwitz den Sturz aus der Höhe, Krüger das Ertrinken. Überraschend selten ist der Selbstmord durch Pulsaderschnitt, während bei nicht ernst gemeinten, als Appell beabsichtigten Selbstmordversuchen Schnitte in die Pulsadern häufiger sind.

Obwohl Krüger das Erhängen als Domäne der Männer bezeichnete, sieht er die Selbstmordarten sich allmählich angleichen: »Beruhten 1947 noch 74 % aller Selbsttötungen von Männern auf Erhängen, so ging dieser Anteil sukzessive zurück und hat sich bei knapp 50 % eingependelt. Stärker gestiegen, wenn auch auf zahlemäßig niedrigerem Niveau, sind dagegen die Vergiftungen bei Männern, ihre Zahl stieg von 11,9 % im Jahre 1947 auf 34,8 % im Jahre 1975, um dann wieder auf 25,5 % im Jahre 1985 zurückzufallen ... Bei den Frauen spielt die Vergiftung bei den vollendeten Selbsttötungen nach wie vor eine größere Rolle, ihre Bedeutung ist aber rückläufig.«

Selbstenthauptung

Der Wiener Gerichtsmediziner Dr. Breitenecker wurde im Juni 1954 zur Aufklärung eines ungewöhnlichen Todesfalles hinzugezogen.

Ein alter Handwerker besaß eine Siebmacherwerkstatt. Betrieben wurde diese von seinem schwerbehinderten einunddreißigjährigen Sohn. Der Vater kam eines Nachmittags mit seiner Frau von einer Hochzeitsfeier zurück. Als er die Werkstatt betrat, sah er seinen Sohn in einer Blutlache auf dem Erdboden liegen. Obwohl der Tote auf dem

Rücken lag, war im Genick eine klaffende Wunde zu erkennen. Neben dem Toten stand ein hohes Holzgerüst. Es bestand aus zwei senkrecht stehenden Leisten, die vom Boden bis zur Decke reichten. Zwischen den Fußenden der Leisten befand sich ein blutüberströmter Holzkloben. Auf diesem ruhte ein in senkrechter Richtung frei bewegliches Brett. In seine Unterseite war ein halbiertes Kreissägeblatt eingelassen.

Der Vater holte den Leichenbestatter, der die Gendarmerie benachrichtigte.

Wenig später trafen Kriminalisten am Tatort ein. Sie stellten fest, daß das Holzgerüst eine Art selbstgebauter Guillotine war, bei der das Kreissägeblatt die Schneide des Fallbeils darstellte. Ohne Zweifel war der Tote, wie die Wunde im Genick auswies, guillotiniert worden. Blutspritzer im Umkreis des Gerüsts und große Blutlachen neben dem Toten sprachen dafür, daß eine Schlagaderdurchtrennung den Tod herbeigeführt hatte. Um so unbegreiflicher war es deshalb, daß sich der Tote noch selbst aus der tödlichen Zange des Fallbeils befreit haben sollte.

Die Kriminalisten vernahmen den Vater und die Brüder des Toten. Die Brüder konnten gar nichts aussagen, sie waren erst lange nach Entdeckung des Toten heimgekommen. Aber der Vater verwickelte sich bald in Widersprüche. Er geriet in Verdacht, seinen Sohn aus der Guillotine befreit und danebengelegt zu haben. Das stritt er energisch ab. Er habe lediglich ein Kopfpolster unter den Hals des Toten geschoben. Die Polizei habe er nicht benachrichtigt, weil er aus religiösen Gründen den Selbstmord verheimlichen wollte.

In dieser Situation wurde Dr. Breitenecker hinzugezogen. Anfangs erschien es auch ihm unmöglich, daß sich der Mann nach einer solchen furchtbaren Verletzung selbst aus der Guillotine befreit haben könnte. Als er jedoch die Blutspuren am Fallbeil genauer betrachtete, stellte er fest, daß sie relativ geringfügig waren. Daraus schloß er, der Mann habe sich nur kurze Zeit unter dem Fallbeil befunden. Ein endgültiges Urteil wollte Dr. Breitenecker erst nach der Obduktion abgeben.

Die Obduktion ergab unter anderem einen gradlinigen Vertrocknungsstreifen am Vorderhals. Verursacht hatte diesen die Kante des Holzklotzes, auf den der Selbstmörder seinen Hals gelegt hatte. Im Nacken befand sich eine zehn Zentimeter lange klaffende, glattrandige Wunde. Die kurzen Nackenmuskeln waren durchtrennt. Der Dornfortsatz des dritten Halswirbels war abgeschlagen. In der Tiefe reichte die Wunde zwischen drittem und viertem Halswirbelbogen bis zur harten Rückenmarkhaut. Das Rückenmark selbst war nicht verletzt. Unverletzt waren auch die beiden Wirbelsäulenarterien, dagegen waren die oberflächlichen und tieferen Nackenschlagadern durchtrennt. Die Eingeweide wiesen hochgradige Blutarmut auf. An den Handgelenken fanden sich blasse Narben nach oberflächlichen Schnittverletzungen – Narben eines zurückliegenden Selbstmordversuchs.

Aufgrund der Verletzungen hielt es Dr. Breitenecker für möglich, daß sich der Verletzte noch selbst befreit hatte. Abschließend hieß es im Befund: »Hier lag der seltene Fall einer Selbsttötung durch eine selbstgebaute Guillotine vor. Der Tod trat durch Verblutung ein.«

Was in dem eben geschilderten Fall die Guillotine verrichtete, leistete in einem andern Fall die Kreissäge.

Die dreiundfünfzigjährige Selbstmörderin galt als »gemütskrank«. An einem Sommertag begab sie sich in den Stall. Dort stand eine Kreissäge, die kein Schutzgitter besaß. Die Frau legte ihre Kleidung ab und hängte sie sorgfältig auf. Sie schaltete den Motor der Säge ein. Dann legte sie sich mit dem Oberkörper auf den Sägetisch und drehte sich auf die rechte Seite. Den Nacken dem Sägeblatt zugewandt, rutschte sie auf die rotierende Scheibe zu. Zuerst verfingen sich die Haare in der Kreissäge, die dann den Kopf an sich heranzog und den Hals bis auf die Halswirbelsäule durchschnitt.

Über eine äußerst seltene Selbst-Dekapitation (Abtrennung des Kopfes) berichtete Prof. Dr. Chr. Rittner.

Anlaß für den Selbstmord eines vierundvierzigjährigen Mannes war eine unglückliche Liebe. Seine Freundin hatte sich von ihm getrennt, da er oft betrunken war und sie mehrmals geschlagen, einmal sogar bis zur Bewußtlosigkeit gewürgt hatte.

Wenige Tage nach der Trennung beschloß er, sich umzubringen. Er schrieb seiner ehemaligen Freundin einen Abschiedsbrief. Darin hieß es unter anderem: »Die Liebe zu Dir nehme ich mit.« Und weiter: »Den Wagen sollst du haben, so wie er übrig bleibt.«

Nachdem er den Abschiedsbrief geschrieben und einige Schnäpse getrunken hatte, ging er in die Garage und fuhr seinen Wagen hinaus. Draußen hielt er mit laufendem Motor an. Er stieg aus und befestigte das eine Ende eines Abschleppseils an der Garage, das andere Ende warf er durchs offene Wagenfester auf den Beifahrersitz. Aus einem Kraftstoffbehälter schüttete er Benzin in den Kofferraum. Den offenen Kanister stellte er daneben. Er entzündete das Benzin. Dann setzte er sich auf den Beifahrersitz, fertigte aus dem Ende des Abschleppseils eine Schlinge und legte sie sich um den Hals. Er schaltete den ersten Gang ein und gab Gas.

Der Wagen fuhr an. Das Seil spannte sich und riß ihm den Kopf ab. Der Kopf fiel aus dem Fenster. Der Körper des Getöteten verklemmte sich an der Tür. Die Zugkraft des Seils ließ den weiterfahrenden Wagen nach rechts umkippen. Der Wagen brannte teilweise aus.

Diese »makabre Szene« schloß, wie Rittner schrieb, vorerst ein Tötungsdelikt nicht aus. Doch die weitere Untersuchung durch Sachverständige ergab zweifelsfrei Selbstmord. Bei der Obduktion »konnte der Rumpf genau an der durchtrennten Halshaut zugeordnet werden«. Bemerkenswert war die glattrandige Abtrennung des Kopfes im vorderen Halsbereich, während sich in den hinteren Wundbezirken die Struktur des Abschleppseils abzeichnete.

Herzstich

Zu den schwer begreifbaren Selbstmordarten gehört der Messerstich ins Herz. Er wirft für Kriminalisten wie für Rechtsmediziner immer wieder die Frage nach Mord oder Selbstmord auf.

Elsa Reimann ist siebzig Jahre alt. Sie lebt allein in einer Zweizimmerwohnung. Ihr verheirateter Sohn wohnt in der Nähe, er und seine Frau kommen fast jeden Tag, um nach der Mutter zu sehen oder Besorgungen zu erledigen. Denn die Mutter ist behindert. Ein Verkehrsunfall vor mehreren Jahren hatte bleibende Schäden hinterlassen. Vor allem die Folgen von zwei Beinbrüchen erschweren das Laufen. Auch eine Nachbarin kümmert sich um Elsa. Sie hat einen Schlüssel für ihre Wohnung.

An einem Märzmorgen, kurz nach dem Aufstehen, geht Elsa Reimann im Morgenrock in die Küche und bereitet sich das Frühstück. Während sie Kaffee trinkt, blickt sie auf das Blatt des Abreißkalenders. Sie seufzt. Übermorgen ist es genau zwei Monate her, daß ihr Mann an einem Herzanfall starb. Sein plötzlicher Tod war für Elsa ein schwerer Schock. Ihre lange Ehe war friedlich und glücklich gewesen. Aber nicht der seelische Kummer allein quält die alte Frau. Das Frühjahr verstärkt die Schmerzen in den Beinen, das Laufen fällt immer schwerer. Die Tochter, die auswärts wohnt, hat sich inzwischen um einen Pflegeplatz im Altenheim bemüht. Die Gewißheit, bald fremder Hilfe zu bedürfen und die vertraute Umgebung verlassen zu müssen, vermehrt Elsas Ängste. Sie schläft schlecht. Die Nächte dauern endlos. Neulich, als sie dann doch eingedämmert war, war sie aufgeschreckt. Ihr Mann hatte sie gerufen. Sie hatte deutlich seine Stimme gehört: »Elsa!«

Das hat sie ihrem Sohn erzählt. Er glaubte es nicht. Aber sie weiß es genau, Papa hat sie gerufen. Und wenn Papa sie ruft und sie bei sich haben will, dann muß sie wohl auch zu ihm gehen. Und zwar bald. Sie möchte Papa nicht so lange warten lassen.

Elsa geht ins Schlafzimmer. Sie bringt das Bett in Ordnung und putzt den Spiegel an der Schranktür. In der Küche wäscht sie das Geschirr ab, wischt den Fußboden, scheuert die Herdplatte blank.

Noch immer in Nachthemd und Morgenrock, schließt sie die Wohnungstür ab und legt die Sicherheitskette vor. Aus dem Bad holt sie Papas Rasierspiegel und stellt ihn auf den Küchentisch. Dann rückt sie einen Polsterstuhl mit Armlehnen an den Tisch, entnimmt einer Schublade Papas Taschenmesser und nimmt auf dem Polsterstuhl vor dem Rasierspiegel Platz. Sie denkt nach, erhebt sich wieder und holt aus dem Küchenschrank einen hölzernen Kartoffelstampfer. Er gleicht einer Keule. Dann setzt sie sich wieder und schlägt Nachthemd und Morgenrock zur Seite, so daß die linke Brust frei liegt. Sie setzt die Spitze der Klinge des Taschenmessers an die linke Brust und überprüft im Spiegel, ob es auch die geeignete Stelle sei. Mit dem Kartoffelstampfer schlägt sie immer wieder auf den Messerknauf und treibt die Klinge immer tiefer in die Brust, dem Herzen entgegen. Der Gedanke, bald bei Papa zu sein, mildert den Schmerz ...

Kurz darauf klingelt die Nachbarin an Elsas Tür. Sie will fragen, ob etwas einzukaufen sei. Elsa meldet sich nicht. Mittags werden Kohlen angeliefert. Wiederum reagiert Elsa auf das Läuten nicht. Die Nachbarin ist beunruhigt. Sie holt eine andere Frau hinzu, schließt die Tür auf, die Sicherheitskette versperrt den Eingang. Mühsam entfernen die beiden Frauen die Kette. In der Küche finden sie Elsa. Sie sitzt zusammengesunken auf dem Polsterstuhl. Der Kopf ist zur Seite gesunken, die Augen sind halb geöffnet. Aus der Brust ragt der Messergriff.

Elsa ist tot.

Die Kriminalisten besichtigen den Leichenfundort. Tod durch Herzstich – das ist ganz offensichtlich. Kriminalbezirkskommissar A. Hornung berichtete: »Die Klinge war fast waagerecht, mit der Schneide zur Körpermitte hin, eingestochen ... In der Umgebung der Einstichstelle war die Kleidung der Leiche nur ganz leicht mit Blut durchtränkt. Erst nach dem Entfernen des Messers trat blutige Flüssigkeit in etwas größerer Menge aus der Wunde aus.«

War es Mord, war es Selbstmord?

Die Obduktion der Toten ergab, daß die Stichrichtung des Messers von schräg links außen nach innen oben verlief. Beim Herzstich erfolgt der Tod meist durch Herzbeuteltamponade. Der Rechtsmediziner kann sich in solchen Fällen auf immer wiederkehrende Umstände stützen. Beim Selbstmord durch Herzstich findet sich zuweilen – wie im Fall Elsa Reimann – nur ein einziger Stichkanal, während bei dem durch Messerstiche Ermordeten häufig mehrere oder sogar viele Stiche zu finden sind. Bei Mord wehrt sich das Opfer gegen den Angriff. Deshalb zeigen sich an Armen und Händen in der Regel Abwehrverletzungen, die das auf ihn eindringende Messer verursacht hat. Der Selbstmörder entblößt meist die Brust bzw. die Herzgegend. Sehr selten stößt er mit dem Messer durch die Kleidung, so daß durchstochene Kleidungsstücke am Opfer wiederum auf Mord hindeuten.

Das sind natürlich nur Erfahrungswerte, keine absoluten Regeln. Deshalb verweist der Gerichtsmediziner Dr. Werkgartner auch darauf: »Es gelingt nicht in jedem Falle, aus dem Leichenbefund hinreichende Anhaltspunkte für die Beantwortung dieser Frage zu gewinnen.«

Die durch die Obduktion gewonnene Feststellung, daß Elsa Reimann Selbstmord begangen hatte, wurde dann auch kriminaltechnisch bekräftigt. Am Kartoffelstampfer fanden sich Eindrücke, die mit dem Messerknauf übereinstimmten. Damit war auch bewiesen, daß Elsa Reimann sich durch zahlreiche Schläge mit dem Stampfer das Messer ins Herz getrieben hatte.

Als Kuriosum sei ein Selbstmord erwähnt, bei dem sich der Suizident mit einer Stopfnadel ins Herz stach. Dr. K. Michaelis berichtete darüber: »Der Tod des Betroffenen ist in erster Linie auf die Herzstichverletzungen … zurückzuführen, wobei die Intoxikation sicherlich zu einem gewissen Grade mit verantwortlich für den tödlichen Ausgang zu machen ist. Bei Eröffnung des Brustkorbes fand sich ein straff gespannter Herzbeutel, so daß zweifellos eine Herztamponade vorgelegen haben dürfte … Zur Blutung im Herzbereich kam es infolge der mehrfachen kanalartigen Zerstörung der linken Kammerwand im Herzspitzenbereich. Diese Verletzungen können nur durch zahlreiche Einstiche in die Herzspitze eingetreten sein. Am Tatwerkzeug, einer Stopfnadel von ca. 9 cm Länge, bestand kein Zweifel. Der Geschädigte durchstach wahrscheinlich nur einmal den Brustkorb und führte unter Bewegung der Nadel nach verschiedenen Seiten stechende Bewegungen durch.«

Menschliche Fackeln

In der Nacht hatte es zu schneien begonnen. Und an diesem Februarmorgen schneit es weiter. Der Schnee liegt schon fast einen viertel Meter hoch.

Noch ist es dunkel. Ein Lastzug verläßt die Autobahn und schwenkt in der Ausfahrt auf eine norddeutsche Bundesstraße ein. Zu beiden Seiten der Straße liegt verschneiter Wald.

Ein entfernter Lichtschein erregt die Aufmerksamkeit des Fahrers. Er nähert sich vorsichtig dem flackernden Licht. Das muß ein offenes Feuer sein. Jetzt ist er dem Brandherd ganz nahe. Entsetzt hält der Fahrer an. Auf einem Waldweg, der von der Straße abzweigt, steht ein PKW. Flammen schlagen lichterloh aus dem Inneren des Wagens. Der Fahrer glaubt, in dem Feuermeer einen Menschen zu erblicken. Er hastet zur Brandstelle. Zwei Schüsse knallen. Nein, es sind die zwei Hinterreifen, die gerade platzen. Neben dem Wagen Splitter geborstener Fensterscheiben.

Der Fahrer erkennt deutlich den zusammengesunkenen Menschen hinterm Lenkrad. Flammen züngeln aus dem anscheinend leblosen Körper. Der Fahrer wirft Schnee auf die Karosserie, um den Brand zu löschen. Sinnlos bei dieser Hitze. Er steigt wieder in seinen Lastzug und informiert über eine Rufsäule die Polizei.

Eine Stunde später hat die Feuerwehr den Brand gelöscht. Als die Mordkommission am Tatort eintrifft, findet sie – so berichtete Kriminalrat G. R. Bauer – einen völlig verbrannten und ausgeglühten PKW vor. Auf dem Fahrersitz hockt ein verkohlter und geschrumpfter Leichnam. Sein Oberkörper ist nach der Seite abgesunken: »Zu erkennen waren noch Teile der Oberschenkel, des Gesäßes, Reste der Arme und des Kopfes.«

Die Türen des Wagens sind noch verriegelt. Im Anlasserschloß steckt der Zündschlüssel. Neben der Leiche liegt eine kleine leere Wodkaflasche. Nur wenige Meter vom Wagen entfernt findet man einen entleerten Benzinkanister und die Hülle einer Tablettenpackung. Das vordere Nummernschild des Wagens – ein Karmann Ghia – ist nicht zerstört, so daß das polizeiliche Kennzeichen noch sichtbar ist. Das könnte die Identifizierung des Toten erleichtern.

Fahrzeughalter ist der achtundzwanzigjährige Kraftfahrer Helmut Bohr. Ist er der Tote oder ist ein anderer im Wagen verbrannt? Obwohl die Situation am Leichenfundort nicht für einen Unfall spricht, muß dennoch ein Unfall ausgeschlossen und geklärt werden, ob es ein Mord oder ein Selbstmord war.

Inzwischen konnte ermittelt werden, daß der Fahrzeughalter Helmut Bohr als Berufskraftfahrer in einem nahegelegenen Betrieb arbeitet. Am linken Unterarmknochen der Leiche hatte sich eine ausgeglühte Armbanduhr befunden. Bohrs Vorgesetzter war sich völlig sicher, daß diese Uhr Helmut Bohr gehört hatte. Mitbewohner des Ledigenheimes, in dem Bohr ein Zimmer gehabt hatte, erkannten einige Stoffreste, u. a. Teile einer roten Krawatte, wieder. Sie stammten von Bohrs Kleidung.

Der Tote wird obduziert. In den tieferen Luftwegen finden sich Rußpartikel. Das Herzblut ist hellrot, besitzt also einen hohen Gehalt an Kohlenoxid. Bei der genaueren Bestimmung wurde ein CO-Gehalt von fast 70 % festgestellt. Das bedeutete, daß B. noch geatmet hatte, als das Feuer das Wageninnere ergriff. Er war also zu Lebzeiten verbrannt. Die Blutalkoholprobe erbrachte einen Wert von 1,44 Promille. Die starke Verkohlung der Leiche läßt jedoch nicht erkennen, ob sie vor ihrem Tode eine Verletzung durch fremde Hand erlitten hatte.

Die Kriminalisten ermitteln Bohrs Lebensumstände in

den letzten Monaten. Kriminalrat Bauer charakterisierte Bohr so: »Er legte Wert auf ein stets gepflegtes Äußeres und galt als Casanova, der jedoch jede engere Bindung scheute. Er wollte immer etwas Besonderes darstellen, und auch bei der Wahl des Autos spielte dies eine Rolle. Es sollte ein Wagen sein, den nicht jeder hatte, der sportlich und schön aussah. Er hatte sich Anfang Dezember als Gebrauchtwagen den Karmann Ghia auf Raten gekauft.«

Aber Bohr konnte sich nicht lange seines neuen Wagens erfreuen. Wenige Wochen später wurde ihm wegen Trunkenheit am Steuer der Führerschein für mehrere Monate entzogen. Damit war es aus für seine Arbeit als Berufskraftfahrer. Seine Firma zeigte sich jedoch großzügig und bot ihm für diese Zeit eine andere Tätigkeit an. Trotzdem fühlte sich Bohr, der Herr mit Anzug und Schlips, durch den Arbeitsplatzwechsel degradiert. Noch bevor er die neue Arbeit aufnahm, schluckte er einige Dutzend Schlaftabletten. Ein Mitbewohner fand ihn und ließ ihn ins Krankenhaus bringen. Bohr wurde gerettet.

Als ihn sein Chef im Krankenhaus besuchte, erklärte ihm Bohr den Grund seines Selbstmordversuches. Er könne es nicht verwinden, daß er kein Fahrer mehr, sondern nur noch ein gewöhnlicher Arbeiter sei. Sein Leben, das ganze »Malochen« habe keinen Sinn mehr.

Besonders litt Bohr darunter, daß er für längere Zeit seinen neuen Wagen nicht benutzen durfte.

Bohr muß sich dann wochenlang mit weiteren Selbstmordplänen beschäftigt haben. Eine Vergiftung mit Tabletten kam nicht mehr in Frage, er war vorzeitig aufgefunden worden. Es mußte in der Einsamkeit geschehen, wo man ihn nicht zu früh entdeckte. Und es mußte sicherer sein als ein langsam wirkendes Gift. Irgendwann ist ihm dann der Gedanke gekommen, in seinem Wagen – »dem Objekt, das er wohl von allen irdischen Dingen am meisten schätzte« – aus dem Leben zu scheiden.

Der Selbstmord durch Verbrennung wird selten gewählt. Der prozentuale Anteil der Selbstverbrennung an den verschiedenen Suizidarten läßt sich nicht genau feststellen, da die Polizei-Statistik sie nicht immer als eigenständige Todesart aufführt. Bleischwitz fand etwa 0,3 % Selbstverbrennungen, andere Erhebungen kommen zu einer ähnlichen Größe.

Diese ebenso unheimliche wie grausame Selbsttötung zeugt ebenfalls von einem stark ausgeprägten Todeswillen. Der Selbstmörder muß damit rechnen, daß jede Hilfe zu spät kommt. Denn schon die Verbrennung eines Viertels bis eines Drittels der Körperoberfläche endet in der Regel tödlich.

Dieser schmerzhafte Tod wird nicht nur von männlichen, sondern auch von weiblichen Selbstmördern gesucht. So berichtete Kriminaloberleutnant K. Peter aus dem oberösterreichischen Steyr einen solchen Fall.

An einer steil zum Steyrfluß abfallenden Böschung entdeckte ein Rentner eine Frauenleiche. Sie war teilweise verkohlt. Angebrannte Kleiderreste hingen in Fetzen an ihrem Körper. Der Mann meldete seinen Fund, eine Funkstreife besichtigte die Leiche und verständigte die Mordkommission.

Ein Mordverdacht war nicht unbegründet. Diese Uferstelle schien Mörder geradezu magisch anzuziehen. Hier waren in den letzten Jahren drei Menschen ermordet worden. Und hier hatte der fünffache Sexualmörder Englader eines seiner Opfer getötet. War die unbekannte Tote ein viertes Mordopfer?

Als die Kriminalisten erschienen, erblickten sie eine noch nicht vollkommen verkohlte weibliche Leiche in sogenannter Fechterstellung: »Die Arme waren abgespreizt, die Unterarme angehoben und die Beine gespreizt.« Diese Haltung vieler Brandleichen heißt deshalb Fechterstellung, weil die Hitze des Brandes die Muskeln und Sehnen der Arme und Beine schrumpfen läßt. Dadurch entsteht die typische Beugung, zum Teil auch Streckstellung der Gliedmaßen.

Stark verkohlt waren der Kopf der Leiche, die Brust, der Oberbauch und die Vorderseite der Oberschenkel. Stellenweise war die Haut aufgeplatzt oder abgehoben. Die Zunge klemmte zwischen den Zähnen. Die Leiche war noch nicht erkaltet, die Leichenstarre noch nicht eingetreten. Der Tod war also erst vor kurzer Zeit erfolgt.

Die Kriminalisten fanden keine äußeren Verletzungen am Körper der Toten. Das besagte nichts, denn die Verbrennung konnte solche Anzeichen vernichtet haben. Doch auch die nähere Umgehung des Fundortes erbrachte keine Spuren einer Gewalttat. Im Gegenteil, alles deutete auf einen Selbstmord hin. Unweit der Leiche lag ein sorgfältig zusammengelegter Sommermantel, darauf ein seidenes Kopftuch. Knapp zwei Meter entfernt stand ein Zehnliter-Benzinkanister, der noch etwa sieben Liter Kraftstoff enthielt. Eine noch gefüllte Zündholzschachtel ergänzte das Bild eines eigenhändig vorbereiteten Todes.

Die Tote konnte bald durch ihren Ehering identifiziert werden. Es war die dreiundvierzigjährige Maria Holan, Ehefrau des Schmiedes Holan. Sie hatte in einem Einfamilienhaus gewohnt, das nur einen Kilometer von der Todesstelle entfernt lag.

Die Obduktion der Toten bestätigte, daß sie Selbstmord begangen hatte. Todesursache war ein Verbrennungsschock.

»Die unmittelbaren Allgemeinfolgen einer ... Verbrennung sind im Schock, in der Blutverdickung und in der Intoxikation, d. h. in der Selbstvergiftung durch den Eiweißzerfall zu sehen«, erklären Prof. Dürwald und Dr. Dietz.

Der Verbrennungsschock ist eine schwere Kreislaufstörung. Sie wird verursacht durch die großflächige Schädigung der Hautoberfläche. Befördert wird das tödliche

Kreislaufversagen, weil die Verbrennung das Blut eindickt. Auch kommt es durch die hochgradige Hitzeeinwirkung zu einer Selbstvergiftung des Körpers, denn die bei der Verbrennung frei werdenden Zerfallsprodukte des körpereigenen Eiweißes führen zu sekundären Schädigungen des Herzens, der Leber und der Nieren. Diese Schäden können, wenn sie beträchtlich genug sind, von sich aus tödlich sein.

Die Ermittlung der Kriminalpolizei ergab, daß die Tote an Depressionen, möglicherweise an Schizophrenie gelitten habe, wodurch sich ihre schmerzvolle Art der Selbsttötung erkläre.

Eine andere Selbstmörderin, die sich lebendig verbrannte, war ebenfalls psychisch gestört. Kriminaloberkommissar E. Schmidt berichtete von einer vierzigjährigen Krankenschwester, die des öfteren in nervenärztlicher Behandlung gewesen war. Sie hatte sich mit Alkohol und Beruhigungstabletten auf den Selbstmord vorbereitet. Dann hatte sie sich mit Benzin übergossen und angezündet. Ein Autofahrer hatte an einem Waldrand eine etwa zehn Meter hohe Stichflamme emporschießen gesehen. Als er näherkam, erblickte er einen Menschen, der »brennend, wie eine riesige Fackel« schreiend hin und her lief.

Rechtsmediziner, Psychologen und Psychiater haben sich eingehend mit dem Selbstmord durch Verbrennen beschäftigt. Bartmann kam dabei zur Erkenntnis, daß ein reiner Selbstmord durch Verbrennen gewöhnlich die Tat eines Geisteskranken sei.

Aber bei dieser Art von Selbstmord ist noch ein anderer Aspekt zu berücksichtigen. Dieser grausame Tod löst bei denen, die ihn mitansehen oder davon hören, Mitleid und Entsetzen aus. Ein solcher Selbstmörder kann sich öffentlicher Aufmerksamkeit sicher sein: In welcher hoffnungslosen Lage muß dieser Mensch wohl gewesen sein, daß er sich auf so schreckliche Weise umbrachte? wird

die geschockte Umwelt fragen. Deshalb ist die Selbstverbrennung seit alters her auch ein Mittel politischer
Demonstration gewesen. Dr. Eisele berichtete, daß sich
1963 buddhistische Mönche und Nonnen aus politischem
Protest selbst verbrannt hätten. 1968 erregte die Selbstverbrennung eines tschechischen Studenten, 1976 die eines
Pfarrers in der DDR Aufsehen. Auch Presseberichte über
makabre Selbsttötungen können Selbstmord-Epidemien
auslösen. Die Zeitschrift KRIMINALISTIK berichtete über
eine solche Selbstmordwelle in Großbritannien: Dort »er-
eigneten sich in der Zeit vom Oktober 1978 bis März 1979
zweiundvierzig Selbstmorde durch Verbrennen... Von
den 21 Männern und 21 Frauen befanden sich 10 Männer
und 12 Frauen in psychiatrischer Behandlung.«

Bleibt als Summe der Erkenntnisse über die Selbstverbrennung, daß zwar auch bis dahin psychisch unauffällige
Menschen diese Selbstmordart wählen können (Schollmeyer), trotzdem aber »vorwiegend psychisch veränderte
Personen mit starken Selbstvernichtungsimpulsen« sich
zum Verbrennungstod entschließen (Eisele). Eisele fügt
hinzu, die eigentlichen Motive könnten nur selten aufge-
hellt werden.

Tod im Schneckengang

Ein richtig aufgesetzter Schuß tötet den Selbstmörder in
Sekundenschnelle. Auch beim Erhängen schwindet rasch
das Bewußtsein, der Tod erfolgt bald. Oft jedoch schleicht
sich beim Selbstmord der Tod im Schneckentempo heran.
Das Sterben dauert lange und ist qualvoll.

Das zeigt sich häufig beim Tod durch Vergiftung.

Der dreiundzwanzigjährige Thomas Liebscher war

rauschgiftsüchtig. Da er kein Geld für Heroin hatte, war er auf einen Ersatz ausgewichen, auf Opium. Heroin wird aus Morphin gewonnen, und Morphin ist das Hauptalkaloid des Opiums. Opium und Opiumderivate machen euphorisch. Allerdings folgt dem Glücksgefühl bald der Katzenjammer, der nur durch Einnahme immer höherer Gaben vorübergehend verschwindet. Das Opium und seine Derivate fallen unter das Betäubungsmittelgesetz. Aber in der Szene weiß man dem Verbot zu entgehen und auf einen leicht zu beschaffenden Ersatz auszuweichen. Das ist der sogenannte O-Tee. Getrocknete Mohnkapseln werden in Wasser ausgekocht. Der so erhaltene Sud wirkt wie Rauschgift.

Liebscher war also süchtig geworden. Er gehörte zu den Menschen, auf die Opium euphorisierend wirkt – was durchaus nicht bei jedem der Fall ist. Bei vielen ruft das Suchtgift Übelkeit und Mißbehagen hervor. Liebscher sprach auf Opium an. Sein Wesen hatte sich spürbar verändert. Heftige Stimmungsschwankungen hatten ihn unerträglich werden lassen. Mal war er liebenswürdig und heiter. Ließ die Opiumwirkung nach, wurde er reizbar, übellaunig, aggressiv. Liebschers Freundin Rita litt unter seinem unberechenbaren Verhalten. Sie begann zu zweifeln, ob er sie wirklich liebte. Ihre Versuche, ihn vom Opium abzubringen, hatten keinen Erfolg. Seine Versprechen, damit aufzuhören, hielt er nicht.

Es war vier Tage vor Weihnachten. Wenn Rita an das Fest dachte, wurde sie traurig. Thomas würde ihr bestimmt die Festtage gründlich verderben. Sie beschloß, sich von ihm zu trennen und verabredete sich mit Thomas für den Abend. Dann wollte sie ihm sagen, sie könne ihn nicht länger ertragen, zwischen ihnen sei es endgültig aus.

Ganz unvorbereitet auf das, was ihn an diesem Abend erwartete, war Thomas nicht. Rita hatte in den letzten Wochen schon mehrmals ihre Absicht angedeutet, ihn zu verlassen. Thomas liebte Rita. Aber er hatte nicht die Kraft, sich von seiner Sucht zu befreien. Und er kannte inzwischen Rita so gut, um zu wissen, daß sie ihren Entschluß zur Trennung ernst meinte. Ihm war klar, er konnte nicht beides haben, Opium und Rita.

Am Nachmittag kaufte Liebscher in einem Gärtnerei-Fachgeschäft zwanzig getrocknete Kapseln Schlafmohn. Im Geschäft kannte man ihn gut. Er hatte sich als Gärtner ausgegeben, der die Mohnkapseln als Schmuck für Blumengestecke brauchte. Zu Hause hatte Thomas noch etwa dreißig Kapseln liegen. Er kochte die fünfzig Kapseln aus und füllte den Sud in eine leere Orangensaftflasche.

Gegen Abend trank er den Inhalt der Flasche aus. Um 21 Uhr suchte er einen Freund auf. Hier wollte sich Rita mit ihm treffen. Inzwischen hatte das Opium begonnen, seine Wirkung zu entfalten. Die starke Dosis brachte Thomas nicht die erwünschte gelöste Stimmung. Im Gegenteil, er fühlte sich elend. Stumm saß er da und beantwortete die Fragen des Freundes nicht. Der Freund hielt ihn für schwer betrunken und gab es schließlich auf, sich mit Thomas zu beschäftigen.

Als Rita dann eintraf, sah sie sofort, daß sich Thomas auf seinen gewohnten Trip begeben hatte. Sie war außer sich – ihre Vorwürfe prallten wirkungslos an Thomas ab. Sie brachte es jedoch nicht fertig, ihn in diesem Zustand sich selbst zu überlassen. Irgendwie gelang es ihr, ihn zu sich nach Hause mitzunehmen. Er war nun überhaupt nicht mehr ansprechbar, warf sich sofort aufs Bett und schlief ein. Rita setzte sich neben ihn und versuchte mehrmals erfolglos, ihn zu wecken.

Rita selbst war zu müde und frustriert, um noch lange neben Thomas sitzen zu bleiben. Sie legte sich auch ins Bett. Nachts wachte sie auf und hörte ihn laut und röchelnd schnarchen. Sie fühlte seinen Puls, er war klein und unregelmäßig. Rita konnte nicht wieder einschlafen. Deshalb nahm sie zwei Schlaftabletten.

Am nächsten Vormittag stand sie gegen 10 Uhr auf. Thomas schlief noch immer. Sie rüttelte ihn, bekam ihn aber nicht wach. Mittags sah Rita, daß sich an Mund und Nase ein großer Schaumpilz gebildet hatte. Sie wollte den Schaum abwischen. Doch dann ekelte sie sich davor und fuhr zur Arbeit.

Gegen 19 Uhr kehrte Rita zurück. Thomas lag noch immer auf dem Bett. Er war tot.

Notarzt und Kriminalisten entdeckten, wie der Rechtsmediziner Prof. Chr. Rittner berichtete, bei der äußeren Besichtigung des Toten düsterrote großflächige Leichenflecken. Auf dem Hemd befand sich Erbrochenes, vor Mund und Nase ein angetrockneter Rest einer weißlichbräunlichen schaumigen Flüssigkeit.

Bei der Obduktion wurde ein hochgradiges Lungenödem und ein Hirnödem festgestellt. Im Magen fand sich eine braunschwarze Flüssigkeit, im Urin setzte sich ein flockiger weißlicher Bodensatz ab. Das vorläufige Gutachten gab Vergiftung als Todesursache an. Die toxikologische Untersuchung des Urins erbrachte eine hohe Morphinkonzentration. So konnte nun definitiv als Todesursache eine Morphinvergiftung angegeben werden.

Überraschend war allerdings, daß sich am Körper keine Einstiche einer Injektionsnadel hatten finden lassen. Erst die weiteren kriminalpolizeilichen Ermittlungen klärten dann auf, wie die Morphinvergiftung zustande gekommen war: durch O-Tee. Thomas war seit einem Jahr dieser Sucht verfallen gewesen. Er soll täglich ein bis zwei Tassen des Suds getrunken haben. Für den Todestrunk hatte Liebscher nach Meinung Prof. Rittners etwa fünfzig Kapseln gebraucht. Eine so große Menge des äußerst bitteren Suds konnte Liebscher nur freiwillig aufgenommen haben. Es gab also keinen Zweifel an einem Selbstmord.

Letzthin erfolgt ein Morphintod in tiefem Koma durch Atemlähmung.

Liebschers tödliche Vergiftung und sein Sterben hatten sich über zwanzig Stunden hingezogen – ein Tod im Schneckengang.

Einen Selbstmord auf Raten nannten Kriminalhauptmeister E. Maronde und D. Nicklaus den Tod der Prostituierten Toni Reimer.

Toni war achtundzwanzig Jahre und ging auf den Autostrich. Der Autostrich gilt als die tiefste Stufe der Prostitution.

Eines Tages erhielt die Polizei einen anonymen Anruf, der zweifellos von einem Freier Tonis kam. Der Kunde war beunruhigt, denn er hatte seltsame Wunden an Tonis Körper entdeckt. Er fürchtete wahrscheinlich eine ansteckende Krankheit und forderte die Polizei auf, das Car-Girl daraufhin zu überprüfen. Toni war der Polizei als Prostituierte bekannt, aber bisher in keiner Weise auffällig gewesen. Erst als weitere Anrufe folgten, wurde Toni wegen dieser Angelegenheit angesprochen. Sie behauptete, die Beschuldigung sei grundlos, und die Polizei gab sich damit zufrieden.

Nach einiger Zeit jedoch brachte ein wiederum anonymer Anruf Toni Reimer erneut ins Gespräch. Der Anrufer teilte mit, in einem Wäldchen habe sich eine Schießerei ereignet, bei der jemand schwer verletzt worden sei. Der Anrufer nannte Namen und Wohnung des Verletzten. Dort würde man auch Waffen finden. Polizisten suchten den Mann auf. Er hieß Roland Wingen und wies tatsächlich eine Schußverletzung auf, wenn auch eine leichte: ein Finger war durchschossen worden. Bei der Durchsuchung der Wohnung kam ein geladener Trommelrevolver zum Vorschein.

Wingen wurde vernommen. Er verhielt sich, wie es im

Bericht heißt, übernervös und ängstlich. Wingen besaß keinen Waffenschein. Er behauptete, er brauche die Waffe zur Selbstverteidigung. Seine Geliebte Toni Reimer werde von einer Zuhälterbande verfolgt, er müsse Toni und sich vor ihnen schützen. Bei einem Zusammentreffen mit den Verfolgern habe ein Zuhälter auf ihn geschossen und ihn am Finger verletzt.

Den Polizisten kam die Geschichte wenig glaubhaft vor. Aber Wingen beharrte darauf, sie sei wahr. Die Zuhälter hätten auch Toni schon mehrmals überfallen und mit Säure übergossen. Diese Aussage Wingens erinnerte an die anonymen Telefonanrufe, in denen gefordert worden war, Toni auf irgendwelche merkwürdigen Wunden zu untersuchen.

Die Vernehmung Tonis gestaltete sich anfangs schwierig. Sie verschloß sich den Fragen und verweigerte die Antwort. Erst ganz allmählich rang sie sich zu einer Erklärung durch. Sie bestätigte, was Wingen bereits berichtet hatte: Zuhälter hätten sie durch Übergießen mit Säure mißhandelt. Daraufhin nahmen Kriminalbeamtinnen Toni in Augenschein. Sie fanden auf der rechten Schulter und am rechten Oberarm wulstige Narben. Auch am Kinn gab es eine Narbe und an der linken Schulter Hautverletzungen. Schließlich entdeckten sie eine Stichverletzung im linken seitlichen Rumpf. Bisher hatte Toni nur von Säure-Attentaten gesprochen. Die Stichverletzung erklärte sie damit, daß die Zuhälter sie mit einem Messer gefoltert hätten. Sie hätte die Täter jedoch nicht angezeigt, weil diese gedroht hätten, ihrer siebenjähriger Tochter das gleiche anzutun.

In den mehrfachen Vernehmungen der Frau konnten die Polizisten keine Widersprüche erkennen. Eine Überwachung der Prostituierten wurde angeordnet. Die Beobachtung blieb jedoch lückenhaft. Toni war hochverschuldet und wollte sich weiterhin auf dem Autostrich Geld verdienen. Auf diese Weise entzog sie sich zeitweilig der Kontrolle. So erbrachte die Observation keine neuen Erkenntnisse.

Nun wurde veranlaßt, daß Toni von einem Rechtsmediziner und einem Psychiater untersucht wurde. Das Gutachten brachte zum Ausdruck, daß bei Toni Reimer »eine psychische Störung in Verbindung mit einer masochistischen Veranlagung vorliegen könnte«. Aber es blieb offen, wie ihre Verletzungen zustande gekommen waren.

Die Ermittlung war in eine Sackgasse geraten.

In den nächsten Monaten schien sich die Aggressivität der Zuhälter noch zu verschärfen. Toni erlitt immer neue, sehr schmerzhafte Säureverletzungen, lehnte es aber ab, sich stationär in einer Hautklinik behandeln zu lassen. Der Verdacht wuchs, daß sich Toni die Verletzungen selbst beigebracht hatte. Sie wies diese Vermutung energisch zurück.

Kurze Zeit darauf, nachts gegen 23 Uhr, rief Tonis Mutter die Polizei an. Die Mutter, die vorübergehend bei Toni wohnte, teilte der Polizei mit, ihre Tochter sei erneut durch Säure schwer verletzt worden. Als die Sachbearbeiter eintrafen, fanden sie tatsächlich Toni in bedenklichem Zustand vor. Ihr Rücken war vom Hals bis zur Gürtellinie durch Säure verätzt, die Kleidung mit Säure durchtränkt.

»Ein erneutes Attentat«, flüsterte Toni schmerzgequält.

Bald stellte sich heraus, daß es kein Attentat gewesen sein konnte. Ein Hausbewohner hatte beobachtet, daß sich Toni im Keller aufgehalten hatte, bevor sie säuredurchnäßt in ihre Wohnung gegangen war. Die Durchsuchung des Kellers förderte eine Flasche Kalklöser zutage. Mit einer solchen Säure werden Kaffeemaschinen und andere Haushaltgeräte gereinigt.

Eine Untersuchung ergab, daß die Säurereste in Tonis Kleidung und der noch vorhandene Inhalt der Flasche identisch waren.

Bevor jedoch Toni Reimer in eine Hautklinik eingewiesen werden konnte, erhängte sie sich in ihrer Wohnung.

Tonis Geliebter Wingen gestand, sich selbst den Finger durchschossen zu haben, als er den Revolver ausprobierte. Er hatte sich die Waffe angeschafft, weil er Tonis Behauptung, sie würde von Zuhältern verfolgt, geglaubt hatte.

Die Berichterstatter kamen zum Schluß, daß die Fragen nach dem Motiv für Tonis Selbstverletzung unbeantwortet geblieben seien: »So wurden ihre Angaben, von mehreren Tätern vergewaltigt, mit Säure übergossen und mißhandelt worden zu sein, widerlegt, aber über das Motiv herrscht keine völlige Klarheit; jedoch neigen die mit dem Fall betrauten Wissenschaftler zu der Ansicht, daß T. R. – die sich selbst als ›dreckige Nutte‹ bezeichnet hatte – sich für die von ihr gehaßte Tätigkeit als Prostituierte bestrafen, ja vernichten wollte, sozusagen durch Selbstmord auf Raten.«

Eine solche Erklärung für schmerzhafte Selbstverletzungen wird durch neueste Forschungen bestätigt. »Selbstverletzendes Verhalten« ist eine psychische Erkrankung, häufiger als vermutet, noch viel zu wenig erforscht. Die Aggression gegen den eigenen Körper entspringt fehlendem Selbstwertgefühl. Toni Reimer verabscheute ihre Tätigkeit als Prostituierte und hatte ihr Selbstwertgefühl verloren.

Den Tod im Schneckengang erlitt auch eine junge Frau durch ein Gift, das sonst in wenigen Sekunden tötet: durch Blausäure.

Die sechsundzwanzigjährige Martha Reymann kehrte mittags gegen 12 Uhr vom Einkauf heim. Eine halbe Stunde später kam ihr Mann nach Hause. Seine Frau lag auf dem Fußboden. Sie war kaum ansprechbar und sagte, sie sei erblindet. Der Mann vermutete einen Unfall, erhielt auf seine Fragen aber keine Erklärung. Er verbrachte seine Frau aufs Sofa. Sie stöhnte und umklammerte ihren

Bauch. Der Mann fühlte ihren Pulsschlag, er betrug über hundert in der Minute. Er ließ den Hausarzt kommen. Der Arzt hatte Martha Reymann öfter wegen chronischer Verstopfung und Darmkoliken behandelt. Er vermutete auch jetzt einen schweren Kolikanfall und empfahl Bettruhe und warme Umschläge.

Der Zustand der Bewußtlosen verschlimmerte sich. Sie atmete rasselnd, ihr Körper zuckte in Krämpfen. Ihr Mann rief erneut den Arzt. Der Arzt kam gegen 15 Uhr und stellte fest, daß die Frau tot war. Die Angehörigen bestanden auf einer Obduktion. Der Obduzent fand im Magen der Toten etwa dreiviertel Liter Speisebrei. Dieser wurde chemisch untersucht. Es stellte sich heraus, daß er vorwiegend aus Mandelbrei bestand. Es ließen sich größere und kleinere Bröckchen zerkauter Mandeln erkennen, und zwar bitterer Mandeln.

Bittere Mandeln enthalten bekanntlich Blausäure. Im Mandelbrei aus dem Magen der Toten wurde freie Blausäure nachgewiesen. Die nun einsetzenden polizeilichen Ermittlungen ergaben, daß die Verstorbene vormittags ein achtel Kilo bittere Mandeln gekauft hatte. Sie hatte etwa hundert Gramm davon gegessen. Das soll einer Menge von etwa 175 Mandeln entsprechen. Es ist schwer vorstellbar, wie es die Selbstmörderin über sich brachte, eine solche Menge der äußerst bitteren, widerlich schmeckenden Mandeln zu zerkauen und zu schlucken.

Das Motiv des Selbstmordes blieb unklar. Daß es ein Selbstmord war, stand ohne jeden Zweifel fest. Das lange Sterben hatte sich über drei Stunden hingezogen. Es kann bei solchen verzögerten Blausäurevergiftungen auch noch länger, bis zu fünf, sechs Stunden dauern. Nach Sehstörungen, Beklemmungszuständen, Pulsbeschleunigung, Bewußtlosigkeit und Krämpfen tritt schließlich der Tod durch Lähmung des Atemzentrums ein.

Blausäure – das ist Zyanwasserstoff – dringt durch die

Magenwand ins Blut und verbindet sich sofort mit dem Eisen des Atmungsferments der Zellen. Das Blut kann den Sauerstoff nicht mehr an die Zellen abgeben. Es kommt zum Tode durch innere Erstickung – als Folge des Sauerstoffmangels.

Viele Vergiftungen der Selbstmörder führen zu einem verzögerten qualvollen Sterben, zum Tod im Schneckentempo. Die Selbstmörder kennen meist weder die Wirkung des von ihnen gewählten Giftes noch die Giftmenge, die sie zu ihrem Ziel bringen soll.

»Harakiri«

Als der Gerichtsmediziner das Badezimmer betrat, fand er den Mann auf dem Fußboden ausgestreckt. Neben ihm hatte sich eine Blutlache ausgebreitet. Der Mann war noch bei Bewußtsein und hielt ein Rasiermesser in der Hand. Er hatte mit zwei Schnitten seinen Unterleib aufgeschlitzt und die herausgequollenen Därme abgetrennt. Der Magen hing teilweise aus der Wunde heraus, ebenso noch ein beträchtliches Stück Darm. Neben dem linken Oberschenkel des Mannes lagen die abgeschnittenen Geschlechtsteile.

Trotz dieser schrecklichen Wunden konnte der Verletzte noch sprechen und dem Arzt erklären, warum er das getan hatte.

Sir Sidney Smith, der damals als Gerichtsmediziner in Ägypten arbeitete, berichtete in seinen Memoiren von diesem bizarren Selbstmord: »Nachdem ich ihm Morphium gegeben hatte, tat ich die Eingeweide, so gut ich konnte, mit einem Assistenten wieder an ihren Ort. Ich erwartete einen sofortigen Tod, aber nichts dergleichen geschah. Daraufhin verbanden wir ihn, bestellten einen Krankenwagen, und erst, als er im Krankenhaus ankam, tat er seinen letzten Atemzug.«

Zuvor hatte der Mann dem Arzt das Motiv für seinen absonderlichen Selbstmord genannt. Der Selbstmörder, ein Tscherkesse, sollte für seinen Arbeitgeber eine Zehnshilling-Geldnote wechseln gehen. Unterwegs hatte er den Geldschein verloren. Für uns, sagte Smith, eine Lappalie. Der Tscherkesse nahm sich das so zu Herzen, daß er auf diese grauenhafte Weise an sich herummetzelte. Sicherlich, so ließe sich noch hinzufügen, eine archaische Form der Selbstbestrafung.

Durch Aufschlitzen des Bauches den Tod einzuleiten, heißt Harakiri. Auf diese Weise begingen japanische Krieger, die Samurai, freiwilligen oder als Strafe befohlenen Selbstmord. Nach dem Harakiri wurde die Tötung durch Enthaupten vollendet. Im modernen Japan ist Harakiri kaum noch gebräuchlich und liegt unter den Selbstmordarten unter einem Prozent.

Demgemäß ist Harakiri außerhalb des japanischen Kulturkreises noch seltener. Und wo es noch vorkommt, etwa in Deutschland, werden die strengen Regeln des Samurai-Selbstmordes sowieso nicht befolgt. Man kann dann nur von harakiriähnlicher Selbsttötung sprechen.

Zwei solche Fälle dienen dafür als Beispiel.

Harald Ratzmann, ein fünfunddreißigjähriger Arbeiter, war ein Waffennarr. Er besaß ein Gewehr 98, ein Luftgewehr, vier Seitengewehre, ein dolchartiges Messer und ein echtes Samuraischwert. Ratzmann lebte mit seiner Mutter zusammen.

An einem Juninachmittag erzählte die sichtlich verwirrte Mutter einer Nachbarin, Harald sitze seit heute morgen verletzt in seinem Zimmer. Die Nachbarin rief den Bereitschaftsarzt. Der Arzt fand Harald tot vor.

Der Tote saß auf dem Fußboden und lehnte mit dem Rücken an einem Schrank. Er war nur mit Slip und Socken bekleidet. Sein Kopf war auf die Brust gesunken. Slip, Socken und der Teppich unter ihm waren von Blut durchtränkt. Im Bauch klaffte eine Schnittwunde. Darmschlingen ragten daraus hervor. An beiden Seiten des Halses befanden sich ebenfalls Schnittwunden und über der linken Brust drei Stichverletzungen.

Der Arzt informierte die Mordkommission, die bald darauf mit einem Rechtsmediziner eintraf.

Prof. Dr. V. Schneider und Kriminalhauptkommissar W. Klaffer berichteten: »Die Erstuntersuchung der Leiche ließ dann aber ein Tötungsdelikt wenig wahrscheinlich erscheinen; vielmehr sprachen die festgestellten multiplen scharfrandigen Wunden (Stichwunden, Schnittwunden) für eine Tötung durch eigene Hand.«

Der Rechtsmediziner schloß das vor allem aus den oberflächlichen parallelen Schnittverletzungen an beiden Seiten des Halses, in der linken Armbeuge und oberhalb des linken Handgelenks. Solche parallel verlaufenden oberflächlichen Schnitte, Probierschnitte genannt, sind sozusagen erste halbherzige Versuche, sich die Schlagadern zu öffnen. Für den Gerichtsmediziner gelten die Probierschnitte in der Regel als Anzeichen für einen Selbstmordversuch. Schnitte durch fremde Hand verliefen nicht so vorwiegend parallel und gingen auch mehr in die Tiefe. Ratzmann hatte sich diese Schnitte mit einer Rasierklinge zugefügt. Sie lag blutig neben ihm. Während Ratzmann mit der Rasierklinge hantierte, hatte ihm die Klinge an den Fingerkuppen scharfrandige Verletzungen beigebracht. Auch die drei Stichwunden in der Brust besaßen fast parallele Stichkanäle. Sie reichten allerdings nicht bis zum Herzen.

Schließlich, so hieß es im Obduktionsbericht weiter, »waren die Bauchdecken knapp links der Mittellinie ... auf einer Länge von 17 cm aufgeschlitzt ... Aus dieser Wunde waren Teile des großen Netzes, des querverlaufenden Dickdarms und mehrere Dünndarmschlingen hervorgetreten. Der Magen und das Darmgekröse waren aufgeschlitzt, der Zwölffingerdarm durchstochen. Der Mageninhalt hatte sich in die freie Brusthöhle ergossen.«

Prof. Dr. Schneider erklärte abschließend, die eigentliche Todesursache sei nicht ganz einfach festzustellen gewesen. Eine feingewebliche Nachuntersuchung ergab, daß sich Ratzmanns Sterben über mehrere Stunden hingezogen hatte. Weder die Probierschnitte an Arm und Hals noch die Bruststiche wären tödlich gewesen. Dagegen hätten die Bauchverletzungen zwar stärkeren Blutverlust bewirkt, aber die inneren Organe waren nicht so blutarm, daß der Tod durch Verbluten eingetreten wäre. Bedeutungsvoller »dürfte hier sicher die Reizung des Bauchfells (mechanisch, chemisch durch ausgetretenen Mageninhalt) gewesen sein. Erfahrungsgemäß kann dabei der Tod schließlich über eine sich entwickelnde Schocksymptomatik eintreten.«

Schon bei Fällen von Selbstverbrennung war der Schock als Todesursache genannt worden. Schock ist im wesentlichen ein komplexes Kreislaufversagen. Ein neurogener Schock wird bei Verbrennung oder, wie im Harakiri-Fall Ratzmann, durch schwere Verletzungen hervorgerufen. Nervale Reflexe bewirken den Zusammenbruch lebenswichtiger Funktionen wie Kreislauf, Atmung, Hirntätigkeit, Funktionen der Leber und der Nieren.

Der medizinische Gutachter ließ offen, ob eine Geisteskrankheit Ratzmann zu diesem qualvollen Tod getrieben hatte. Es gab jedenfalls keine Beweise dafür. In einem Horrorfilm hätte man sicherlich Ratzmanns Samuraischwert eine magische Rolle zugeschrieben.

Im Harakiri-Fall des Selbstmörders S. Ludewig dagegen ist die Beziehung zu fernöstlicher Magie deutlich sichtbar.

Ludewig hatte sich im Badezimmer seiner Wohnung das

Leben genommen. Als man ihn fand, lag er auf einer benzingetränkten Decke in der gekachelten Badewanne. Neben der Leiche befanden sich eine leere Zündholzschachtel und ein abgebranntes Zündholz, auf dem Wannenrand ein blutbeschmiertes Samuraischwert und ein Küchenmesser, eine blutige Sichel und ein Benzinkanister.

Dem Bericht der Rechtsmediziner Dr. G. Beckmann und Prof. Dr. G. Hauck ist zu entnehmen, daß der Leiche bei der Obduktion deutlicher Benzingeruch entströmte. Benzin hatte an den Gliedmaßen des Toten Waschhaut- und Blasenbildung hervorgerufen. Die Bauchhöhle war schlitzförmig eröffnet worden. Querdarm und Dünndarmschlingen waren aus der Wunde herausgetreten. An beiden Handgelenken wurden Probierschnitte, ferner ein erhöhtes Gehirnvolumen und ein massives Lungenödem festgestellt.

»Die vorgefundenen Obduktionsbefunde ergaben keine anatomisch nachweisbare Todesursache. Es war zu klären, ob der Tod als Folge einer Benzindampfeinatmung oder infolge Sauerstoffverarmung der Atemluft oder durch die harakiriähnliche Eröffnung des Bauchraumes eingetreten ist.«

Die chemisch-toxikologische Untersuchung ergab Benzinbestandteile in der Lunge und im Gehirn eine zehnfach höhere Menge als in der Lunge. Ludewig hatte also über einen längeren Zeitraum Benzindämpfe eingeatmet. Benzindämpfe wirken narkotisierend und lähmen bei einer bestimmten Konzentration das Zentralnervensystem. »Somit läßt sich«, heißt es abschließend im rechtsmedizinischen Bericht, »der Eintritt des Todes in unserem Fall zwangslos mit einer zentralen Lähmung infolge toxischer Wirkung eingeatmeter Benzindämpfe auf das Gehirn erklären.«

Bemerkenswert ist, daß auch Ludewigs Tod nicht unmittelbar durch das Harakiri bewirkt wurde, sondern daß der

Suizident mit dem Samuraischwert, mit Messer und Sichel den Tod nur einleitete. Die Kripo ermittelte, daß Ludewig sich kurze Zeit vor dem Tode mit fernöstlicher Philosophie und Mythologie beschäftigt hatte.

Eine Tragikomödie

Ronald Heinitz ist siebenundzwanzig Jahre alt, seine Freundin Meike, mit der er seit zwei Jahren verlobt ist, wurde gerade neunzehn. Es ist nicht der Altersunterschied von acht Jahren, der die Spannungen zwischen beiden immer mehr verschärft. Im Gegenteil. Das viel jüngere Mädchen übt auf Ronald eine starke Anziehungskraft aus. Sie ist sexy. Und sie weiß das. Und probiert zu gern aus, wie sie auf andere Männer wirkt. Zieht mit andern Männern herum, während Ronald allein zu Hause sitzt.

Für sie ist es ein Spiel. Für Ronald eine Tragödie.

Anfangs duldet er schweigend. Später macht er ihr Vorwürfe, sie vernachlässige ihn. Sie beschwichtigt ihn immer wieder: es sei alles nur harmloser Spaß. Er glaubt ihr das nicht. Sein Zweifel an ihrer Treue wächst, mit dem Zweifel aber auch seine Hörigkeit. Vorwürfe wechseln ab mit beschwörenden Bitten, ihn nicht zu verlassen. Beides wird Meike lästig. Ronald erreicht das Gegenteil, Meike erklärt ihm, sie werde sich von ihm trennen, sie habe bereits einen neuen Freund.

An diesem für beide schicksalhaften Tag will sich Meike in Ronalds Haus noch einige Sachen abholen, um dann endgültig zu ihrem Liebhaber zu ziehen.

Schon vormittags beginnt Ronald, sich mit Whisky zu beruhigen. Dann schreibt er einen Abschiedsbrief an

Meike: er werde sich umbringen, wenn sie nicht bei ihm bleibe. Am späten Nachmittag erscheint Meike und packt ihre Sachen zusammen. Ronald fordert eine Aussprache, die Meike ablehnt. Er liest ihr den Abschiedsbrief vor. Seine Selbstmorddrohung beeindruckt Meike nicht.

Nun weiß er, alles ist endgültig vorbei. Ohne Meike kann er nicht weiterleben. Aber er will nicht allein sterben. Kein anderer Mann soll Meike haben. Gemeinsam mit ihr sterben ist das letzte schmerzliche Glück.

Als Meike gehen will, wirft sich Ronald auf sie, umklammert ihren Hals. Meike schafft es nicht, sich vom wütenden Druck seiner Fäuste zu befreien.

Nun, da das Mädchen tot vor ihm auf dem Teppich liegt, setzt sich Ronald hin, um einen zweiten Abschiedsbrief zu schreiben, gerichtet an seine Eltern, denen er seine Tat erklärt und die er um Verzeihung bittet.

Dann beginnt er den eigenen Tod vorzubereiten. Bisher hatte er nur ganz verschwommen an seinen Selbstmord gedacht. Hatte er doch gehofft, die Selbstmorddrohung würde ausreichen, um Meike umzustimmen. Nun muß er sich überlegen, wie er seine unumstößliche Absicht zum Selbstmord in die Tat umsetzen soll.

Er beschließt, sich zu vergiften. Er durchsucht die Wohnung und findet mehrere Schachteln mit Tabletten. Alle noch darin befindlichen Tabletten schluckt er, spült sie mit Bier hinunter. Er legt sich aufs Bett und wartet auf den Tod. Aber bald muß er aufstehen und im Bad erbrechen. Er übergibt sich ein zweites, ein drittes Mal, legt sich wieder hin und wartet.

Steht dann wieder auf und läuft in die Küche. Er findet keine Tabletten mehr und trinkt eine Flasche Geschirrspülmittel aus. Legt sich ins Bett, schläft ein, erwacht am nächsten Morgen und stellt fest, daß er immer noch lebt.

Er denkt sich einen neuen Plan aus, wieder eine Vergiftung. Diesmal durch Kohlenoxid.

Im Bad dichtet er mit einem Handtuch das Fenster ab, entfernt das Rohr des Badeofens, heizt den Ofen an und wartet auf das tödliche Gas. Der Ofenrauch dringt in Augen und Kehle. Hustend und tränend entflieht er. Und überlegt eine andere Möglichkeit.

Er erinnert sich, daß kürzlich eine Gasexplosion ein Wohnhaus zerstört und mehrere Menschen tödlich verletzt hatte. Aber dieses Haus hat keinen Anschluß an Stadtgas. Er fährt ins Haus seiner Eltern und holt aus dem Schuppen zwei Propangasflaschen. Damit begibt er sich zu einem nahen Wald. Er schließt die Türen und Fenster seines Wagens und öffnet den Flaschenverschluß. Ein leises Zischen verkündet ihm, daß das Gas ausströmt. Er atmet tief und schläft ein. Erwacht wieder und blickt auf die Uhr. Er hat kaum eine halbe Stunde geschlafen. Die Gasflaschen sind stumm. Völlig leer. Er muß sich etwas anderes ausdenken.

Im Wagen riecht es muffig. Er kurbelt ein Fenster herunter, zieht eine Zigarette aus der Schachtel und betätigt das Feuerzeug. Im selben Augenblick preßt ihn eine glühend-gleißende Druckwelle gegen die Rückenlehne. Flammen schießen empor, an seine Hände, ans Gesicht. Es gelingt ihm, die Tür aufzureißen. Er springt hinaus, blickt verwundert auf den brennenden Wagen, seine versengten Hände. Er wendet sich ab und geht nach Hause, es ist nicht weit.

Unterwegs überlegt er sich, daß er im Keller noch Rattengift haben könnte. Das müßte auch die beabsichtigte Wirkung tun. Im Keller findet er dann auch die Büchse mit dem weißlichen Pulver. Er schüttet davon in ein Glas Limonade, das trinkt er in einem Zug aus. Dann geht er in sein Zimmer, Meike liegt noch immer still auf dem Teppich. Ronald legt sich nieder und wartet auf den Tod. Nach einer Stunde merkt er, daß das Gift nicht gewirkt hat. Vielleicht war es nicht das Rattengift, denkt er, oder es war überlagert.

Er sucht wieder das Bad auf. Es riecht nach abgestandenem Rauch. Ronald läßt Wasser in die Badewanne ein, es ist noch lau. Er zieht sich aus, nimmt einen Fön und schließt ihn an die Steckdose. Er steigt in die Wanne und wirft den Fön ins Wasser.

Der Tod kommt wiederum nicht.

Ronald verläßt die Wanne und trocknet sich ab. Auf dem Spiegelbord liegt ein Kamm mit einem spitzen Metallgriff. Den sticht sich Ronald in die Brust, dorthin, wo er das Herz vermutet. Als er den Griff wieder herauszieht, tritt etwas Blut aus. Doch das Herz schlägt weiter.

Ronald kleidet sich an, geht ins Zimmer zurück und blickt auf die Tote. Er ist entmutigt, alle Versuche sind gescheitert. Das Herz schlägt noch immer. Es ließe sich doch noch auf andere Weise zum Stillstand bringen, fällt ihm ein. Man muß sich Luft in die Ader spritzen, die dringt bis zum Herzen vor, es hört schlagartig auf zu arbeiten. Eigentlich ein sicherer und schmerzloser Tod.

Ronald besitzt eine Injektionsspritze. Die holt er sich jetzt. Er zieht den Kolben bis zum Anschlag zurück, setzt eine Kanüle auf und sticht sie in die Armbeuge hinein. Er glaubt, eine Vene gefunden zu haben. Wie mühsam es ist, die Luft aus der Spritze wieder herauszudrücken. Er bekommt richtig Herzklopfen vor Aufregung. Nun ist es gleich geschafft.

Nichts passiert. Das Herz hämmert erregt weiter. Alles ein Märchen, denkt er, der Tod durch Luftembolie ist ein Märchen. Aber etwas Sicheres gibt es ja noch! Die Schlagader aufschneiden. In der Küche findet er ein scharfes Brotmesser. Er legt sich ins Bett und schneidet sich erst ins linke, dann ins rechte Handgelenk, wo er die Schlagader vermutet. Das ausströmende Blut versetzt ihm einen Schock. Dunkelheit überfällt ihn, er verliert das Bewußtsein ...

Inzwischen hatte ein Autofahrer am Waldrand das noch

immer brennende Auto Ronalds gesehen und die Polizei benachrichtigt. Eine Polizeistreife war hingefahren, hatte den Wagen leer vorgefunden und anhand des noch lesbaren Kennzeichens den Besitzer ermittelt.

Die Polizisten fuhren zu seiner Wohnung. Es war ein kleines Haus, das einsam und verlassen zu sein schien. Niemand öffnete. Das war irgendwie verdächtig. Einer der Polizisten stieg auf das Dach und gelangte durch eine Luke ins Haus. In einem Zimmer des Obergeschosses entdeckte er im Bett einen blutverschmierten bewußtlosen jungen Mann. In einem andern Zimmer fand er die Leiche eines Mädchens.

Ein tragikomisches Kuriosum nannten die Rechtsmediziner Prof. Dr. E. Schulz, Dr. Hümpfner und Dr. Hein die von ihnen berichteten neun Selbstmordversuche des Ronald Heinitz. Dieser Fall erschien ihnen »durch die Anzahl, Kombination und Vielfältigkeit der Mittel bemerkenswert«.

Erwähnenswert ist dieser Fall noch aus einem andern Grunde. Selbstmorde lassen sich nach verschiedenen Kriterien klassifizieren. Der Selbstmord des Ronald Heinitz ist ein sogenannter erweiterter Selbstmord. Beim erweiterten Selbstmord tötet der Suizident nicht nur sich, sondern auch noch einen oder mehrere andere Menschen, »nimmt sie mit sich in den Tod«. Der erweiterte Selbstmord kommt häufig innerhalb der Familie vor. Im Juli 1995 erhängte sich in Leipzig ein Mann, nachdem er seine beiden vierzehnjährigen Zwillingskinder erstochen hatte. Seine Frau wollte sich von ihm trennen, er fürchtete, sie erhielte das Sorgerecht für die Kinder. Oft ist beim erweiterten Selbstmord Rache am Partner im Spiel.

Der Selbstmord von Ronald Heinitz ist aber zugleich auch ein sogenannter kombinierter oder multipler Selbstmord. Dabei kombiniert der Suizident mehrere Arten der Selbsttötung miteinander, um sicherzugehen, daß der

Selbstmord nicht scheitert. Der multiple Selbstmord kennzeichnet besonders deutlich den unbeugsamen Willen zur Selbstvernichtung. Die verschiedenen Tötungsmethoden folgen – wie im Fall Heinitz – innerhalb eines engen Zeitraumes, so daß ein gewisser kontinuierlicher Ablauf entsteht. Etwa 5 % aller Selbstmorde sind multiple.

Wenn im Fall des Ronald Heinitz der Selbstmord-Kandidat auch überlebte – die Kombination von neun Versuchen dürfte doch einmalig sein. Deshalb sprachen die Rechtsmediziner auch von einer »tragikomischen Kuriosität«. Beim multiplen Selbstmord, der etwa 5 % aller Selbstmorde ausmacht, ist oft Alkohol im Spiel.

Obwohl hier nur über außergewöhnliche Todesfälle berichtet wird, habe ich den Selbstmordversuch des Ronald Heinitz mit aufgenommen – als wohl einmaliges Beispiel für den Willen zu einem multiplen Selbstmord.

Die unerbittliche Entschlossenheit zum Tode kommt auch in einem andern multiplen Selbstmord zum Ausdruck. Das Motiv ist ebenfalls eine zerbrochene Partnerschaft.

Jan L., ein fünfzigjähriger Mann, der sich von Zeit zu Zeit unmäßig betrank, war von seiner Frau geschieden worden. Er war arbeitslos und hatte keine Wohnung mehr. Seine Bemühungen, von der Familie wieder aufgenommen zu werden, blieben erfolglos. Auch er hatte seiner Frau vergeblich mit Selbstmord gedroht.

In einer Mainacht begab er sich mit einem Kanister Benzin in das Haus, in dem seine Frau wohnte. Er klemmte einen Abschiedsbrief in die Türspalte. Dann ging er noch eine Treppe höher bis zum Flurfenster, das sich zwischen dem dritten und vierten Stockwerk befand. Er öffnete das Fenster und stieg auf die Fensterbank. Dann zog er eine sehr feste Schnur aus der Tasche und legte sich zuerst eine, dann nacheinander weitere zehn Schlingen um den Hals. Er zog sie so fest zusammen, daß er fast erstickte. Bevor er das Bewußtsein zu verlieren fürchtete, übergoß er sich mit Benzin und zündete sich an. Dann sprang er hinab auf das Pflaster des Hofes.

Hausbewohner erwachten »von einem Knall wie von einer Explosion«. Sie nahmen einen Feuerschein wahr und eilten zu den Fenstern. Sie erblickten einen Menschen, der schreiend hin und her rannte. Er war von Flammen eingehüllt, die bis hoch ins erste Stockwerk reichten.

Als die zu Hilfe gerufenen Polizisten herbeikamen und das Feuer zu löschen versuchten, war der Mann bereits tot.

Die Obduktion des Toten gestattete es, den Selbstmord zu rekonstruieren. Auf den Fotos der Leiche ist deutlich die für den Verbrennungstod typische »Fechterstellung« zu erkennen. Verbrennungen ersten bis vierten Grades fanden sich am ganzen Körper. Fast die gesamte Kleidung war verbrannt. Wo sie noch in Fetzen erhalten war, waren auch noch Teile der Haut vorhanden. Es hieß dann weiter im Obduktionsbericht: »Ziemlich fest um den Hals liegt eine Schnur mit zehn zirkulär verlaufenden, recht festen Touren; die äußersten von ihnen sind stark verkohlt, die inneren dagegen sind ganz unversehrt, da sie von den äußeren ganz bedeckt sind, wodurch die bei der Schnürung entstandene Furche nur ganz schmal wird.« Ferner fanden sich Schädelbrüche, Gehirnblutungen, zahlreiche Rippenbrüche nahe der Wirbelsäule und Beckenbrüche. Die Strangulation war nicht die Todesursache. Der Tod erfolgte durch die Verbrennung in Gemeinschaft mit den schweren Verletzungen.

Sanftes Hinübergleiten

Als Gisela Meßner gegen 21 Uhr ihre neunjährige Tochter zu Bett brachte, wußte sie noch nicht, daß ihr Gutenachtkuß auch ein Abschiedskuß für immer sein würde.

Gisela Meßner löschte das Licht, schloß die Tür und ging in die Küche, um das Geschirr abzuwaschen. Nachdem sie in der Küche Ordnung gemacht hatte, begab sie sich ins Wohnzimmer. Ihr Mann befand sich noch in seinem Arbeitszimmer und schrieb an einem musikwissenschaftlichen Manuskript. Gisela setzte sich auf die Couch und blätterte in den »Germanischen Märchen«, aus denen sie vorhin ihrem Kind vorgelesen hatte, und suchte nach einer geeigneten Geschichte für morgen abend.

Gegen 23 Uhr saß Leo noch immer nebenan in seinem Zimmer, er arbeitete meist bis spät in die Nacht. Gisela stand auf. Im Schlafzimmer der beiden erwachsenen Söhne war es still, sie schliefen schon. Gisela bereitete sich im Bad aufs Zubettgehen vor. Dann ging sie ins Schlafzimmer und sah noch nach dem Mädchen, das im gleichen Raum schlief.

Gisela legte sich nieder und schaltete die Nachttischlampe aus. Die gefürchtete Finsternis brach über sie herein. Gisela ahnte, daß sie wieder nicht einschlafen würde. Es war Ende Oktober. Die Tage wurden immer kürzer, das Dunkel dauerte immer länger. Die herbstliche Düsternis vertiefte ihre ohnehin ständigen Depressionen.

Die Achtundvierzigjährige hatte alle Lebensfreude verloren, alle Tage, alles Tun erschienen ihr sinnlos. Ihr Leben war eintönig und voller Sorgen. Den Beruf als Krankenschwester hatte sie schon vor langer Zeit aufgegeben. Leo, ihr Mann, ehedem Musiklehrer, hatte sich ehrgeizigen wissenschaftlichen Plänen zugewandt, die ihm bisher kaum etwas eingebracht hatten. Das Hochschulstudium der beiden Söhne war nur mit großen finanziellen Opfern zu ermöglichen. Die Familie besaß nicht einmal ein Auto, mit dem Gisela wenigstens für Stunden der Großstadt Wien hätte entfliehen können.

Gisela, in Deutschland geboren und aufgewachsen, hatte nach Wien geheiratet, sich aber in der vielgerühmten Donaumetropole immer als Fremde gefühlt. Schon allein dadurch, daß sie die österreichische Sprachmelodie nicht beherrschte, entlarvte sie sich als Ausländerin und fühlte sich isoliert. Im Lauf der Jahre hatte sie sich immer mehr in sich selbst zurückgezogen, war innerlich wie erstarrt. Wenn die Depressionen sie überfielen, saß sie stundenlang reglos da und weinte. Alles Bemühen Leos, sie zu trösten, prallten an ihrer seelischen Versteinerung ab. Sie wußte, ihr Mann litt darunter, ihr nicht helfen zu können. Aber sie hatte keine Kraft mehr, sich den dunklen Mächten der Verzweiflung zu entziehen.

Schon vor Jahren hatte sie versucht, dieses triste Leben zu beenden. Als sie allein zu Hause war, hatte sie den Gashahn geöffnet. Leo hatte sie, schon bewußtlos, aufgefunden und ins Spital bringen lassen. Wenn sie es noch einmal versuchte, dürfte es nicht wieder mißlingen. Und sie wußte auch, wie sie es diesmal bewerkstelligen müßte. Niemand durfte dabei gefährdet werden. Sicher mußte es sein und schmerzlos. Ein sanftes Hinübergleiten ins ewige Vergessen. Irgendwann hatte eine Zeitung über einen Mann berichtet, der das geschafft hatte. Und als sie es las, hatte sie gedacht, so wirst du es auch tun.

Gegen halb eins kam Leo ins Bett. Gisela stellte sich schlafend. Als sie hörte, daß Leo eingeschlafen war, stand sie auf, nahm ihre Sachen, verließ leise das Schlafzimmer und kleidete sich in der Küche an. Aus dem Schrank nahm sie einen größeren Plastik-Einkaufsbeutel. Dann trat sie zum Gasherd und öffnete den Drehkopf für einen Brenner. Sie stülpte den Beutel mit der Öffnung nach unten auf den Brenner. Das ausströmende Leuchtgas blähte den Beutel leicht auf. Als Gisela annahm, er enthalte genug Gas für ihren Zweck, verschloß sie ihn fest mit einem Bindfaden. Sie stellte das Gas wieder ab, zog sich Schuhe und Mantel an und verließ mit dem Beutel das Haus.

Ein halbe Stunde lang ging sie durch nachtstille Straßen, bis sie, schon außerhalb bewohnter Gegend, einen Ziegeleiteich erreichte. Vorsichtig tastete sie sich bis ans Ufer des Teiches, immer bemüht, in der Dunkelheit dieser Oktobernacht nicht zu stolpern und den Plastikbeutel zu beschädigen.

Nun stand sie am Ufer. Es war jetzt kurz nach zwei Uhr. Es schauderte ihr vor dem kalten Wasser. Sie dachte daran zurückzukehren. Aber Rückkehr bedeutete, alles begänne wieder von neuem. Du mußt es endlich hinter dich bringen, ermutigte sie sich. Sie setzte einen Fuß ins Wasser, schreckte zurück, zog dann doch den andern Fuß nach. Ging weiter, erst langsam, dann schneller. Der Kälteschock nahm ihr fast den Atem. Sie blieb stehen und öffnete den Plastikbeutel. Hielt ihr Gesicht dicht an die Öffnung und sog tief das gespeicherte Gas ein. Sie spürte noch die Leere im Kopf, das Schwindelgefühl. Bald verlor sie das Bewußtsein und sank ins Wasser ...

Als Leo Meßner am nächsten Morgen erwachte, vermißte er seine Frau. Anfangs dachte er, sie sei einkaufen. Der Vormittag verging, sie war immer noch nicht zurück – eine völlig ungewöhnliche Situation. Leo machte sich ernste Sorgen. Gegen Mittag meldete er der Gendarmerie Giselas rätselhaftes Verschwinden. So rätselhaft war es, wie er auf Fragen zugab, denn doch wieder nicht. Gisela könnte in ihrem depressiven Zustand erneut einen Selbstmord versucht haben.

Mehrere Tage vergingen. Die Vermißte tauchte nicht auf. Und das im wortwörtlichen Sinn ...

Die Gendarmerie stellte die Fahndung ein.

Mitte Mai, fast sieben Monate später, erblickte ein Mann im Ziegeleiteich eine im Wasser treibende Leiche. Die Feuerwehr barg die Tote. Sie war vollständig bekleidet, trug noch ihren Mantel und sogar die Brille. Die Armbanduhr war um 2.11 Uhr stehengeblieben. Auf einer Schuhsohle fand man die Initialen ihres Namens. Im Zusammenhang mit ihrer Kleidung konnte die Tote als die vermißte Gisela Meßner identifiziert werden. Sie war vermutlich ertrunken.

»Spuren einer fremden Gewalteinwirkung«, so berichtete Hofrat Dr. Heger, »konnten äußerlich schon im Hinblick auf den Zustand der Leiche nicht festgestellt werden. Deshalb wurde vorsorglich die Staatsanwaltschaft ersucht, Antrag auf Vornahme der gerichtlichen Obduktion zu stellen.«

Bereits am nächsten Tage »teilte das Gerichtsmedizinische Institut der Universität Wien mit, daß bei der chemischen Untersuchung des Blutes einwandfrei CO festgestellt wurde. Bei der spektroskopischen und volumetrischen Untersuchung des Leichenblutes wurde Kohlenoxidhämoglobin (CO-Hb) nachgewiesen. Die quantitative Bestimmung ergab einen Wert von 53 %. Der Tod war durch Ertrinken eingetreten.«

53 % CO-Hb im Blut führen zur Bewußtlosigkeit. Die Obduzenten schlossen daraus, daß Gisela Meßner »nach Einatmen der entsprechenden Gasmenge das Bewußtsein verlor und in diesem Zustand ertrunken ist«.

Dieses gerichtsmedizinische Gutachten stellte die ursprüngliche Annahme, Gisela Meßner habe sich selbst im Wasser ertränkt, in Frage. Denn nun konnte nicht ausgeschlossen werden, daß Gisela Meßner durch fremde Hand gasvergiftet und danach in den Teich verbracht worden war.

Die Kriminalpolizei mußte erneut ermitteln. Sie suchte die letzten Lebenstage und die Beziehung der Toten zu ihrer Familie zu erforschen. Die neunjährige Tochter sagte, ihre Mutter habe in den letzten Tagen vor ihrem Tode viel geweint. Als der Vater sie zu trösten versuchte, habe die Mutter gesagt, diesmal werde es lange dauern. Die Aussagen der beiden Söhne, aber auch der Hausbewohner, ergaben das Bild einer nichtgestörten Ehe. Bald schloß die Kripo die Täterschaft eines Familienangehörigen aus. Ebenso erschien es bald unwahrscheinlich, daß sich die kontaktarme Gisela Meßner, noch dazu nachts und außerhalb ihrer Wohnung, in die Gewalt eines Fremden begeben haben sollte. Eine andere Quelle für CO als der heimische Gasherd konnte nicht ermittelt werden. So wurden die Zweifel an einem Selbstmord allmählich wieder ausgeräumt.

Natürlich suchten Kriminalisten und Gerichtsmediziner nach einem Beweis, wie Gisela Meßners CO-Vergiftung zustande gekommen war. Die Kriminalisten erinnerten sich an einen nur wenige Jahre zurückliegenden Fall. Ein Mann hatte Selbstmord begangen, indem er sich einen mit Leuchtgas gefüllten Plastikbeutel über den Kopf gestülpt hatte. Die Familie Meßner war auf eine der Zeitungen, die darüber berichtet hatten, abonniert. Das Ergebnis von Experimenten mit gasgefüllten Plastikbeuteln stand »durchaus mit dem gerichtsmedizinischen Gutachten in Einklang«, betonte Dr. Heger. Eine weitere Bestätigung für diesen Selbstmord fand sich in der Tatsache, daß Gisela M. eine sehr gute Schwimmerin war. Das hätte ihren Tod durch Ertrinken verhindert oder sehr qualvoll gemacht. Deshalb wollte sie in bewußtlosem Zustand ins Wasser sinken.

Diese Art eines kombinierten Selbstmordes – durch CO-Vergiftung und Ertrinken – ist sicher sehr selten. Einfache Vergiftungen durch Leucht- oder Stadtgas gehörten vor noch nicht allzu langer Zeit zu den häufigsten Selbstmordarten. Oft hatten sie verwüstende Explosionen zur Folge, denen auch andere Menschen zum Opfer fielen. In dem Maße, wie heute das Erdgas als Energieträger das Stadtgas verdrängt, ist diese Selbstmordart nicht mehr möglich. Denn das Erdgas enthält kein tödliches Kohlenoxid.

Der Todeskuß

Das klingt wie der reißerische Titel eines Kriminalromans, den sich eine makabre Fantasie ausgedacht hat. Und ist doch wirklich geschehen. Ein raffinierter Plan, der aber nur zur Hälfte aufging.

Lotti Hädrich, eine achtundzwanzigjährige Verkäuferin, war seit sieben Jahren mit dem gleichaltrigen Helmut Hinze befreundet. Vor drei Jahren hatten sie sich verlobt. Das schon sieben Jahre andauernde Verhältnis läßt vermuten, daß einer von ihnen oder auch beide unschlüssig waren, eine endgültige feste Bindung einzugehen. Lotti nahm es mit der Treue nicht so genau, so daß Helmut ernstlich daran dachte, sich von ihr zu trennen. Als sich Lotti dann bei einem ihrer Seitensprünge die Syphilis holte, stand Helmuts Entschluß fest, das Verhältnis zu beenden.

An einem Januartag sagte er ihr, er werde die Verlobung auflösen.

»Warum?« fragte sie bestürzt.

»Weil wir nicht zueinander passen.«

»Das merkst du erst jetzt?«

»Wir sind zu unterschiedlich. Haben eine andere Auffassung vom Leben.«

Lotti lachte bitter. »Das ist nicht der wahre Grund. Sieben Jahre hast du mit mir geschlafen, dafür war ich dir gut genug. Da haben wir wohl zueinander gepaßt. Der wahre

Grund, das sind deine Eltern. Die wollen uns auseinanderbringen. Und du bist zu feige, ihnen entgegenzutreten. Deine Eltern sind dir wichtiger als ich.«

Helmut wich aus. »So kannst du das nicht sehen.« Er wußte wohl, daß Lotti recht hatte. Seine Eltern mochten ihr flatterhaftes Wesen nicht. Und er wollte ihretwegen nicht mit den Eltern brechen. Er hatte aber auch nicht den Mut, sofort, heute abend noch, seinen angekündigten Trennungsentschluß wahr zu machen. Als Lotti ihn bat, alles noch einmal zu überdenken und dann darüber zu sprechen, stimmte er zu. Sie verabredeten sich für den kommenden Sonntag.

Und Helmut erschien am Sonntag, pünktlich wie immer in all den Jahren, nachmittags in Lottis Zimmer.

Sie hatte ihn, wie er sich gestehen mußte, liebevoll erwartet. Der Tisch war gedeckt, Kuchen und Kaffee standen bereit. Sie aßen und tranken, plauderten über alles mögliche, nur nicht über das, was sie eigentlich besprechen wollten. Jeder fürchtete, als erster das heikle Thema aufzugreifen.

Dann stand Lotti auf, kleidete sich aus und zog Helmut auf die Couch. Er war darauf nicht vorbereitet. Er dachte auch an Lottis Syphilis, die sie angeblich zwar überstanden hatte, aber er war sich dessen durchaus nicht sicher. Trotzdem gab er schließlich nach. Sie schliefen miteinander.

»Willst du dich noch immer von mir trennen?« fragte sie später.

Er zwang sich zur Entschiedenheit. »Ich muß es tun.«

Lotti zeigte keine Reaktion auf diese Erklärung.

Gegen Abend bereitete sie in der Küche einen Imbiß zu. Sie brachte einen Teller mit Schinkenbroten herein. Helmut fand, daß der Schinken stark gepfeffert war. Er bekam Durst. Es war noch Kaffee in der Kanne. Lotti goß ihm eine Tasse voll ein und verließ damit das Zimmer. Bald kehrte sie mit der Tasse zurück und stellte sie vor Helmut hin. Er fragte sich, warum sie mit der Tasse hinausgegangen war. Er ließ die Tasse stehen, ohne zu trinken.

Helmut fühlte sich müde, legte sich auf die Couch und schlief ein. Als er erwachte, lag Lotti nackt neben ihm. Sie küßte und umarmte ihn, sie schliefen erneut miteinander.

Danach standen sie auf und kleideten sich an. Helmut spürte nun noch mehr Durst. Lotti ging zum Tisch, auf dem noch immer die Tasse mit dem Kaffee stand. Sie rührte die Flüssigkeit um und brachte ihm die Tasse. Das kam ihm merkwürdig vor. Er lehnte wiederum ab, den Kaffee zu trinken. Überhaupt befand sich Helmut nun in gereizter Stimmung. Er bereute es, ihrem Drängen nachgegeben und mit ihr geschlafen zu haben. Er ahnte, daß sie damit versucht hatte, ihn wieder an sich zu binden. Er wußte nicht, was er nun tun sollte. Wenn er Lotti jetzt verließ – sollte er sagen, es sei endgültig? Sollte er offenlassen, ob er wiederkommen würde? Er wußte es nicht. Er zog sich den Mantel über und sagte vage: »Also ich muß jetzt gehen.«

Das sagte alles und nichts. Lotti eilte zu ihm, umklammerte ihn, weinte, küßte ihn und flehte, sie nicht zu verlassen. Er raffte sich zu einer Entscheidung auf: »Es ist endgültig.«

Lotti lief zum Tisch, nahm die Kaffeetasse auf und setzte sie an den Mund, trank. Dann kam sie zurück, umschlang Helmut erneut, näherte ihr Gesicht dem seinen. Ein letzter Kuß, dachte er, der Abschiedskuß. Nun gut, wenn sie es will. Sie hatten sich immer leidenschaftlich geküßt. Er öffnete die Lippen. Lotti preßte ihren Mund auf seinen Mund.

In diesem Augenblick spürte er, daß Lotti eine bittere Flüssigkeit in seinen Mund spie. Er riß sich aus ihren Armen und spuckte das ekle Zeug aus. Sie wollte mich vergiften, dachte er noch, dann lief er wortlos hinaus.

Er sah nicht mehr, daß Lotti wenige Augenblicke später,

nachdem sie noch einen Schluck aus der Tasse getrunken hatte, mit einem Schrei niederstürzte und sich in Krämpfen wand ...

Lottis Wirtin fand noch am gleichen Abend die Tote und rief die Polizei.

Die Kriminalpolizei untersuchte das Zimmer sorgfältig. Die halbleere Kaffeetasse kam ihr verdächtig vor. Der Gerichtsmediziner Dr. Schackwitz erhielt den Kaffeerest zur chemisch-toxikologischen Untersuchung. Er stellte fest, daß er Zyankali enthielt. Die Obduktion der Toten ergab die charakteristischen Anzeichen einer Zyankalivergiftung: Ätzspuren und eine dunkelrötliche Verfärbung der Magenschleimhaut, hellrotes venöses Blut und aufgeblähte Lungen.

Die kriminalpolizeiliche Ermittlung ergab, daß Lotti sich das Gift von einer Freundin beschafft hatte, deren Mann eine Vernickelungsanstalt besaß. Dort wurde noch Zyankali verwendet.

Dieser Fall war von Lotti als erweiterter Selbstmord geplant: Ein erweiterter Selbstmord liegt vor, wenn ein Selbstmörder einen andern Menschen mit sich in den Tod nimmt. Wenn Helmut sie verließ, wollte Lotti sterben. Aber sterben sollte auch er.

Jede Selbsttötung eines Menschen erschreckt und erregt seine Umwelt. Diese sieht sich dabei mit einem schwer begreiflichen, düsteren Selbstvernichtungswillen konfrontiert, der dem eigenen Lebenswillen widerspricht. Selbstmord wird als Schwäche, Feigheit, Flucht angesehen. Und das sind verächtliche Verhaltensweisen in einer Gesellschaft, die von den Idolen der »Power«, des Optimismus und Erwerbsstrebens beherrscht wird. Demgegenüber offenbart sich im Selbstmörder eine tiefe Melancholie, eine Lebensangst, die alles Denken, Fühlen und Handeln überwuchert. Der Selbstmörder wirkt als Fremdkörper in der

Gesellschaft, seine Tat als Ärgernis. Das öffentliche Bewußtsein verdrängt den Selbstmord als Lebensproblem, sofern es ihn nicht als billige Sensation ausschlachtet. Verschwommene Schuldgefühle, ein geheimes Einverständnis, dem Selbstmörder gegenüber versagt zu haben, befördern den Zwang zur Verdrängung. Anfängliche Betroffenheit beruhigt sich rasch durch die Behauptung, dem Selbstmörder sei sowieso nicht zu helfen gewesen.

Der Wiener Psychiater Dr. E. Ringel äußerte sich schon in den 60er Jahren zuversichtlich, daß die Psychiatrie einiges zur Verhütung des Selbstmordes beitragen könne. Wie schon andernorts erwähnt, geht Ringel von der These aus, daß Selbstmord immer etwas Krankhaftes sei, weil er sich gegen den stärksten Trieb, die Selbsterhaltung, richte. Demzufolge läge jedem Selbstmord eine mehr oder weniger schwere psychische Störung zugrunde. Der Selbstmordgefährdete brauche also psychiatrische Hilfe. Ringel meint, daß die Psychiatrie in den letzten Jahrzehnten in der Erforschung der Selbstmordproblematik bedeutend weitergekommen sei, sowohl in der Diagnose wie in der Therapie. Man könne sagen, »daß fast alle jene seelischen oder geistigen Störungen, die zur Selbstmordtendenz führen, therapeutisch erfolgreich bekämpft werden können ... Wenn man berücksichtigt, daß somit die Selbstmordtendenz bis zu einem hohen Grade heilbar erscheint, so hängt alles davon ab, daß man mit dem selbstmordgefährdeten Menschen rechtzeitig in Kontakt kommt.«

Aber die Schwierigkeit zu helfen beginnt schon damit, eine Selbstmordgefährdung überhaupt zu erkennen. Denn die psychische Störung verbirgt und tarnt sich meist sehr geschickt und ist – da sie sich allmählich über einen längeren Zeitraum entwickelt – nicht so kraß auffällig. Die Umwelt merkt die Gefährdung nicht oder hat, wenn sie sie bemerkt, ebenso wie der Betroffene selbst, Vorbehalte gegen den Psychiater.

Einfacher ist es, Selbstmordgefährdete zu erkennen, die sich in einer momentan bedrohlichen Situation befinden, mit der sie nicht fertig werden: beim Verlust eines geliebten Menschen, nach einem schweren Unfall, in akuter existentieller Not – also insgesamt bei äußerlich bedingten Einflüssen, die als nicht mehr zu bewältigende Katastrophe empfunden werden.

Auch ist an die Gefährdung ganzer Gruppen zu denken, auf die sich alle Aufmerksamkeit richten müßte. Das sind alte und einsame Menschen, chronisch Schwerkranke, das sind Alkoholiker und Süchtige, Langzeitarbeitslose, vom sozialen Abstieg Bedrohte und Strafgefangene.

Ringel verweist auf den Irrtum, daß Menschen, die ihre Selbstmordabsicht äußern, die Tat nicht ausführen würden. Nach seinen Untersuchungen haben 70 % aller Selbstmörder ihren Entschluß vorher kundgetan. Das sei auch begreiflich, weil »eben in der Tiefe jedes Menschen, und sei er auch noch so grimmig zum Selbstmord entschlossen, ein Wunsch schlummert, vielleicht doch am Leben bleiben zu können. Schwer zu begreifen ist allerdings die Reaktion bzw. Reaktionslosigkeit der Empfänger solcher Selbstmordankündigungen ...«

Ringel schließt seine Untersuchung mit dem Hinweis, daß zwischen den Möglichkeiten der Selbstmordverhütung und der praktischen Anwendung der wissenschaftlichen Erkenntnisse noch ein Abgrund klaffe.

III. KAPITEL

ZUFALL UNFALL

Auch der Unfalltod ist ein außergewöhnlicher Tod, bedingt durch ein nicht vorhersehbares oder nicht erkennbares, von außen auf uns »fallendes« Ereignis.

Ein Unfall erscheint deshalb als Zufall, als ein Vorgang, der sich nicht mit innerer Notwendigkeit ereignen mußte.

Trotzdem ist der Unfall nicht in jedem Fall ein unvorhersehbares Ereignis. Obwohl zufällig, ist er wie jeder Zufall in sich kausal bedingt. Bei jedem Unfall stoßen zwei Vorgänge aufeinander: Jeder ist in sich ursächlich bedingt, nicht aber ihr Zusammentreffen. Der Unfall wäre vorhersehbar und zu vermeiden, wenn eine dieser Bedingungen erkannt werden kann.

Wer mögliche Voraussicht fahrlässig oder bewußt mißachtet, macht sich schuldig an den Folgen eines Unfalls. Das kann strafrechtliche Konsequenzen haben. Deshalb ist die Aufklärung tödlicher Unfälle notwendig. Dabei spielt die Rechtsmedizin eine wichtige Rolle.

Fünf Tote – ein Zufall?

Wenn ein Unfall auch als Zufall erscheint, so ist er doch nicht ursachlos. Folgender Verkehrsunfall, den Dr. W. Middendorf schilderte, ist ein Musterbeispiel für die vielschichtigen Ursachen eines tödlichen Unfalls.

Bei einem Unfall prallen zwei Vorgänge aufeinander. Jeder ist in sich ursächlich bedingt, aber nicht ihr örtliches und zeitliches Zusammentreffen.

Der eine Vorgang: In einer Winternacht befuhr ein VW eine städtische Hauptstraße. Im Wagen befanden sich neben dem Fahrer dessen Frau und ihre zwei Freundinnen.

Der zweite Vorgang: Ein vierundzwanzigjähriger betrunkener Mann (mehr als zwei Promille Blutalkohol) kam in seinem BMW mit hoher Geschwindigkeit im Zickzackkurs dem VW entgegen. Plötzlich geriet er auf die andere Fahrbahnseite und stellte sich vor dem sich nähernden VW quer. Dieser prallte auf den BMW. Beide Wagen explodierten. Die vier Insassen des VW und der BMW-Fahrer verbrannten.

Es war Zufall, daß der VW in diesem Augenblick an dieser Stelle, wo sich soeben der BMW quergestellt hatte, vorbeikam. Er hätte auch Sekunden früher diese Stelle passieren können. Zufällig war auch, daß sich der BMW gerade an dieser Stelle in diesem Augenblick querstellte, als ihm der VW entgegenkam. Nicht zufällig dagegen, sondern ursächlich in sich bedingt, waren die Persönlichkeit und der gegenwärtige Zustand des BMW-Fahrers, die einen Unfall geradezu heraufbeschworen.

Der hier gedrängt wiedergegebene Lebenslauf des vierundzwanzigjährigen Arbeiters Kleinert enthüllt sich als eine fast ununterbrochene Folge sozialer und krimineller Entgleisungen. Über Kleinerts familiäres Umfeld ist wenig bekannt. Wegen eines Diebstahls kam der Dreizehnjährige in Fürsorgeerziehung. Mit achtzehn wird er erneut wegen Diebstahls straffällig. Er wechselte häufig die Arbeitsstellen. In den folgenden Jahren Jugendstrafen wegen mehrfachen Moped-Diebstahls und Fahrens ohne Führerschein. Auf Bewährung vorzeitig entlassen. Erneut Jugendstrafen wegen Diebstahls und Körperverletzung bei einem brutalen Raubüberfall auf eine behinderte alte Frau. Wiederum vorzeitige Entlassung. Kleinert war zwanzig, als ihm der kurz zuvor erteilte Führerschein wieder entzogen wurde. Er hatte in Trunkenheit einen Verkehrsunfall verursacht. Er verlobte sich mit einem Mädchen und bestahl dessen Mutter. Es folgte eine neue Verurteilung wegen Scheckbetrugs. Kleinert beantragte vorzeitige Entlassung. Die Landesstrafanstalt lehnte diese ab, in der Gewißheit, er würde die vorzeitig errungene Freiheit nur wieder zu neuen Straftaten mißbrauchen. Trotzdem verfügte der Jugendrichter die vorzeitige Entlassung, die jedoch wieder aufgehoben wurde. Denn inzwischen hatte sich herausgestellt, daß Kleinert zuvor wiederum an einem Raubüberfall beteiligt gewesen war. Das Gericht verurteilte ihn zu fünf Jahren Jugendstrafe, die es u. a. folgendermaßen begründete: »Im ganzen gesehen bietet K. das Bild eines milieugeschädigten, haltlosen und minderbegabten, aber dennoch gerissenen und verkommenen Jugendlichen, der teils aus Willensschwäche, teils aus Gleichgültigkeit nicht in der Lage ist, die Auswirkungen seines Fehlverhaltens in der Zukunft zu überschauen ... Wenn auch der Milieuschaden, den K. sichtlich davongetragen hat, nicht unbeachtet bleiben darf, so stellt sich doch die Persönlichkeit mindestens als die eines Asozialen im weiteren Sinne dar ...«

Kleinert hatte gerade zwei Jahre seiner Strafe verbüßt, als der Jugendrichter die vorzeitige Entlassung auf Bewährung anordnete. Kaum entlassen, beantragte Kleinert eine Fahrerlaubnis. Ein gerichtliches Gutachten riet davon ab. Aber Kleinerts Bewährungshelfer drängte die Behörde, ihm die Fahrerlaubnis zurückzugeben. Die zuständige Stelle des TÜV forderte ein medizinisch-psychologisches Gutachten. Darin hieß es u. a.: »Die psychophysische Leistungsfähigkeit des Probanden weist noch einige Schwächen auf ... Das erzielte Ergebnis liegt jedoch an der unteren Grenze des Vertretbaren ... Nach unseren Befunden kann eine Wiedererteilung der Fahrerlaubnis Klasse 3 trotz einiger Bedenken ... vertreten werden, wenn K. die Auflage erteilt wird, auf Autobahnen nicht schneller als 100 km/h und auf den übrigen Straßen nicht mehr als 80 km/h zu fahren.«

Kleinert erhielt die Fahrerlaubnis zurück. Kurz darauf verursachte er den Unfall, der ihn und vier andere Menschen das Leben kostete.

Dieser tödliche Unfall – ein Zufall?

Dr. Middendorf gab die Antwort, wenn er die tieferliegenden Ursachen dieses Geschehens bewertete. Er nannte Kleinert einen »Lehrfall einer im Endergebnis fehlgesteuerten und unheilvollen Entwicklung«. Mitschuldig daran sei allerdings auch die Justiz mit ihrem »immerwährenden Nachgeben«. Er fragt, ob es sinnvoll sei, »die kriminell so belasteten Jahrgänge der Achtzehn- bis Zwanzigjährigen nach Jugendstrafrecht zu behandeln. Sie sollen auf der einen Seite vollwertige Bürger sein, dann können sie auch für ihre Straftaten voll einstehen.«

Mysteriöse Autounfälle

1. Der geträumte Tod

Frank Neel, ein junger Handelsvertreter, sitzt mit seiner Frau am Frühstückstisch. Sonst hat er es immer eilig, zu seiner Tour aufzubrechen. Heute ist es anders. Er wirkt mit seinen Gedanken abwesend, hat noch nicht einmal wie jeden Morgen die Zeitung durchgeblättert.

»Ist dir nicht gut?« fragt Lisa, »bist du etwa krank?«

Er schüttelt den Kopf. »Es ist nichts weiter. Nur dieser Traum – kurz vor dem Aufwachen. Ein schlimmer Traum. Ich denke dauernd daran. Bekomme ihn aber nicht mehr richtig zusammen.«

Er nimmt einen Schluck Kaffee. »Ich weiß nur noch, ich

fuhr mit unserm Kleintransporter. Es war dunkle Nacht. Ich fuhr und sah nichts, um mich nur Finsternis. Ich hatte Angst. Gleich wird es krachen, dachte ich. Trotzdem fuhr ich weiter. Dann sah ich etwas vor mir aufblitzen. Und spürte einen wahnsinnigen Schmerz im Kopf. Jemand hatte auf mich geschossen. Ich wußte das ganz genau, daß jemand auf mich geschossen hatte, obwohl ich ihn in der Finsternis nicht sehen konnte. Und wußte, daß ich sterben würde.«

Er hebt den Kopf und blickt Lisa an. »Du weißt ja, ich habe manchmal solche Träume. Daß mich jemand verfolgt und umbringen will. Aber das ging immer gut aus. Ich entkam den Verfolgern oder überwältigte sie. Aber diesmal hat es anders geendet. Mit meinem Tod.«

»Aber woher weißt du denn das so genau, daß du tot warst? Du kannst doch nicht tot sein und denken, jetzt bin ich tot – das geht doch auch im Traum nicht?«

»Das läßt sich nicht erklären. Ich wußte es eben.« Er fügt hinzu: »Vielleicht sollte ich heute zu Hause bleiben.«

Lisa weiß mit der Angst ihres Mannes nichts anzufangen. Sie rettet sich in die Allerweltsfloskel: »Ach was, Träume sind Schäume.«

Neel steht auf. »Vielleicht hast du recht. Trotzdem« –

»Trotzdem fahre besonders vorsichtig!«

Neel verabschiedet sich von seiner Frau, verstaut sein Gepäck im VW-Transporter und fährt los.

Es ist noch immer früh am Morgen. Bald hat Neel die Stadt hinter sich. Er kommt rasch voran. Auf der Bundesstraße herrscht noch geringer Verkehr. Neels düstere Stimmung schwindet. Der sonnige Tag vertreibt die Ängste der Nacht.

Der Wagen verläßt gerade eine Rechtskurve. In diesem Augenblick zerbirst knallend die Frontscheibe. Ein wahnsinniger Schmerz durchblitzt Neels Gesicht. Die Frontscheibe bedeckt sich knisternd mit Spinnengeweb.

Nur das Loch mitten in der Scheibe gibt Neel noch so viel Blickfreiheit, daß er den Wagen in der Spur halten, langsam abbremsen und anhalten kann. Das ist schwierig genug, auch sein rechtes Brillenglas ist zerbrochen.

Benommen steigt er aus, wischt sich über die Lippen. Die Hand ist blutig. Brennende Schmerzen in Mund und Wange. Hat jemand auf mich geschossen? fragt er sich, wie heut nacht im Traum?

Er blickt sich um. Kein Mensch auf der Straße. Wiesen und Felder ringsum, da kann sich niemand verstecken. Vielleicht war es ein Stein, der die Frontscheibe durchschlug und mein Gesicht traf? Nein, nicht nur das Gesicht. Auch die linke Schulter tut höllisch weg. Er wagt nicht, in diesem Zustand weiterzufahren. Er stellt sich vor seinen Wagen und winkt. Schließlich hält ein Wagen an, der Fahrer erbietet sich, Neel ins Krankenhaus zu bringen.

Im Krankenhaus wird Neel verbunden. Dabei erzählt er, was ihm widerfahren ist. Er erzählt auch seinen Traum, in dem sich, wie er jetzt weiß, Wahrheit und Irrtum gemischt hatten. Es sei ihm ja tatsächlich etwas geschehen. Aber er lebe noch.

Da im Krankenhaus komplizierte Kieferbrüche festgestellt wurden, wird Neel in eine Spezialklinik zur Operation überführt.

Die Operation erfolgt in Narkose. Noch während des Eingriffs kommt es zu einer lebensbedrohlichen Komplikation, der sogenannten Hyperthermie. Sie zeigt sich als hohes Fieber bis zu 42 Grad. Die Hyperthermie ist eine seltene, konstitutionell bedingte bösartige Temperaturerhöhung, die während der Narkose auftritt. Obwohl das Fieber wieder gesenkt werden kann, entsteht eine neue Komplikation: unstillbare Blutungen im Wund- und Operationsbereich. Ungefähr dreißig Bluttransfusionen können nicht verhindern, daß Neel an Herz-Kreislaufversagen stirbt.

Dr. H. E. Hildebrand und Dr. F. Schulz, die diesen Fall berichteten, stellen bei der Leichenschau u. a. folgende unfallbedingte Verletzungen fest: Geformte Hautabschürfungen an der linken Schulter, unter einer Hautverletzung im linken Schultermuskel eine mehrere Zentimeter lange Zerreißung, die bis auf das linke Schlüsselbeinschultergelenk reicht. Das linke Schlüsselbein ist in der Mitte gebrochen. Am linken Mundwinkel befindet sich eine Abschürfung, an der Oberlippe eine (bereits vernähte) Wunde. Der Oberkiefer ist nahe der Mittellinie gebrochen. Auch im Unterkiefer finden sich Brüche. In beiden Kleinhirnhälften gibt es Quetschungsherde und Quetschungsblutungen im rechten Stirnhirn. Die rechten Stirn- und Gesichtsweichteile sind durch Blutungen stark geschwollen. In ihrem vorläufigen Gutachten vermuten die Obduzenten, daß der Unfall wahrscheinlich von einem durch die Frontscheibe eingedrungenen Rohr oder Stab verursacht worden sei.

Die ersten Ermittlungen der Kriminalpolizei gehen noch von der Aussage des Verletzten aus, ein Stein müsse ihn getroffen haben. Das Loch in der Windschutzscheibe ist etwa faustgroß. Aber im Wagen ist kein Stein zu finden. Vor dem Beifahrersitz steht Neels Tasche. Obenauf in der Tasche liegt eine sogenannte Wringrolle. Sie ist Teil einer Wringmaschine und gleicht in ihrem Aussehen am ehesten einer Holzrolle, wie Hausfrauen sie zum Ausrollen von Teig auf dem Kuchenblech benutzen. Die Wringrolle ist 23,5 cm lang und wiegt anderthalb Kilo. Die an beiden Enden herausragenden Metallachsen sind jeweils 2,7 cm lang. Die Rollfläche besteht aus Hartgummi.

Die Rolle wird untersucht. An ihr finden sich mikroskopisch kleine Glassplitter, an einem Ende Blutspuren und menschliche Gewebeteile. Dieser Befund läßt vermuten, daß die Wringrolle Neels Verletzungen bewirkt hatte.

Die Staatsanwaltschaft fordert ein technisches Gutachten. Der Sachverständige vergleicht die bei der Obduktion festgestellten Verletzungen mit der Flugrichtung, die seiner Meinung nach die Wringrolle genommen hatte. Er hält es für unmöglich, daß die Wringrolle diese Verletzungen bewirkt hat. Der Sachverständige kommt zu der absurden Erklärung, Neel habe außerhalb des Autos vor der Windschutzscheibe gestanden. Jemand habe mit der Wringrolle auf ihn eingeschlagen und dabei auch das Loch in der Frontscheibe verursacht.

Weitere Ermittlungen der Kriminalpolizei erbringen keinen Beweis für diese Vermutung. Die Staatsanwaltschaft stellt das Verfahren ein.

Neels Angehörige sind damit nicht einverstanden. Sie glauben nicht an einen Verkehrsunfall. Lisa Neel erinnert sich an den Traum vom Tode, vom Tod während einer Autofahrt. Neel mußte einen Anschlag befürchtet haben, der Traum war nur ein unterbewußter Ausdruck dieser Angst. Auch der technische Sachverständige hatte ja erklärt, Neel sei von jemandem angegriffen und verletzt worden.

Der Rechtsanwalt der Familie legt Beschwerde gegen die Einstellung des Verfahrens ein und fordert ein detailliertes rechtsmedizinisches Gutachten.

Dr. Hildebrand und Dr. Schulz vergleichen die polizeilichen Ermittlungen, das technische Gutachten und die medizinischen Befunde miteinander und kommen zu folgendem Ergebnis: Die Wringrolle könnte auf der Straße gelegen haben. Dann sei sie von einem Wagen berührt und hochgeschleudert worden. Nur die dabei entstehende hohe »Geschoß-Energie« könne solche Verletzungen hervorrufen. Es sei unwahrscheinlich, daß die Rolle von menschlicher Hand gegen die Frontscheibe geworfen worden sei. Nachdem die Wringrolle durch die Frontscheibe geschleudert worden war, geschah folgendes: »Eins der beiden Rollenenden ... traf mit seiner Metallachse gegen die linke vordere Schulterpartie des

Fahrers, imprimierte die Haut und das Unterhautgewebe tief, ohne sie zu durchbohren ... In der Tiefe wurde jedoch die Oberarmmuskulatur zerfetzt. Infolge der starken Impression drückte sich auch der Rollenrand noch teilweise in Form einer bogenförmigen Schürfmarke in der Haut ab ... Die Auftreffwucht war so heftig, daß das linke Schlüsselbein in ziemlicher Entfernung von der Aufschlagstelle brach. Nun erhielt die Rolle eine Drehung und schlug mit der Rollfläche gegen das Gesicht, die Verletzungen des Mundes, der Kiefer und der Stirn hervorrufend. Aus der Aufreißung der Mundweichteile stammen die später an der Rolle festgestellten Gewebsreste.

Die ›Geschoß-Energie‹ dürfte nun verbraucht gewesen sein. Die Rolle fiel herunter und in die vor dem Beifahrersitz stehende Tasche.«

Die Rechtsmediziner verweisen auch darauf, daß bei Neel keinerlei Abwehrverletzungen gefunden wurden, die einen Angriff durch fremde Hand bewiesen hätten. Sie bestätigen, daß Neel durch einen echten Verkehrsunfall ums Leben gekommen war.

Das Rätsel der Unfallursache ist also gelöst, nicht aber das Rätsel des vorausgeträumten Todes.

2. Die Autobombe

Terror überall. Wir leben mit dem Terror. Niemand ist sicher davor. Am Straßenrand steht ein Auto, eins unter vielen. Eine Autobombe explodiert. Tote, Zerfetzte. Verwundete wälzen sich in ihrem Blut.

»An einem frühen Wintermorgen fand im Hamburger Stadtteil St. Pauli eine Explosion statt, die gleichzeitig Mordkommission, Staatsschutz, Sprengstoffexperten, Rauschgiftdezernat und Zollfahndung auf den Plan rief.«

So beginnt der Bericht der Rechtsmediziner Dr. E. Koobs und Dr. M. Kleiber.

In der Frühe dieses Wintermorgens stieg der spanische Taxifahrer Carlos M. in seinen Mercedes, um mit seiner Arbeit zu beginnen. Er steckte den Schlüssel ins Zündschloß und startete. Im gleichen Augenblick warf ihn eine gewaltige Detonation in tiefste Bewußtlosigkeit. Flammen schossen aus dem zertrümmerten Wagen. Glassplitter klirrten zu Boden. Carlos, schwerverletzt, konnte noch aus dem Wrack herausgezogen werden. Ein Rettungswagen brachte ihn ins Krankenhaus.

Carlos hatte umfangreiche Brandverletzungen erlitten. Der rechte Oberschenkel und die rechte Gesäßhälfte waren total zerfetzt, das Becken gebrochen. Harnblase und Dickdarm waren zerrissen. Das rechte Bein mußte im Hüftgelenk amputiert werden. Die Bauchverletzungen erforderten eine komplizierte Operation. Mehr als zwanzig Blutkonserven sollten den hohen Blutverlust ausgleichen. Die Blutungen waren nicht zu stillen. Carlos verstarb noch am selben Tag.

Sofort nach der Explosion hatten die bereits genannten Behörden mit der Ermittlung begonnen. Ein Auto, das beim Start explodiert, läßt die Detonation einer Autobombe vermuten. Diese Annahme schien sich anfangs auch zu bestätigen. Wie Bekannte von Carlos aussagten, hatte sich dieser in letzter Zeit bedroht gefühlt. Er war erst kürzlich von Unbekannten überfallen und niedergeschlagen worden. Es war durchaus vorstellbar, daß dieser Anschlag etwas mit dem Konflikt zwischen Spaniern und Basken zu tun hatte, der im spanischen Mutterland immer wieder zu blutigen Attentaten führte. Carlos hatte sich seit jenem Überfall zu seinem Schutz einen scharfen Hund und eine Gaspistole angeschafft. War Carlos nun einer Autobombe zum Opfer gefallen?

Sprengstoffexperten untersuchten den völlig deformierten Wagen. Am stärksten von der Explosion betroffen war das Wagenblech unter dem Fahrersitz. Die Ränder eines großen Lochs im Bodenblech waren nach unten gedrückt worden, die Türen nach außen ausgebeult. Der Fahrersitz war zerschmettert, das Wagendach beschädigt. Das zerrissene Bodenblech und die Verletzungen am Gesäß ließen vermuten, daß der Explosionsherd unter dem Fahrersitz gewesen war.

Die gerichtliche Obduktion des Toten kam zur gleichen Schlußfolgerung. Eine Kopfplatzwunde im Schädelbereich deutete darauf hin, daß der etwa 90 kg schwere Fahrer mit dem aus den Verankerungen gerissenen Sitz gegen das Wagendach geschleudert worden war.

Bei der Sektion fanden sich im rechten Oberschenkel und im Gesäß »neben zahlreichen eingesprengten Fremdkörpern aus dem Polstermaterial des Autositzes auch mehrere bizarr geformte größere und kleinere ein bis zwei Millimeter dicke Metallsplitter …, so daß auch von den Obduzenten aus dem gesamten Verletzungsmuster der Verdacht einer Sprengkörperverletzung ausgesprochen wurde.«

Aber welchen Sprengkörper, welchen Sprengstoff hatten die Bombenleger verwendet?

Die kriminaltechnische Untersuchung aller im Wagen gefundenen Autobestandteile und Materialien sowie die chemische Untersuchung der Kleidungsstücke des Opfers brachten keinen Fremdkörper zum Vorschein, der zu einer Autobombe gehört hätte. Es gab keinerlei Rückstände von Sprengstoffverbindungen.

Nur einige Aluminiumstücke ließen sich nicht als normale Bestandteile dieses Wagentyps einordnen. Es schienen Reste einer Blechdose zu sein. Ihre spektralanalytische Überprüfung erbrachte schließlich ein überraschendes Ergebnis: Im Wagen hatten sich zwei Spraydosen befunden. Die eine hatte ein Entfrostungsmittel, die andere eine

Starthilfe für Dieselmotoren enthalten. Der Fahrzeughalter des Taxis erinnerte sich dann, daß tatsächlich im Wagen ein Starthilfe-Spray namens Start-Pilote gelegen hatte. Er sollte bei Frost den Start erleichtern. Start-Pilote enthält verschiedene Ätherverbindungen, Benzin und als Treibgas Propan. Verbinden sich diese Bestandteile des Sprays mit Luftsauerstoff, entsteht ein hochexplosives Gemisch. Wahrscheinlich hatte sich die Spraydose unter dem Fahrersitz verklemmt. Als sich Carlos niedersetzte, drückte der Sitz auf die Dose und öffnete das Druckventil. Das Gemisch ist schwerer als Luft und sank deshalb unbemerkt unter dem Fahrersitz auf den Wagenboden. Wodurch es sich dann explosiv entzündete, konnte nur vermutet werden – möglicherweise durch die Zündung des Motors. Das durch die Detonation zerfetzte Bodenblech durchtrennte die darunter verlaufende Kraftstoffleitung. Kraftstoff lief aus, der sich entzündete und den verheerenden Brand verursachte.

Der unsichtbare Tod

1. September in einer süddeutschen Stadt. Die letzten Tage waren kühl gewesen, zu kühl für den August. Auch in den Zimmern hatte sich die Abkühlung bereits ausgebreitet und ließ empfindliche Leute frösteln. Aber heute schien noch einmal der Sommer ausgebrochen zu sein. Die Sonne brannte, von Süden kam ein kräftiger Föhn.

Die siebzehnjährige Helga Kamenz, die im Bundespostamt der Stadt arbeitete, hatte ihren Dienst um 15 Uhr beendet. Bevor sie heimkehrte, wollte sie noch duschen. Sie ging in den Keller hinunter, wo sich die Badeanlage befand, zog sich aus, legte ihre Wäsche auf einen Schemel, trat in die rechte Duschkabine und drehte die Brause auf.

Plötzlich wurde ihr schwindlig. Sie verließ die Kabine, um sich anzukleiden. Aber noch bevor sie nach dem Büstenhalter greifen konnte, mußte sie erbrechen ...

Kurz danach fand eine Kollegin sie zusammengesunken, vor dem Schemel kniend, tot. Sie holte sofort einen Arzt. Der Arzt sah sich die Tote an. Ihr Gesicht war blaß, die Hautfarbe blaßrosa. Auf den Lippen lagerte hellroter Schaum. Der Arzt nahm Herzversagen an. Er gab dem Mädchen noch eine Strophantin-Injektion, aber ohne Erfolg. Er benachrichtigte den amtlich zugelassenen Leichenschauarzt.

Inzwischen war die Tote in die Wohnung ihrer Eltern gebracht worden. Der Leichenschauarzt konnte sie erst dort besichtigen. Anzeichen für eine Gewalttat fand er nicht.

»War Ihre Tochter herzkrank?« fragte er die Eltern.

Die Eltern wußten es nicht. Sie erinnerten sich jedoch, daß Helga manchmal »blaue Lippen« gehabt habe.

»Nun, dann ist es ja klar«, meinte der Arzt. »Eine Herzschwäche. Und dann das heiße Bad nach dem Essen ...«

»Herztod« stand auf dem Totenschein. Die Tote wurde zur Bestattung freigegeben.

Am 22. September, also drei Wochen später, forderte die Duschkabine ein zweites Opfer. Der fünfundvierzigjährige Postschaffner Max Biele hatte in der rechten Kabine geduscht und war tot unter der Brause gefunden worden.

Wieder stand »Herztod« auf dem Totenschein. Aber die zuständige Polizeidienststelle sah darin mehr als nur die oft beschworene Duplizität der Ereignisse. Sie beauftragte Obermedizinalrat Dr. Berg vom Bayerischen Landeskriminalamt, eine gerichtliche Obduktion des Toten vorzunehmen.

Herz- und Gefäßsysteme ergaben keinen Hinweis für einen plötzlichen Tod durch Herz-Kreislaufversagen. Das

Blut hatte eine helle kirschrote Farbe. Auch die Muskeln und inneren Organe zeigten die gleiche Verfärbung. Der CO-Gehalt des Blutes betrug 75 %.

Da bereits 50 bis 60 % Kohlenoxid im Blut tödlich sind, stand zweifellos fest, daß Max Biele an einer Kohlenoxidvergiftung gestorben war.

Das bestärkte den Verdacht, daß auch Helga Kamenz keines natürlichen Todes gestorben war. Deshalb wurde ihre Leiche exhumiert. Trotz der Schwierigkeit, bei einer vier Wochen allen Leiche den CO-Gehalt des Blutes festzustellen, konnte auch hier eine CO-Sättigung von 64 % nachgewiesen werden.

Woher kam das tödliche Gas? In den Duschkabinen selbst war keine Kohlenoxid-Quelle zu finden. Also mußte es auf einem bisher unbekannten Wege dorthin gelangt sein, und zwar in die rechte Kabine, denn nur dort hatten sich die zwei tödlichen Unfälle ereignet. Mediziner, Polizisten und Baufachleute entdeckten schließlich nach einer Reihe von Experimenten den Weg des Gases. In der rechten Duschkabine gab es eine Öffnung, die in die benachbarte Waschküche führte. Die Waschküche wurde nicht mehr benutzt. Man überprüfte den Kamin der Waschküche und stellte fest, daß er an seinem oberen Ende mit dem Kamin aus dem Heizkeller zusammentraf. Beide Kamine besaßen also einen gemeinsamen Schornstein. Aber der Bauunternehmer hatte entgegen der Vorschrift keine Trennwand zwischen beiden Essen gezogen. Es bestand also sozusagen der Mechanismus »kommunizierender Röhren«, mit dem einen Unterschied, daß beide nicht unten, sondern oben miteinander verbunden waren.

Bei besonderen Witterungsbedingungen stiegen kohlenoxidhaltige Rauchgase im Kamin des Heizkellers empor und wurden durch den Kamin der Waschküche wieder hinabgedrückt und zogen von hier in die Duschkabine.

In seinem abschließenden Bericht schrieb Dr. Berg: »Auf

Grund der Untersuchungen konnte mit Sicherheit ausgesagt werden, daß die CO-Quelle für beide Todesfälle die Abgase des Niederdruck-Wasserbereiters waren... Voraussetzung hierfür war das Auftreten einer besonderen Föhn-Wetterlage, die durch ansteigende Außentemperaturen nach vorangegangenen kühlen Tagen mit niedrigen Innentemperaturen gekennzeichnet ist.«

Aus dem Bericht geht nicht hervor, ob die Staatsanwaltschaft den für den unvorschriftsmäßigen Kaminbau verantwortlichen Bauunternehmer zur Rechenschaft gezogen hat. Sie erhob jedoch Anklage gegen den Leichenschauarzt wegen fahrlässiger Tötung. Denn, so argumentierte sie, hätte er die Todesursache der Helga Kamenz richtig erkannt, wäre der Postschaffner nicht zu Tode gekommen.

Mit heulender Sirene und aufgesteckter Rotkreuzflagge fährt ein Rettungswagen über die Landstraße. Links und rechts dehnen sich die Halden des mitteldeutschen Braunkohlenreviers in der Leipziger Tiefebene. Rauchschwaden liegen wie eine Decke aus Watte über dem Land.

Endlich erreicht der Rettungswagen die nächste Stadt. Jetzt ist es nicht mehr weit bis zum Krankenhaus. Der Wagen hält vor der Ambulanz. Er wird schon erwartet. Die Sanitäter heben vorsichtig die Krankentrage aus dem Wagen. Unter der Decke sieht der Kopf eines Mannes hervor. Sein Gesicht ist gedunsen und bläulich verfärbt. Während er ins Haus gebracht wird, steigt noch ein Mann aus dem Wagen. Es ist Bruno Hilpert, ein Arbeitskollege des Verunglückten. Unschlüssig folgt er den Krankenträgern. Als er hinter ihnen ins Behandlungszimmer eintreten will, bedeutet ihm eine Schwester, draußen zu warten.

Der Arbeiter setzt sich auf eine Bank. Seine Hände zittern. Beruhige dich, denkt er, es wird so schlimm nicht sein. Günter wird schon durchkommen.

Aber Günter Geyer, der da drin auf der lederüberzogenen Pritsche liegt, ist bereits tot. Oberarzt Dr. Lohmeyer und sein Kollege konnten nichts mehr tun.

Sorgfältig untersuchen sie den Toten.

Eine halbe Stunde später wird Hilpert hereingebeten. Dr. Lohmeyer teilt ihm den Tod seines Kollegen mit. Hilpert schüttelt bestürzt den Kopf, er kann es nicht glauben. Scheu blickt er auf den Toten, der aber bereits mit einem Laken zugedeckt ist.

Dr. Lohmeyer fordert Hilpert auf, genau zu berichten, wie es zu dem tödlichen Unfall gekommen ist. Hilpert denkt nach. »Ich weiß das auch nicht, Herr Doktor. Er ist halt während der Arbeit plötzlich umgefallen. Als wir ihn aufhoben, war er schon bewußtlos. Wir brachten ihn hinaus an die frische Luft, aber« – Hilpert zuckt hilflos die Schultern.

»Wo arbeiten Sie, Herr Hilpert?«

»In der Kesselanlage. Wir reinigten gerade einen Heizkessel. Bitte, Herr Doktor, was ist denn eigentlich mit Günter Geyer passiert?«

»Schwer zu sagen im Augenblick. Möglicherweise ist er erstickt.«

»Erstickt?« Der Zweifel in Hilperts Stimme ist unüberhörbar.

Dr. Lohmeyer könnte es bei dieser vagen Erklärung belassen. Er ist sich seiner Diagnose sowieso noch nicht sicher. Aber vielleicht ließe sich durch weitere Fragen doch noch etwas Wichtiges eruieren.

»Haben Sie bemerkt, daß Ihr Kollege, bevor er umfiel, erbrochen hat?«

Hilpert hat nichts bemerkt.

»Er hat wahrscheinlich den erbrochenen Mageninhalt eingeatmet. Die Luftwege wurden verstopft, und er ist erstickt.«

Hilpert hat noch nie etwas von einer so merkwürdigen

Todesart gehört. Gibt es das überhaupt? Skeptisch fragt er: »Aber wieso hat er denn Erbrochenes eingeatmet? Das tut doch kein normaler Mensch!«

»O doch. Wenn jemand schwer betrunken oder ohnmächtig ist.«

»Günter war nicht betrunken«, sagt Hilpert bestimmt.

»Aber wahrscheinlich bewußtlos. Sie sagten doch, er sei plötzlich umgefallen. Dabei könnte er sich sogar eine Gehirnerschütterung zugezogen haben.«

»Aber warum ist er denn umgefallen?« ruft Hilpert. »Er war doch nie krank!«

»Wir werden es klären.« Mit diesem Versprechen entläßt Dr. Lohmeyer Hilpert.

Hilperts letzte Frage ist auch Dr. Lohmeyers Problem. Zwar hat er auf dem Totenschein als Todesursache Aspirationstod angegeben. Aber auch er weiß nicht, warum Geyer erbrochen hatte. Trunkenheit oder eine epileptische Krankheit schieden nach Hilperts Aussage aus. Dr. Lohmeyer leitet eine Verwaltungssektion in die Wege. Zugleich informiert er die Kriminalpolizei.

Am 23. September 1964 übernimmt Leutnant Merkel die Aufklärung des Todesfalles.

Dr. K. Herold vom Institut für Gerichtliche Medizin der Universität Leipzig hat inzwischen den Toten obduziert. Er bestätigt Leutnant Merkel Dr. Lohmeyers Diagnose: »Es war ein Aspirationstod. Der Mann ist erstickt, weil er erbrochenen Mageninhalt eingeatmet hatte.« Daran schließt Dr. Herold einige Hinweise an, in welche Richtung aus medizinischer Sicht die Ermittlung zu führen wäre.

Merkel sucht den Betrieb auf, in dem Geyer gearbeitet hatte. Ihn interessiert vor allem sein Arbeitsplatz. Immer wieder konzentriert er sich dort auf die gleichen Fragen: Hatte sich Geyer vor seinem Tode ungewöhnlich verhalten? War er doch betrunken gewesen? Gab es familiäre Probleme, litt er unter Streß?

Merkel erfährt nichts, was ihn weitergebracht hätte. Noch einmal beginnt das gleiche von vorn, wieder mit denselben Fragen, nur in anderm Zusammenhang. Schließlich wird es einem älteren Arbeiter zuviel. »Wir haben Ihnen doch alles gesagt, was wir wissen. Wo nichts ist, ist nichts. Günter hatte erbrochen, na schön, wem passiert das nicht mal, daß ihm kotzübel wird. Mir ging es vorgestern genauso, als ich ihn mit hinausgetragen habe. Und habe kein Aufhebens davon gemacht. Also laß uns jetzt endlich in Ruhe, wir haben schließlich zu tun.«

Merkel will den Mann zur Räson rufen. Aber er bremst sich. Irgend etwas in seinen Worten gibt ihm zu denken. »Sagen Sie das noch mal. Ihnen ist auch übel gewesen?«

»Ja«, brummt der Alte, »aber ich rede nicht dauernd davon.«

»Haben Sie auch gebrochen?«

»Nee. Konnte mich doch beherrschen.«

Merkel geht jetzt in die dritte Runde, aber nur mit einer einzigen Frage: Haben sich vorgestern zur selben Zeit auch bei anderen Arbeitern Übelkeit und Brechreiz gezeigt? Es findet sich noch ein Arbeiter, der sagt, ihm sei ebenfalls hundeelend gewesen. Erst an der frischen Luft sei ihm wieder besser geworden. Merkel bedankt sich und fährt zurück. Für ihn gibt es nur eine Schlußfolgerung: Da nicht nur der Tote, sondern auch noch zwei andere Arbeiter von Übelkeit befallen worden waren, könnte eine Vergiftung vorliegen. Eine Lebensmittelvergiftung vielleicht? Aber die müßte doch bei der Obduktion gefunden worden sein!

Merkel sucht Dr. Herold auf, um ihm seine Beobachtung mitzuteilen. Dr. Herold hört aufmerksam zu. »Sie haben da wirklich etwas Wichtiges herausgefunden. Daß noch andere Arbeiter betroffen wurden, engt die Diagnose beträchtlich ein.«

»Sie nehmen auch eine Vergiftung an? Aber warum

wirkte sie bei dem einen tödlich und bei den andern nicht?«

»Ein Gift zum Beispiel, das drei Menschen zu sich nehmen, kann auf jeden der drei anders wirken, sogar wenn es sich um die gleiche Menge handelt. Und erst recht, wenn auch die Menge noch verschieden wäre.«

»Und an was für ein Gift denken Sie?«

»An ein Atemgift beispielsweise. Es lähmt das Atemzentrum und ruft blitzartig den Tod hervor. Blausäure zum Beispiel.«

»Aber das hätte doch die beiden andern ebenfalls getötet.«

»Ich sagte doch, vielleicht haben sie eine geringere Menge eingeatmet. Natürlich nehme ich nicht an, daß es Blausäure war. Das hätte ich sicher bei der Obduktion entdeckt. Es gibt noch gefährlichere Atemgifte. Da wirken schon zwei, drei Atemzüge tödlich. Solche Gifte hinterlassen kaum eine Spur. Da der Tod schon nach wenigen Atemzügen eintritt, läßt sich im Organismus chemisch schwer etwas nachweisen.«

Dr. Herolds wissenschaftliche Neugier ist geweckt. Er will, daß ihn Leutnant Merkel zum Unfallort bringt. Vielleicht läßt sich dort doch noch etwas entdecken.

Noch am gleichen Nachmittag erscheinen Dr. Herold und Leutnant Merkel im Betrieb. Dr. Herold wünscht den Werkleiter zu sprechen. Man sagt ihm, der Werkleiter sei in einer Sitzung. Dr. Herold blickt Merkel an. »Ich bestehe darauf«, sagt Merkel, »daß er an der Ermittlung über den tödlichen Betriebsunfall teilnimmt.«

Minuten später erscheint Werkleiter Hoffmann. In seinem Blick liegt Unruhe. »Ein tödlicher Unfall? Meinen Sie den Tod von Günter Geyer? Das war doch kein Betriebsunfall!«

»Herr Hoffmann«, sagt Dr. Herold, »wir wollen uns erst einmal an Ort und Stelle umsehen.«

Hoffmann nickt mürrisch. Er führt seine Gäste in den Kesselraum.

Dr. Herold läßt sich die technischen Prozesse der Anlage erklären und wendet sich dann an Hoffmann: »Welcher Kessel wurde gerade gereinigt, als Herrn Geyer schlecht wurde?«

Hoffmann weist auf den Kessel.

»Und womit wird gereinigt?«

»Wir entfernen die Kesselsteinablagerungen, wie allgemein üblich, mit Salzsäure.«

Dr. Herold läßt sich den Vorgang demonstrieren. Nichts Außergewöhnliches, denkt Merkel dabei, woher soll hier ein tödliches Gift kommen? Zugleich registriert er Dr. Herolds chemischen Sachverstand, der aus jeder seiner Fragen spricht.

Hoffmann beendet seine Erläuterungen: »Ich wüßte also wirklich nicht, warum das ein Unfall gewesen sein soll.«

Merkel sieht den Ärger auf Herolds Gesicht. Aber noch zwingt sich der Arzt zu ruhiger Sachlichkeit. »Und was geschieht nach dem Reinigungsvorgang mit der Salzsäure?«

Hoffmann zeigt auf eine Bodenrinne. »Sie fließt hier ab.«

»Und wozu wird die Rinne sonst noch benutzt?«

»Wir spülen die Aschenreste mit einem Wasserstrahl aus den Kesseln. Sie fließen dann auch durch diese Rinne ab.«

Dr. Herold nickt. Er beugt sich herab und nimmt eine Aschenprobe aus der Rinne. »Das wäre es vorerst, Herr Hoffmann. Ich möchte jetzt gern noch einmal ins Labor. Und vielen Dank für Ihre Auskünfte.«

Hoffmann weist ihnen den Weg ins Betriebslabor. Dort schüttet Dr. Herold die Aschenprohe in ein Reagenzglas. Dann gibt er Salzsäure dazu. Merkel, der dicht neben Herold steht, verzieht das Gesicht. Ein übler Geruch wie von faulen Eiern steigt aus dem Glas.

Dr. Herold schüttet den Inhalt des Glases ins Becken und läßt ausgiebig Wasser darüberlaufen. Dann erbittet er von der Laborantin die chemische Analyse der Braunkohle, die zum Heizen des Kessels verwendet wird.

Auf der Heimfahrt erklärt er Merkel: »Die Braunkohle, mit der die Kessel beheizt werden, enthält ziemlich viel Schwefel. Ich nehme an, beim Heizen entstehen aus dem Schwefel und anderen Metallverbindungen, die sich in der Braunkohle befinden, Schwefelsulfide. Nun haben Sie ja vorhin gesehen – in der Abflußrinne lagen Aschenreste. Und jetzt lassen Sie mal durch die gleiche Rinne bei der Kesselreinigung Salzsäure abfließen! Sie verbindet sich mit den Sulfiden in den Aschenresten zu Schwefelwasserstoff.«

In diesem Augenblick fällt Merkel wieder ein, woran ihn der widerlich faule Geruch bei Herolds Laborversuch erinnert hatte: an ein Experiment seines Chemielehrers, das dieser mit dem für Merkel unvergeßlichen Satz kommentiert hatte: »Chemie ist, wenn's knallt und stinkt.« Und dunkel erinnert er sich auch, daß der Chemielehrer dieses Gas als sehr gefährlich bezeichnet hatte.

»Ein sehr gefährliches Gas, dieser Schwefelwasserstoff«, sagt Herold gerade. »Es kann beim Einatmen sofort tödlich wirken, unter Umständen noch rascher als Blausäure.«

Merkel weiß, daß sie beide in diesem Augenblick der Aufklärung des Todesfalles nahe sind. »Aber ist denn Schwefelwasserstoff in der Leiche nachweisbar?«

»Kaum. Selbst wenn wir ihn fänden, so besagt das noch nichts. Er bildet sich auch bei der Leichenfäulnis.«

»Dann können wir die Vergiftung also nicht beweisen?«

»Nur experimentell. Wir rekonstruieren den Unfallhergang an Ort und Stelle. Vielleicht mit einem Tierexperiment. Das ist ungewöhnlich, aber auch dieser Todesfall ist außergewöhnlich.«

Dr. Herold bittet Merkel, die Betriebsleitung davon zu

verständigen, daß eine weitere Untersuchung am Unfallort notwendig sei. Er gibt Merkel noch einige Hinweise,
wie der Betrieb das Experiment vorbereiten soll.

Einige Tage später ist es soweit.

Heute wird Dr. Herold nicht nur von Leutnant Merkel
begleitet. Zu seiner Unterstützung bringt er Dr. Schippler,
einen Assistenzarzt, und einen Institutsgehilfen mit. Der
Gehilfe führt einige kleine Holzkäfige mit sich. Darin befinden sich Meerschweinchen.

Zusammen mit Werkleiter Hoffmann begeben sich die
vier an den Unfallort. Hoffmann blickt skeptisch auf die
Meerschweinchen. »Sie halten immer noch eine Schwefelwasserstoffvergiftung für möglich, Herr Doktor? Zugege-
ben – rein chemisch ginge das auf. Aber nicht praktisch.
Denn die Kessel werden schon immer auf die gleiche
Weise gereinigt, unter Beachtung aller Unfallbestimmun-
gen. Und noch nie ist etwas passiert.«

»Aber diesmal *ist* es passiert«, entgegnet Dr. Herold unwillig. Hoffmann zieht es vor, nichts mehr zu sagen.

Im Kesselraum ist alles vorbereitet. Die gleichen Bedingungen wie zur Zeit des Unfalls sind wiederhergestellt,
soweit dies eben bei einer Rekonstruktion möglich ist. Dr.
Herold ist sich über die Schwierigkeit seines Unterneh-
mens im klaren. Hoffmanns Einwand, bisher sei niemals
etwas passiert, läßt sich natürlich nicht von der Hand weisen. Irgendwie hatte der Zufall mitgespielt. Irgend etwas
mußte sich bei der üblichen Ordnung des Arbeitsvorgan-
ges verändert und dadurch den Unfall verursacht haben.
Würde sich diese Veränderung im Experiment wiederholen und dadurch zweifelsfrei nachweisen lassen?

Dr. Herold läßt sich von einem Kollegen Geyers genau
die Stelle zeigen, wo Geyer zu Boden stürzte. Hier, direkt
an der Abflußrinne, läßt Dr. Herold die Käfige aufstellen.
Dann müssen alle den Raum verlassen. Nur Herold, sein
Assistent, Merkel und Hoffmann bleiben zurück.

Dr. Schippler übergibt jedem eine Spezial-Frischluft-maske. Sie ist mit einem Schlauch an eine Druckluftpumpe angeschlossen. Die vier Männer stülpen sich die Masken übers Gesicht.

Hoffmann leitet Salzsäure durch die Rinne, in der sich Aschenreste befinden. Bald zeigt das Gasprüfgerät, daß sich Schwefelwasserstoff bildet. Gespannt starren vier Augenpaare auf die Tiere in den Holzkäfigen.

Und dann geschieht es. So plötzlich, daß man glaubt, etwas übersehen zu haben – ein Vorzeichen, irgendein Geschehnis, das dem Tod der Tiere vorangegangen sein müsse, als Zwischenstufe, als Überleitung. Kein Übergang. Die Tiere fallen plötzlich tot um.

Dr. Schippler geht zum Tor und reißt es weit auf. Hoffmann will die Maske abnehmen, aber Dr. Herold hält seine Hände fest. Die vier gehen hinaus.

Mit unsicheren Händen zerrt der Werkleiter an seiner Maske. Als sein Gesicht frei ist, atmet er tief die frische Luft ein und blickt Dr. Herold hilflos an.

»Wir werden die Tiere obduzieren«, sagt Herold. »Finden wir dabei die gleichen Symptome wie bei Herrn Geyer – Atemlähmung und Erstickung –, wäre in Verbindung mit den Ermittlungsergebnissen bewiesen, daß sein Tod durch Schwefelwasserstoffvergiftung erfolgt ist.«

Die Obduktion der Meerschweinchen bestätigt Dr. Herolds Hypothese. Merkel und die Staatsanwaltschaft übernehmen die weiteren Ermittlungen zur juristischen Aufklärung des Unfalltodes.

Schreck um Mitternacht

Als Rolf Markwardt erwachte und auf die Leuchtziffern des Radioweckers blickte, war es zehn Minuten nach Mitternacht. Er hatte bereits zwei Stunden geschlafen. Er wendete sich auf die rechte Seite und sah im Dämmerlicht der Uhr, daß das Bett seiner Frau leer war. Sie ist wohl wieder mal unten vor dem Fernseher eingenickt, dachte er. Das kommt jetzt immer öfter vor. Das muß doch nicht sein. Ich muß aufpassen, daß sie nicht so viel trinkt. Das heißt, so viel trinkt sie ja auch wieder nicht, sie verträgt nur nicht viel. Paar Schnäpse, und schon ist sie weg. Ich werde hinuntergehen und sie wecken.

Markwardt stieg aus dem Bett und ging die Treppe hinunter. Als er die Diele betrat, sah er, daß die Haustür offenstand. Sicher war Heidi, bevor sie einschlief, nochmals mit dem Hund draußen gewesen. Aber warum hatte sie die Haustür nicht verschlossen? Leise drückte er die Tür zu und verschloß sie.

Dann ging er ins Wohnzimmer. Es war so, wie er erwartet hatte: Die Standleuchte war noch eingeschaltet, der Fernseher lief. Heidi lag selig schlummernd auf der Couch. Der Hund kam schwanzwedelnd aus seinem Schlafkorb. Auf dem Couchtisch stand eine halbgeleerte Flasche Bier.

Markwardt berührte Heidis Schulter. »Heidi! Zeit ins Bett!«

Heidi antwortete nicht. »He!« rief er, »wach auf!«

Heidi wachte nicht auf.

Beunruhigt beugte sich Markwardt hinab. An der rechten Schläfe seiner Frau erblickte er eine kleine Wunde. War Heidi gestürzt? Hatte sie sich irgendwo gestoßen? Aber es war ja keine schlimme Verletzung. Warum schläft sie nur so fest? Er hört keinen Atem. Er legt die Hand auf ihre

Wange, sie fühlt sich kühl an. Er rüttelt Heidi an der Schulter. Keine Reaktion, nichts. Sie muß bewußtlos sein!

Markwardt hastet die Treppe empor, zu den Zimmern der beiden Kinder. Annegret und Theo waren schon erwachsen, wohnten aber noch bei den Eltern. Er weckte sie. »Der Mutter muß etwas zugestoßen sein. Sie ist –«

Er wußte nicht, was er sagen sollte. Ob die Mutter bewußtlos war oder – nein, daran wagte er nicht zu denken, das war auch unvorstellbar in diesem Augenblick.

Zusammen gingen die drei ins Wohnzimmer hinunter. Markwardt hegte die unsinnige Hoffnung, Heidi würde auf der Couch sitzen und sie verwundert fragen, was ist denn passiert, was wollt ihr denn von mir?

Aber Heidi lag noch immer so da, wie Markwardt sie verlassen hatte. Verwirrt umstanden die drei die reglose Frau. Schließlich sagte Markwardt: »Da muß sofort ein Arzt her.«

»Der Notarzt!« Theo lief zum Telefon.

Dann setzten sich die drei nieder und warteten. Keiner wagte auszusprechen, was er dachte. Und jeder dachte: Mutter ist tot.

Zehn Minuten später kam der Notarzt. Er brauchte nicht lange, um festzustellen, daß Heidi Markwardt verstorben war.

Dem Notarzt war die kleine Wunde an der Schläfe der Toten aufgefallen. Da niemand wußte, wie sie entstanden war, und da dem Notarzt auch die Todesursache nicht klar war, vermutete er einen nicht natürlichen Tod und informierte die Kriminalpolizei.

Kripobeamte erschienen noch zur gleichen Stunde und begannen zu ermitteln. Sie befragten Markwardt, Sohn und Tochter nach dem Ablauf des Abends. Es war ein Abend gewesen wie die meisten andern auch. Heidi Markwardt hatte wie immer für die ganze Familie das Abendessen bereitet, das im Wohnzimmer im Erdgeschoß eingenommen wurde. Danach hatten alle noch bis gegen 21.45 Uhr ferngesehen. Vater und Kinder gingen anschließend zu Bett, Heidi blieb noch unten, sie wollte nochmals mit dem Hund hinausgehen und dann die Haustür abschließen. Als Markwardt seine Frau verließ, hatte sie es sich auf der Couch bequem gemacht und sah sich noch eine Fernsehsendung an. Er hatte dann bis kurz nach Mitternacht geschlafen, war aufgestanden, hatte die Haustür weit offenstehend vorgefunden und schließlich Heidi tot auf der Couch entdeckt. Mehr wußte er nicht zu sagen. Auch Annegret und Theo konnten nichts weiter hinzufügen.

Heidi Markwardt wurde obduziert.

Die Obduktion bestätigte den Verdacht des Leichenschauarztes auf einen nicht natürlichen Tod. In der Kopfschwarte über dem Stirnbein fanden sich Blutungen. In Höhe des Kehlkopfs gab es in den Halsweichteilen Unterblutungen. Die Schleimhaut der Speiseröhre war stellenweise senkrecht gerissen. Besonders gravierend waren der dreifache Bruch des Schildknorpels (des größten Kehlkopfknorpels) und die Fraktur beider Schildknorpelhörner. Diese Verletzungen hatten zu einer beträchtlichen Schwellung des Halses geführt, die sich rasch so verstärkte, daß die Verletzte erstickte.

Der Obduktionsbefund gab der Ermittlung eine genaue Richtung vor. Die tödlich verlaufenen Verletzungen konnten nur durch eine von außen wirkende Gewalt verursacht worden sein. Kehlkopffrakturen entstehen beim Selbstmord durch Erhängen und beim Erdrosseln. Dafür gab es in diesem Fall keine Anhaltspunkte. Also stellten sich, wie Kriminalamtmann M. Fichtner berichtete, nur die folgenden Fragen: »Konnten die massiven Verletzungen ... durch einen Unfall in oder außerhalb der Wohnung entstanden sein? Oder wurde Frau M. im Wohnzimmer oder im Garten niedergeschlagen, ... vielleicht mit Handkantenschlägen?«

Also: Fremdverschulden oder Unfall?

Die erste Frage: War Heidi M. innerhalb der Wohnung von fremder Hand verletzt worden? Könnte es ein Angehöriger der Familie gewesen sein? Das Familienleben stellte sich den Ermittlern als normal dar. Von bedeutsamen Spannungen war nichts bekannt. »Wenn es zwischen den Eheleuten manchmal zu Reibereien kam, so lag das zumeist an Frau M., die gerne ein Gläschen zuviel trank.« Könnte jemand von draußen, durch die noch offene Haustür, gekommen sein und Frau M. niedergeschlagen haben? Auch dafür gab es keinerlei Anzeichen.

Die zweite Frage: War Frau M. außerhalb der Wohnung tätlich angegriffen worden? Möglicherweise, als sie den Hund in den Garten brachte? Das war unwahrscheinlich. Der Hund pflegte bei Annäherung Fremder laut anzuschlagen.

So wurde eine Gewalttat vorerst einmal ausgeschlossen.

Als dritte Fragestellung verblieb die Frage nach einem Unfall. Hatte sich Frau M. innerhalb oder außerhalb der Wohnung verletzt?

Die Kripo zog einen medizinischen Spezialisten, nämlich einen Facharzt für HNO-Krankheiten zu Rate. Dieser war der Ansicht, die bei Frau M. festgestellten Verletzungen träten dann auf, wenn jemand stürzt und dabei mit dem Hals auf einen harten kantigen Gegenstand auftrifft. Die Schwellung des Halses, die dann zum Ersticken führt, entwickele sich erst, so daß der Verletzte durchaus noch eine Zeitlang handlungsfähig bleibe.

Nun war also zu erforschen, an welchem Gegenstand sich Heidi M. so schwer verletzt hatte.

Am Wollkleid, das sie zuletzt getragen hatte, wurden am Halsausschnitt mikroskopisch sichtbare Spuren von Erde und Holz entdeckt. Wahrscheinlich lag die Unfallstelle im Garten. An einer Seite des Gartens stand ein etwa ein Meter hoher Staketenzaun. Hatte sich der Unfall am Zaun zugetragen? Die Zaunlatten wurden mit Tesafilm überzogen und dieser im Landeskriminalamt auf Kontaktspuren untersucht. Und solche Spuren wurden auch gefunden: in Form von Teilchen menschlicher Haut und Wollfasern, die mit dem Gewebe des Wollkleides übereinstimmten.

Nun stand also fest, daß Heidi M., als sie den Hund in den Garten brachte, dort gestürzt und mit dem Hals auf eine Zaunlatte geschlagen war. Warum sie gestürzt war, ließ sich nur vermuten. An diesem Tage hatte sie ihre Menstruation. Zu solchen Zeiten litt sie oft unter Schwindelanfällen. Wahrscheinlich hatte ein solcher Schwindelanfall sie draußen im Garten befallen, zumal sie, wie bei der Obduktion festgestellt worden war, einen Blutalkoholwert von 1,3 Promille gehabt hatte.

Kriminalamtmann Fichtner schloß seinen Bericht mit dem Hinweis, Gerichtsmediziner wie Facharzt hielten es für möglich, daß Heidi M. trotz ihrer lebensgefährlichen Verletzung noch ins Haus zurückkehren konnte. »Ob sie den Ernst ihrer Verletzungen erkannt hatte, muß fast in Frage gestellt werden, denn weshalb hat sie nicht nach Ehemann und Kindern gerufen? Empfand sie die Schmerzen nicht übermäßig stark, war sie durch Alkoholeinwirkung bewußtseinsgetrübt oder ist die Reaktionsfähigkeit so rasch geschwunden?« Diese Fragen konnte niemand beantworten.

Von Menschen und Tieren

1. Die Rache der Hirschkuh

Es gibt eine besondere Art phantasievoller Kriminalgeschichten, die sich durch eine besondere Pointe auszeichnen: Jemand beschließt, jemanden zu töten. Er bereitet den Mord sorgfältig vor. Als er ihn ausführen will, geschieht das Gegenteil. Der Täter wird selbst das Opfer seiner Planung. Das Strickmuster dieser Short-Stories ist das alte Sprichwort: Wer andern eine Grube gräbt, fällt selbst hinein. Die ausgleichende Gerechtigkeit dieser Geschichten verschafft dem Leser tiefe Befriedigung.

Was sich die Fantasie erdenken kann, liefert manchmal auch die Realität.

In der folgenden lebenswahren Short-Story, berichtet von Prof. Dr. F. J. Holzer, war das Opfer, das der Täter töten wollte, allerdings ein Tier, eine Hirschkuh. Aber das ändert nichts an der Pointe, weil der Täter durch die Art und Weise, wie er das Tier töten wollte, seinen eigenen Tod verursachte.

Es geschah an einem Wintertag in der Gebirgswelt Österreichs. Schnee bedeckte Fluren und Wälder. Eine Treibjagd war angesagt, an der auch Georg Wurzner teilnahm. Um die Mittagsstunde, kurz nach 12 Uhr, nahmen die Jäger ihre Plätze ein. Auch Wurzner begab sich zu seinem Standort.

Bald endete die Stille der Winterlandschaft. Der für Wurzner gewohnte Lärm der Treibjagd begann sich zu nähern: die hohlen hallenden Rufe der Treiber, das Gebell der Hunde.

Und dann plötzlich: knackendes Gehölz. Aus dem Dickicht brach eine Hirschkuh hervor. Wurzner legte an, zielte, schoß.

Das Tier brach zusammen.

Wurzner frohlockte. Noch während er zu seiner Jagdbeute hineilte, sah er, daß sie noch lebte. Er hatte die Hirschkuh am Rücken verletzt. Vergeblich suchte sie sich zu erheben und zu fliehen. Wurzner gefiel das gar nicht. Er ergriff sein Gewehr am Lauf und schlug dem weidwunden Tier den Gewehrkolben auf den Schädel.

Das Gewehr brach auseinander. Ein Schuß löste sich. Wurzner hatte im Jagdeifer vergessen, daß das Gewehr noch eine Ladung enthielt und entsichert war.

Wurzner fiel tot um.

Als andere Jäger den Toten fanden, vermuteten sie zuerst einen Herzschlag aus Jagdfieber. Dann aber entdeckten sie die Wunde in Wurzners Brust und unter dem noch immer lebenden Tier das zerbrochene Gewehr.

Wurzners Leiche wurde obduziert. Dabei wurde festgestellt, daß sein Herz durchschossen und zerfetzt war. Das deformierte und zersplitterte Teilmantelgeschoß steckte noch im Körper, unter der Rückenhaut. Die Brustwirbelsäule war zerschmettert.

Wurzners Tod war ein Jagdunfall. Und doch mehr als nur das. Denn, so schrieb Prof. Holzer, »der Jäger wollte das weidwunde Wild völlig unweidmännisch noch erschlagen.«

Wurzner hatte den Ehrenkodex der Jägergilde verletzt und das mit seinem Leben bezahlt – eine »Moritat von der Rache der Hirschkuh«.

2. Der Tötungsreflex der Hunde

Den Beginn des neuen Jahres sollte der fünfjährige Michael nicht mehr erleben. Sein kurzes Dasein endete am Silvestertag 1976.

An diesem Nachmittag lud ihn Carolin, die Tochter einer benachbarten Familie, zu einem Spaziergang ein. Carolin war sechzehn. Wenn sie Zeit hatte, führte sie gern die Hunde ihrer Mutter aus. Die Mutter besaß ein Gartenlokal und hatte sich zwei Schäferhunde als Wachhunde angeschafft. Tagsüber wurden der Rüde Bary und die Hündin Zitta im Zwinger gehalten. Nachts liefen die Wachhunde im umzäunten Grundstück frei herum. Carolin hatte eine liebevolle Beziehung zu den Tieren. Sie führte sie oft aus und nahm meistens Michael auf ihren Spaziergang mit. Deshalb hatte auch Michael zu den Hunden ein gutes Verhältnis. Neuerdings hatte sich die Hundefamilie vergrößert. Am Spaziergang nahmen nun vier Hunde teil, Bary, Zitta und ihre zwei Welpen, die sie vor fünf Monaten geboren hatte.

An diesem Silvesternachmittag gingen Carolin und Michael mit den vier Hunden durch ein Schrebergartengelände spazieren. Die Gärten lagen einsam und verlassen. Die Hunde, froh ihrer Freiheit, tollten umher. Meist liefen sie voraus, blieben zuweilen stehen, hinterließen ihr Pfützchen, kamen zurück, umsprangen Carolin und Michael. Häufig schnupperten sie an Michaels Kleidung.

Die Spaziergänger näherten sich dem Ende der Gartenanlage. Ein schmaler Bach erstreckte sich jetzt am Weg entlang. Carolin hatte Michael an der Hand genommen. Ein Welpe kam zurück und sprang plötzlich spielerisch das Mädchen an. Carolin stolperte, schwankte. Und da sie Michael an der Hand hielt, fiel Michael hin. Carolin half ihm wieder auf. Im gleichen Augenblick kam der Rüde Bary angerannt und sprang Michael an. Durch den Anprall stürzte er erneut bäuchlings auf die Erde. Carolin wollte ihn emporziehen. Da stand schon Zitta neben ihm und schlug ihre Zähne in seinen Nacken. Michael schrie vor Schreck und Schmerzen auf. Er versuchte, sich gegen den Angriff zu wehren. Aber das hinderte die Hündin nicht, ihn weiter zu attackieren. Carolin konnte auch mit Tritten das Tier nicht von seinem Opfer wegdrängen. Nun sprang auch der Rüde Bary wieder herbei und beteiligte sich am Angriff auf das Kind. Michael blutete im Gesicht und an den Händen. Carolin stand den beiden knurrenden und zähnefletschenden Beißern machtlos gegenüber. Sie rief um Hilfe. Niemand hörte sie in dieser Einsamkeit. Sie lief zurück und holte Michaels Vater und einen andern Mann zur Unglücksstelle.

Inzwischen war mehr als eine Viertelstunde vergangen.

Als die Männer Michael fanden, lag er noch immer, wie er hingefallen war, auf dem Bauch. Seine Kleidung war zerrissen, Kopf und Körper voller blutiger Wunden. Er regte sich nicht mehr, er war bewußtlos. Die Hunde saßen friedlich daneben.

Der Vater trug Michael in die Schrebergartenklause und rief einen Rettungswagen.

Wenige Stunden später starb Michael im Kinderkrankenhaus.

Die gerichtsmedizinische Obduktion ergab außer Bißverletzungen und Platzwunden am ganzen Körper als Todesursache ein Schädel-Hirn-Trauma.

Tagespresse, kriminalistische und rechtsmedizinische Schriften berichten immer wieder von tödlichen Aggressionen der Haushunde. Kein Jahr vergeht, ohne daß es zu solchen Unglücksfällen kommt. Abgesehen von Kampfhunden, sind meist Deutsche Schäferhunde die »Täter«, die Opfer selten Fremde, häufig die Hundehalter selbst oder ihnen nahestehende Personen, die bis dahin ein gutes Verhältnis zu den Tieren gehabt hatten.

Das zeigt ein weiteres Beispiel. Ein elfjähriger Junge, dessen Vater zwei Schäferhunde besaß, kümmerte sich rührend um die Tiere, kaufte das Futter für sie ein, führte sie aus. Sie dankten es ihm durch große Anhänglichkeit.

Eines Nachmittags war der Junge mit beiden Hündinnen in einer recht einsamen Gegend spazierengegangen.

Als er abends nicht heimkehrte, ließ der Vater die Polizei nach ihm suchen. Erst am nächsten Morgen wurde das Kind gefunden. Die Hunde saßen zähnefletschend neben der Leiche. Sie hatten dem Jungen bis auf Unterhose und Socken alle Kleidungsstücke vom Leibe gerissen. Der rechte Oberarm des Jungen war skelettiert, der linke Arm ebenfalls weitgehend abgenagt. Die Obduktion stellte als Todesursache Verbluten durch zahlreiche Bißwunden am ganzen Körper fest.

Bei solchen tödlichen Unglücksfällen durch Hunde taucht immer wieder die Frage auf, warum Hunde oft ihnen vertraute Menschen töten.

Der Tierforscher Dr. Brummer sagt: »Was in einem Hund vorgeht, der tötet, weiß kein Mensch und bleibt uns verschlossen.«

Trotzdem suchen Tierpsychologen nach einer Antwort. In ihren Erklärungen lassen sich zwei Hauptursachen erkennen: äußere und innere Ursachen.

Zu den äußeren, milieubedingten Ursachen gehört eine sozusagen soziale Verwahrlosung des Hundes. Oberstaatsanwalt K. Händel berichtete darüber am Beispiel einer Deutschen Dogge. Innerhalb von nur drei Jahren hatte sie achtmal den Besitzer gewechselt und dadurch zu keinem eine feste Bindung entwickeln können. Oft sind die im Zwinger gehaltenen Hunde besonders aggressiv, denn sie hatten in der Prägungs- und Sozialisierungsphase kaum Kontakt mit dem Menschen. Im Fall des getöteten fünfjährigen Michael gab der Berichterstatter Dr. Wehner eine weitere äußere Ursache zu bedenken: »Der Vater des Jungen ist als Arbeiter in einer Tierkörperbeseitigungsanstalt tätig. Inwieweit etwaiger anhaftender Geruch, vom Vater auf das Kind übertragen, das ... ausdrücklich erwähnte Schnuppern der Hunde und vielleicht den Unglücksfall selbst provoziert haben kann, sollte ebenfalls in diese Erörterungen einbezogen werden.«

Als eine weitere milieubedingte Ursache wird mangelhafte Erziehung bzw. Dressur der Hunde genannt. Für manche Hundehalter, so K. Händel, sei aggressives Verhalten ihres Schäferhundes sogar erwünscht. Sie würden vielfach als Schutzhunde gezüchtet.

Äußere, also umweltbedingte Ursachen für ausbrechende Aggressionen können sich aber auch auf dem Boden innerer, also im Wesen des Hundes liegender Bedingungen entwickeln. Das sind genetisch bedingte stammesgeschichtliche Faktoren. So verwiesen Dr. Wehner und Kriminaloberkommissar Th. Katarzynski auf die unter Tierpsychologen verbreitete Meinung, die Tiere wären an eine menschliche Bezugsperson so gebunden, daß sie sie als ihren Rudelführer anerkennen. Bei einem Sturz verliere diese Person die durch den aufrechten Gang bedingte Vormachtstellung. Dann beiße der Hund zu. Prof. Grzimek verwies in einem von ihm begutachteten Fall außerdem noch auf folgende Beobachtung: Wenn ein Mensch hinfällt und sein Hund ihn wieder aufzurichten versucht, kann es dabei – vom Hunde ungewollt – zu Verletzungen kommen. Der Blutgeruch löse dann eine Instinkthandlung aus, den Instinkt des Beißens und Reißens.

So viele traurige Unfälle, so viele Erklärungen. Bleibt uns das Motiv tötender Hunde demnach verschlossen?

IV. KAPITEL

MORDLUST

Bei jedem Mordprozeß fragt das Gericht nach dem Motiv des Täters, seinem innersten Antrieb zur Tat. Mordmotive lassen sich zu einigen allgemeinen Motivgruppen zusammenfassen, die in sich jedoch wieder äußerst vielfältig sind. Bisher galten als Grundmotive für vorsätzliche Tötung: Gemordet wird aus Gewinnsucht oder um ein anderes Verbrechen zu vertuschen bzw. Mitwisser der Tat zu beseitigen. Gemordet wird aus unlösbaren Konflikten mit einer oder mehreren Bezugspersonen. Und gemordet wird zur Erreichung und Steigerung sexueller Lust.

In unserem Jahrhundert scheint ein neuer Typus von Morden in Mode gekommen zu sein, der so genannte Thrill-Mord, der Mord als Nervenkitzel. Der Täter hat kein rational zu erfassendes Motiv zum Töten. Seine Tat wirkt motivlos, als Mordlust, als pervertierte Lust am Töten.

Läßt sich der Thrill-Mord erklären oder bleibt er eine völlig irrationale und unbegreifliche Tat?

Auf dem Sektionstisch kann aufgeklärt werden, wie das Opfer eines Thrill-Mordes zu Tode kam. Täter und Tat aber zwingen zu einer sozialpsychologischen Sektion.

Lust zu töten

Sein erster Mordversuch an einem Kind ist gescheitert. Nun wiederholt er ihn an seiner Freundin mit tödlichem Erfolg.

Bert Bauer ist einundzwanzig Jahre. Ihm ist nicht bewußt, daß er sein Leben bereits gründlich verpfuscht hat. Was er bisher auch angestellt hatte – seine Mama hat ihm immer wieder versichert, er sei nicht schuld daran, schuld seien die andern, die ihn verleumden, die ihn nicht leiden können. Und da sie das ständig wiederholt, muß er es wohl glauben. Für die Mama ist Bert ein guter Junge.

Als Dreizehnjähriger hat er sich vor Mädchen seiner Klasse entblößt. Die Mama meinte, die bösen Mädchen hätten ihn dazu verleitet. Und die Lehrer waren schuld, daß er die Schule nach dem 7. Schuljahr wegen ungenügender Leistungen verlassen mußte. Seine Lehre als Maurer brach er ab, die Lehre als Maler gab er auf. Die Bäckerlehre brachte er nicht zu Ende. Das Jugendamt beurteilte die Mutter als erziehungsunfähig und wies Bert wegen Verwahrlosung in eine Erziehungsanstalt ein.

Nach seiner Entlassung aus der Anstalt betätigte er sich wieder als Exhibitionist und erhielt eine Jugendstrafe auf Bewährung. Seine kriminellen Handlungen häuften sich. Es gab Anzeigen wegen Diebstahl und Betrug und Körperverletzung. Er setzte ein landwirtschaftliches Anwesen in Brand und verursachte einen Schaden von 40 000 DM. Die Tat konnte ihm nicht nachgewiesen werden, er gestand sie erst später nach dem Mord.

Wegen all dieser Delikte hatte Bauer eine Jugendstrafe von einem Jahr und vier Monaten erhalten. Kriminalamtmann K. Häusler schrieb, daß er nach der psychiatrischen Untersuchung für haftunfähig erklärt, auf Bewährung entlassen und unter Bewährungsaufsicht gestellt wurde.

In dieser Zeit mißbrauchte Bauer sexuell ein taubstummes und schwachsinniges Mädchen. Aber die Staatsanwaltschaft erhob keine Anklage gegen ihn.

Bauer fand eine Arbeit bei Schaustellern und reiste mit ihnen durch die Lande. Wiederum gab es Anzeigen wegen Diebstahl und Betrug.

Bei einem Volksfest lernte er ein vierzehnjähriges Mädchen kennen. Er verleitete es zum Geschlechtsverkehr. Das Mädchen wurde ihm bald hörig. Eines Tages gingen beide an der Donau spazieren. Plötzlich befahl er dem Mädchen, es solle ins Wasser steigen. Das Mädchen bekam Angst und wollte fortlaufen. Er warf es zu Boden und würgte es, bis es das Bewußtsein verlor. Als das Kind wieder zu sich kam, wiederholte er seine Forderung. Es stand schon bis zur Brust im Wasser, dann durfte es wieder an Land. Die Eltern des Mädchens zeigten den Vorfall an. Gegen Bauer begann eine Ermittlung wegen Verführung, vorsätzlicher Körperverletzung und Nötigung ...

Während die Ermittlung noch läuft, setzt Bauer eine andere sexuelle Beziehung fort, die er vor drei Jahren mit Iris, einer damals vierzehnjährigen Schülerin, begonnen hatte.

Bauer, zur Zeit ohne Arbeit, wohnt bei seiner Mutter in Ingolstadt. Heute morgen ist er allein zu Hause, Mama ist auf Arbeit. Er blickt auf die Uhr. Jetzt müßte Iris zur Schule gehen. Es ist nicht weit bis zu ihrer Wohnung. Er hat Glück und trifft Iris, als sie gerade das Haus verläßt.

»Laß die blöde Schule. Wir gehen zu mir, ich bin allein.« Iris ist unschlüssig.

»Wir machen es uns gemütlich«, drängt er. »Haben den ganzen Vormittag für uns. Hab auch was zum Schnuppern da.«

Zum Schnuppern. Iris' Augen leuchten auf. Zwei schöne Dinge gibt es in ihrem Leben: den Sex mit Bert und Äther zu schnüffeln. Das Schnüffeln ist ein herrliches Gefühl. Der Kopf füllt sich wohltuend mit sanfter Leere. Alles versinkt, verschwimmt, wird wunderbar leicht.

»Na gut, dann komme ich mit.«

Sie begeben sich in Berts Wohnung. Vom Schnuppern ist erst mal nicht die Rede. Bert mag das nicht, der Äther ist ihm unheimlich.

»Zieh dich aus«, sagt er. Das Vergnügen auf der Couch

macht hungrig. Bert schlägt vor, in eine Gaststätte essen zu gehen. Danach kehren sie wieder auf die Couch zurück ...

Eine Stunde später kleiden sie sich an und verlassen die Wohnung. Mit dem Linienbus fahren sie in einen Vorort. An der Endstelle steigen sie aus. Bert kauft in einer Apotheke ein Fläschchen Äther.

Sie brauchen nicht weit zu gehen, bis sie ein Wäldchen erreichen. Sie durchstreifen eine Kiefernschonung und setzen sich auf einer Lichtung ins Gras. Es ist ein warmer Oktobertag. Sie plaudern, küssen sich, machen Pläne für eine Reise. Iris zieht den Pullover aus und legt sich nieder. Sie hält Bert ein Taschentuch entgegen: »Und jetzt will ich schnüffeln.«

»Ja«, erwidert er. Er rollt ihren Pullover zusammen und schiebt ihn unter ihren Nacken. »So liegst du weicher.«

Aus dem Fläschchen träufelt er Äther aufs Taschentuch. Iris legt sich das Tuch über Mund und Nase und atmet tief ein.

Bert blickt auf das Mädchen hinab. Sie erscheint ihm plötzlich ganz fremd. Er stellt sich vor, Iris wäre tot. Das ginge doch ganz einfach, sie totzumachen, denkt er. Viel leichter als damals, als ich die Kleine ins Wasser schickte. Die Vorstellung, Iris zu töten, erfüllt ihn mit tiefem Wohlgefühl. Er kniet sich neben ihr nieder, greift nach den beiden Pulloverärmeln und schlingt sie Iris um den Hals. Er zieht mit aller Kraft zu. Ihr Körper zuckt. Sie krallt sich in seine Hände, will die Schlinge lösen. Schafft es nicht, verliert das Bewußtsein.

Bert zerrt den reglosen Körper empor, befestigt die Ärmelenden dicht über dem Kopf des Mädchens an einem Ast. Fast andächtig blickt er die Tote an. Er beginnt vor Glück zu singen und singt, während er durch den Wald zurückkehrt, und singt, bis er die Bushaltestelle erreicht.

Als er heimkommt, ist die Mama schon da. »Wo warst du denn, Bert?«

»Ich war mit Iris zusammen. Ich habe sie umgebracht.«

»Du erzählst mir wieder mal Märchen, Junge.«

Bert lacht. »Natürlich, Mama. Es war ja nur Spaß.«

Mama droht ihm liebevoll. »Du kannst einen aber auch erschrecken! Aber wo ist denn Iris nun wirklich? Ihre Tasche liegt ja noch hier.«

Bert geht zu den Eltern der Toten. Er überbringt ihnen die Handtasche und sagt, Iris komme heute später nach Hause. Iris kommt nicht nach Hause. Am nächsten Tag melden die Eltern sie als vermißt.

Inzwischen denkt Bert darüber nach, ob er sich nicht der Polizei stellen müßte. Er kommt zu keiner Entscheidung. Als Anhalter fährt er nach Stuttgart. Dort ruft er aus einer Telefonzelle die Redaktion einer Zeitung an und erzählt, er habe gestern seine Freundin getötet. Ob die Zeitung darüber berichten wolle? Der Redakteur fordert ihn auf, in die Redaktion zu kommen. Als Bert die Redaktion betritt, erwarten ihn schon zwei Kriminalbeamte. Bert sieht sich in einer Falle und schweigt. Aber schließlich läßt er sich doch dazu bewegen, über seine Tat zu sprechen. Am Ende ist er sogar bereit, die Polizei zum Tatort zu führen. Kriminalamtmann K. Häusler berichtet: »In einem kleinen Wäldchen bei Ingolstadt wurde dann auch in halbhockender Stellung, mit ihrem eigenen Pullover an den Baum geknüpft, die noch nicht ganz Siebzehnjährige tot aufgefunden ... Bereits am Anfang der Ermittlungen erklärte B., daß er unmittelbar vor der Tat seine Freundin auf ihren Wunsch hin Äther hat einatmen lassen. Sie sei dadurch bewußtlos geworden. Er selbst habe dabei unbeabsichtigt Äther eingeatmet.«

Mit dieser Behauptung, er habe selbst Äther eingeatmet und dabei sei ihm »ganz komisch zumute« geworden, will Bauer sich anscheinend als unzurechnungsfähig für die Tatzeit erklären.

Die gerichtsmedizinische Obduktion enthüllt jedoch,

wie sich die Tat wirklich abgespielt hat. Die Leichenöffnung ergibt, daß der Tod von Iris »mittels eines schmiegsamen Strangwerkzeuges (Pullover) eingetreten war. Das Strangwerkzeug war so fest am Hals verknotet, daß an der Leiche nur eine dünne Pinzette unter das Strangwerkzeug geführt werden konnte.« Aus der Lage der Strangmarke wurde geschlossen, »daß das Opfer in liegender Stellung erdrosselt und dann erst aufgehängt worden war«.

Bis hier stimmt das mit der Aussage des Täters überein. Ein eklatanter Widerspruch zeigt sich aber, als der Äthergehalt im Blut der Toten festgestellt wird. Er beträgt nur 0,1 Promille. Das genügt nicht einmal, um einen leichten Rausch zu erzeugen. Um das Opfer bewußtlos werden zu lassen, ist eine etwa fünfzehnmal größere Menge notwendig. Das Opfer kann also nicht bewußtlos gewesen sein, als es erdrosselt wurde. Ferner: wenn das Opfer, das ja wissentlich Äther eingeatmet hatte, nur 0,1 Promille davon im Blut hatte, konnte der Täter unbeabsichtigt erst recht nicht so viel Äther zu sich genommen haben, daß sein Bewußtsein getrübt worden wäre. Auch sei es ausgeschlossen, daß die Wirkung von Äther den Charakter und Willen eines Menschen verändere und ihn zum Mörder werden lasse.

Das Landgericht München II. verurteilte Bauer zu einer Gesamtstrafe von elf Jahren Freiheitsentzug. Das Gericht sah es als erwiesen an, »daß B. seine Freundin aus Mordlust heimtückisch getötet hatte«. Denn Bauer hatte über das Motiv seiner Tat gesagt: »Ich habe sie halt aufgehängt. Mehr kann ich nicht sagen ... Ich dachte mir, jetzt häng ich sie auf. Ich fand Interesse daran, sie jetzt aufzuhängen. Ich habe plötzlich dazu eine Lust verspürt ... Auf einmal ist es über mich gekommen.«

Kriminalrat Dr. Dr. V. Kluge berichtete über einen anderen Fall von Mordlust, der sich 1973 in Westberlin zugetragen hatte.

Edgar Stellmacher, ein dreiundzwanzigjähriger Arbeiter, hatte seinem Bekannten Mertens einige hundert DM geliehen. Weil er wußte, daß Mertens kein geregeltes Einkommen hatte und nur von Diebereien lebte, verlangte er seinen Personalausweis als Sicherheit.

Am Abend des 7. September traf Mertens den Stellmacher im Beat-Schuppen »Big Eden«. Da er seinen Ausweis zurückhaben wollte, versprach er Stellmacher, am nächsten Tag seine Schulden zu begleichen. »Ist das klar?« Er merkte, daß Stellmacher schon ziemlich betrunken war. Es schien ihm nicht sicher, ob er die Vereinbarung verstanden hatte.

»Alles klar«, bestätigte Stellmacher mit glasigem Blick. Mertens war skeptisch, bestellte sich ein Bier und blieb bei Stellmacher sitzen. Stellmacher schüttete weiterhin Bier und Korn in sich hinein. Dann erschienen zwei Freunde von Mertens, Klose und Zelter – Gauner wie er. Sie setzten sich ebenfalls mit an den Tisch.

Inzwischen war es so spät geworden, daß Stellmacher weder mit Bus noch Bahn nach Hause zurückkehren konnte. Mertens bot ihm an, ihn mit seinem Wagen heimzubringen.

»Bist ein echter Kumpel«, lallte Stellmacher.

Er ahnte nicht, welche Hintergedanken Mertens zu seinem Angebot veranlaßt hatten. Wir bringen, so dachte er, Stellmacher nach Hause und legen ihn ins Bett. Er ist so betrunken, daß er nicht merken wird, daß ich meinen Personalausweis wieder an mich nehme. Und meine Schulden bin ich los.

Gemeinsam führten die drei Stellmacher hinaus und hievten ihn auf den Beifahrersitz in Mertens' Wagen. Klose und Zelter nahmen auf den Rücksitzen Platz. Mertens ließ sich Stellmachers Adresse nennen und fuhr ab. Stellmacher schlief sofort wieder ein und begann laut zu schnarchen.

Plötzlich sagte Klose: »Ick hab 'nen Bock druff, den alle zu machen.«

»Wat soll det denn sein?« fragte Mertens. »Warum denn?«

»Weil ick 'nen Bock druff habe«, wiederholte Klose.

Zelter lachte laut und tippte sich mit dem Finger an die Stirn. »Du hast wohl nicht alle.«

Schweigend fuhren sie weiter. Und wieder ruft Klose: »Wenn ick eben 'nen Bock druff habe!«

Zelter gibt zu bedenken, daß Stellmacher noch Geld bei sich habe. Aber Mertens meint, dafür lohne es sich nicht, ihn umzubringen.

Aber Klose hat Lust zu töten. Und wenn die beiden nicht mitmachten, würde er es eben alleine tun. Ihm sei eben danach. Er quengelte und quengelte. Das ging Mertens auf die Nerven. Als sie den Grunewald durchquerten, forderte Klose ihn auf anzuhalten. Und Mertens hielt an.

»Na, wat is?« fragte Klose. »Ihr könntet mir wenigstens helfen, ihn rauszuholen!«

Zu dritt zerrten sie den schnarchenden Stellmacher aus dem Wagen und legten ihn zu Boden. Klose klappte sein Messer auf und stach zu. Siebenmal. In Hals und Brust. Das Opfer verblutete, noch ehe ihm bewußt wurde, was mit ihm geschah.

Mertens und Klose durchwühlten die Taschen des Toten. Sie fanden 70 DM. Dann stiegen sie in den Wagen und fuhren weiter. An einem nächtlichen Imbißstand aßen sie mit Appetit Currywurst ...

Als sie über den Kaiserdamm fuhren, erblickten sie einen Betrunkenen. Klose äußerte das Verlangen, den ebenfalls »alle zu machen«. Aber diesmal hielt Mertens nicht an ... Einige Tage später wurden die drei verhaftet. Sie hatten sich öffentlich gerühmt, welch »saubere Arbeit« sie geleistet hätten. Sie gestanden die Tat. Klose erklärte, es habe ihm Freude gemacht, Stellmacher zu töten.

Die Täter erhielten eine lebenslängliche Freiheitsstrafe. Bei Klose sah das Gericht es als erwiesen an, daß er aus Mordlust getötet habe. Ähnlich wie der Mörder Bert Bauer ist auch dieser Täter, der Messerstecher Klose, ein labiler und unsteter Mensch. Mit zwei Jahren wurde er seiner verwahrlosten Mutter genommen und bis ins vierzehnte Lebensjahr in ein Heim eingewiesen. Eine Lehre brach er bald wieder ab und lebte von Straftaten. Als er den Mord beging, war er zwanzig. Über seinen Geisteszustand hieß es im psychiatrischen Gutachten, er sei physisch und psychisch wenig belastbar, rasch frustriert, ohne festen Persönlichkeitskern. Auch wenn er noch gar nicht bedroht sei, reagiere er bereits aggressiv. Er sei psychisch verarmt, egozentrisches Besitzstreben ersetze mangelnde Liebeszuwendung. Krankhafte Geistesstörungen lägen nicht vor.

Dr. Kluge schlußfolgerte aus dem Fall: Kloses Bereitschaft, nach dem ersten Mord ein zweites Mal einen Wehrlosen zu töten, zeige, »daß bei ihm jede Tötungshemmung ausgeschaltet war«. Die genetisch angeborene Tötungshemmung sei bei einigen Menschen nur defekt oder gar nicht ausgebildet oder zur Tatzeit durch besondere Konfliktsituationen ausgeschaltet. »Möglicherweise könnte hier der Schlüssel zum Verstehen der für uns so unbegreiflichen Tötung eines Menschen aus Mordlust sein ... Was im Kopfe K.'s vor sich ging, ehe er die Worte vom ›Bock haben‹ sprach, wissen wir nicht.« Dr. Kluge widerspricht der landläufigen Ansicht, wer Menschen aus reiner Freude am Töten umbringe, könne nicht normal, er müsse unzurechnungsfähig oder geistesgestört sein: »Letztlich dürfte es eine Vielzahl von NS-Tätern gegeben haben, die aus purer Freude an der Vernichtung menschlichen Lebens handelten.« Es wäre zu einfach, sie krank zu nennen, nur weil wir solche Verbrechen nicht begreifen.

Die Hyäne

Vier junge Leute – der älteste ist einundzwanzig, der jüngste sechzehn – sitzen an diesem Freitagabend in ihrer Stammkneipe. Hier hocken sie in ihrer Freizeit am liebsten. Bier, Korn, Karten, Musikbox – mehr brauchen sie nicht zu ihrer Unterhaltung. Als auch das sie anödet, zahlen sie und verlassen das Lokal.

Draußen schlägt ihnen die Eiseskälte einer Januarnacht entgegen. Die macht ihnen nichts aus. Der Alkohol hat sie von innen erwärmt Sie halten sich noch völlig gerade auf den Beinen. Betrunken sind sie nicht, nur angeheitert, beschwingt, sozusagen geborgen im Schutz der Gruppe.

Die achtzehnjährige Mia geht mit ihrem drei Jahre älteren Bruder Karl voran. Hardy (18) und sein jüngerer Stiefbruder Bodo folgen ihnen.

»Wie wär's mit einer Spritztour?« fragt Bodo.

»Bin dabei«, stimmt sein Stiefbruder zu.

»Ich auch«, sagt Mia. »Aber bau nicht wieder einen Unfall!« Bodo hat erst kürzlich mit einem gestohlenen Wagen Unfallflucht begangen und steht noch unter Bewährung.

Sie halten Ausschau nach einem geeigneten Fahrzeug. Um diese Nachtzeit sind kaum noch Leute auf der Straße. Es dürfte nicht schwierig sein, einen Wagen zu knacken. Bodo ist darin Spezialist. Und er weiß auch, daß er dabei nichts riskiert. Die Polizei hat ihn schon mehrmals mit gestohlenen Wagen gestellt. Aber – bis auf das letzte Mal – ist es immer nur bei Verwarnung geblieben, bestraft wurde er nie.

Ein junger Mann kommt ihnen entgegen. Später wird die Polizei seine Leiche als Herbert v. Giessen identifizieren. Er trägt Hut und Mantel. Mia haßt Leute mit Hut und Mantel. Sie kommen aus einer andern Welt. Hochmütiges Pack, Ungeziefer. Sie rempelt Giessen an und schreit:

»Kannst du nicht grüßen?« Und schlägt ihm die Faust ins Gesicht.

Giessen blickt sie fassungslos an, stammelt: »Aber ich kenne Sie doch gar nicht!«

Mia mit süßer Stimme: »Das können wir ja nachholen.« Sie streckt ihm die Hand entgegen. Er schüttelt sie. Unter dem Gelächter der andern muß Giessen jedem die Hand reichen. Damit glaubt er sich Frieden erkauft zu haben. Er wendet sich um und geht weiter. Seine Schritte beschleunigen sich.

»Ihm nach!« ruft Mia dem Bodo zu.

Bodo gehorcht. Er rennt dem Flüchtenden nach. Giessen bemerkt, daß er verfolgt wird. Gerade kommen einige Leute vorbei. Er bittet sie um Hilfe. Inzwischen haben ihn die drei eingeholt. Als die Passanten sie fragen, warum sie den Mann verfolgten, sagt Mia: »Das war nur aus Spaß.« Zufrieden, nicht in die fragwürdige Angelegenheit verwickelt zu werden, gehen die Passanten weiter.

Wieder allein mit ihrem Opfer, nehmen sie es in die Mitte und dirigieren es mit Schlägen seitab in eine Schrebergartenanlage. Hier sind sie ungestört. Von Mia angefeuert, bomben die drei Giessen ihre Fäuste ins Gesicht. Giessen geht in die Knie. Er hat seinen Hut verloren. Er fleht, ihn in Ruhe zu lassen. Er bietet ihnen seine Uhr und sein Geld. Die Schläger wollen keine Uhr und kein Geld. Seine Schreie ersterben in gurgelndem Röcheln.

»Nimm dein Messer!« sagt Mia zu Bodo.

Bodo zieht ein dolchartiges Messer und fuchtelt damit vor Giessens Gesicht herum. Er weidet sich an seiner Angst. Dann bückt er sich. Während Karl und Hardy dem Giessen den Mantel herunterreißen, schlitzt er ihm das Hosenbein bis zum Knie empor auf. Er nimmt ihm die Schuhe ab und zerschneidet auch die.

»Ausziehn, ausziehn!« kommandiert Mia jetzt.

Giessen wird bis auf die Unterhose entkleidet. Fast

nackt, barfuß, zitternd vor Kälte und Todesangst, kauert Giessen im Schnee.

Mia genügt das nicht. Sie will den verhaßten Hutträger nackt sehen. Sie zeigt auf die Unterhose: »Auch ausziehn!«

Giessen schüttelt den Kopf. Seine Zähne schlagen aneinander. Bodo zerschneidet die Unterhose.

Nun greift Mia in Giessens langes Haar. »Abschneiden!« fordert sie Bodo auf. Sie zieht eine Haarsträhne nach der andern straff, Bodos Messer säbelt sie ab. Giessen versucht, Bodos Hand wegzustoßen. Bodo schlägt ihm den Messerknauf auf den Mund. Giessen spuckt einen Schneidezahn aus. Seine Lippen bluten.

Mia ist jetzt richtig glücklich. Dem haben wir es ordentlich gegeben! Aber er lebt noch immer! »Gebt ihm den Rest!« fordert sie. Zustimmung allerseits. »Den machen wir endgültig fertig!«

Sie zerren ihr Opfer empor. Schleifen es weiter. Die Kälte hat Giessens Füße gefühllos gemacht und dringt immer grausamer in seine nackte Haut. Er torkelt, stöhnt, taumelt weiter, die Spitze von Bodos Messer an seinem Rücken treibt ihn vorwärts. Dann stürzt er und bleibt erschöpft liegen.

»Aufstehen!«

Er kann nicht mehr aufstehen. Fußtritte donnern an seinen Kopf. Vergeblich sucht er mit seinen klammen Händen den Kopf zu schützen. Seine letzten schwachen Abwehrversuche steigern die Wut der Täter. Bodo sticht zu. Dann läßt sich Mia das blutige Messer geben und treibt es in den zuckenden Körper. Auch Karl und Hardy stechen zu.

Als sich das Opfer nicht mehr rührt, sagt Mia befriedigt: »Den haben wir fertiggemacht, was?«

»Dann werden Weiber zu Hyänen ...« Dieser Vers Schillers kam mir in den Sinn, als ich Hiltrud Wehner-Davins Bericht über diesen Mord las. »Was«, so fragte sie, »motivierte das Mädchen zur Aggression, ließ ausgerechnet sie zur eigentlichen Anstifterin werden?« Läßt sich bei diesem motivlosen Mord vielleicht doch ein Motiv entdecken? Liegt es »in den Tätern, ihrer Persönlichkeit, ihrem Werdegang, ihrer Familie?«

Als Sozialarbeiterin findet H. Wehner-Davin die Bedingungen einer solchen Tat im sozialen Umfeld der Täter, in den sogenannten Problemfamilien, in den »denkbar schlechten asozialen Lebensverhältnissen, in denen alle vier Täter aufgewachsen sind«.

Der sechzehnjährige Messerstecher Bodo hat sechs Jahre seiner Kindheit in Heimen verbracht und verließ die Schule nach der 7. Klasse. Er wurde Hilfsarbeiter und verbrachte seine Freizeit in der Kneipe. Gewalttätigkeit beherrschte seine ganze Jugend. Er wurde vielmals angezeigt, wegen Diebstahl, Sachbeschädigung, Einbrüchen, Raub, Körperverletzung. Alle Verfahren wurden eingestellt! Für die Fahrerflucht wurde eine Strafe zur Bewährung ausgesetzt. In dieser Zeit der »Bewährung« beging er den Mord an von Giessen.

Bodos Stiefbruder Hardy war Bodos Kumpan bei seinen meisten Straftaten. Der geistig zurückgebliebene Hardy wurde auffällig durch brutale Schlägereien, Messerstecherei und Straßenraub. Auch sämtliche Verfahren gegen ihn wurden eingestellt.

Mia, die Einpeitscherin, schaffte wegen »reduzierter Intelligenz« nur die Sonderschule und arbeitete danach in einer Fabrik. Sie war häufiger Kneipengast und hatte wechselnde und wahllose sexuelle Partnerschaften. Das psychiatrische Gutachten bezeichnet sie als egozentrische, gemütsarme, aggressive Person, geltungsbedürftig und machtgierig innerhalb der Gruppe.

Ihr Bruder Karl dagegen, primitiv und schwerfällig, galt eher als gutmütig, jedoch leicht durch andere beeinflußbar.

Läßt sich also bei diesen sogenannten motivlosen Morden, den Morden aus reiner Lust am Töten, doch noch ein Motiv entdecken? Ist es in den asozialen Lebensbedingungen, unter denen die Täter aufwuchsen, zu finden? In der »seelischen Unterernährung« der Problemfamilien? H. Wehner-Davin fragt am Ende ihres Berichts: War für die Täter das »Opfer (eine) Symbolfigur, stellvertretend für eine Welt, zu der sie keinen Zugang, aus der sie keinen Ausweg fanden, die sie dumpf ertragen hatten?«

Die gleichförmigen Lebensgeschichten dieser Thrill-Mörder scheinen diese Frage zu bejahen. Aber der folgende Fall stellt die Annahme in Frage.

Zwei Übermenschen

Dieser Thrill-Mord, der sich 1924 in Chikago ereignete, erregte weltweites Aufsehen, ja Entsetzen.

Sicherlich war er nicht der erste motivlose Mord in der Geschichte des Verbrechens. Aber er rief zum ersten Mal das Rätsel des Thrill-Mordes ins öffentliche Bewußtsein. Zum ersten Mal suchten Anwälte und Psychiater dieses Rätsel zu lösen. Der Fall hatte bereits die charakteristischen Merkmale eines Thrill-Mordes, wie wir sie heute kennen: Die Tat wurde gemeinschaftlich begangen, die Täter waren gefühlskalte Jugendliche, ihr Opfer war zufällig, seine Tötung grausam, das Motiv irrational. Man kann dieses Verbrechen auch den »klassischen« Fall eines Thrill-Mordes nennen.

Die Täter gehörten keinen sogenannten Problemfamilien an. Sie waren nicht in asozialen Verhältnissen aufgewachsen. Im Gegenteil. Ihre Kindheit und Jugend waren behütet, denn ihre Eltern gehörten zu den reichsten Leuten Chikagos. Die Täter besaßen auch keine reduzierte

Intelligenz, sondern waren hochintelligent und hatten eine glänzende Karriere vor sich.

Richard Loeb war achtzehn Jahre, als er den Mord beging. Sein Vater hatte ein riesiges Vermögen und großen Grundbesitz. Loeb kannte keine materiellen Sorgen, was er brauchte, erhielt er vom Vater. Der große, kräftig gebaute Loeb mit seinen markanten Gesichtszügen glich äußerlich jenen edlen Westernhelden, die damals die Kinoleinwand zu bevölkern begannen. Obwohl noch Student, hatte er durch seine hohe Intelligenz bereits einen akademischen Grad errungen. Seine Kommilitonen hielten ihn für arrogant – nicht ohne Grund. Sie spürten, daß Loeb sie verachtete. Er fühlte sich als Übermensch.

Dieses Bewußtsein, der höheren, zur Herrschaft auserwählten Rasse der Übermenschen anzugehören, verband ihn mit seinem gleichaltrigen Kommilitonen Nathan Leopold.

Auch Leopolds Vater war Millionär. Ebenso wie Loeb war Leopold in sorglosem Luxus aufgewachsen. Äußerlich aber war er der Gegensatz der strahlenden Westerngestalt seines Freundes. Leopold war klein und schmächtig. Er hatte Plattfüße und infolge seiner Kurzsichtigkeit hervorquellende Augen. Leopold besaß ebenfalls eine hohe Intelligenz und vielseitige Bildung.

Doch nicht die gleiche Herkunft aus der Oberschicht, nicht ihre Bildung, nicht ihr Status als Elitestudenten verband die äußerlich so gegensätzlichen jungen Männer miteinander. Der Kitt ihrer Freundschaft war die Philosophie. Und zwar jene Philosophie, die bereits am Anfang des Jahrhunderts die Hörsäle Europas und Amerikas eroberte. Wie eine Epidemie verbreitete sich Nietzsches Philosophie unter den jungen bürgerlichen Intellektuellen. Entsprach sie doch ihrem eigenen Lebensgefühl, ihrer Krisen- und Katastrophenstimmung. Der unerbittliche Kritiker dieser muffigen, verlogenen und moralisch verkommenen Gesellschaft sprach das aus, was alle mehr oder weniger bewußt wahrnahmen: daß sich die bürgerliche Gesellschaft des 19. Jahrhunderts aufzulösen begann. Daß ein Zeitalter imperialer Kriege, eine Epoche der Revolutionen angebrochen war. Daß das Leben unsicher und fragwürdig wurde. Und daß die von der Aufklärung und dem klassischen Humanismus geprägten Ideale und Werte zu einer Farce geworden waren. Der deutsche Philosoph Friedrich Nietzsche gab dieser »Umwertung aller Werte« Ausdruck. Mit sprachgewaltigem Pathos verkündete er die nun erforderlichen Eigenschaften eines neuen, des »Übermenschen«: seinen Willen zur Macht, das gute Gewissen des Kriegers, die Morallosigkeit der zur Herrschaft gelangten Herrenrasse. Aber anstatt diese »Umwertung aller Werte« als Abkehr von den Werten der Französischen Revolution, von Freiheit, Gleichheit, Menschenrechten zu kritisieren, pries er diesen Rückschritt als Fortschritt. Der neue Mensch, der Übermensch, solle die »Viel-zu-Vielen, die Herdenmenschen« unter seine Herrschaft bringen. Auf diesem Wege seien ihm alle Mittel recht, auch das »große Verbrechen, das Verbrechen großen Stils«.

Loeb und Leopold sogen diese Gedanken gierig auf. Sie hatten ihnen keinen geistigen Widerstand entgegenzusetzen. Loebs Vater hatte ihm, wenn auch mit weniger poetischen Worten, dasselbe gesagt: »Wenn du reich bist, brauchst du dich an keine Moral zu halten.«

War Nietzsches Philosophie an sich schon geeignet, den Machtwillen der Oberklasse zu bestärken, führte er bei Loeb und Leopold zu einem verheerenden Mißverständnis. Mit den Verbrechern großen Stils hatte Nietzsche immerhin noch historische Monumentalgestalten wie Napoleon oder Cäsar im Sinn gehabt. Loeb und Leopold aber glaubten, sie könnten mit jedem miesen kleinen Verbrechen sich als Übermenschen beweisen.

Der Plan zu einem solchen Verbrechen ging von Loeb aus. Für Leopold war Loeb ein Idol, sozusagen schon der Entwurf eines Übermenschen.

Ob seine Hörigkeit erotisch bedingt war oder rein geistig, ob Leopolds körperliche Unzulänglichkeit dazu beitrug, daß er in Loeb den vollkommenen Menschen sah, bleibt ungeklärt. Aber er war Loeb willenlos ergeben. Und als Loeb ihm seinen Mordplan vortrug, stimmte er sofort zu. Loeb wollte irgendein Kind auf der Straße aufgreifen und in einer einsamen Gegend umbringen. Getarnt werden sollte der Mord als Entführung und Lösegelderpressung.

In den nächsten Wochen bereiteten sie die Tat sorgfältig vor, mieteten unter falschem Namen einen Leihwagen, beschafften sich Tatwerkzeuge, schrieben den Erpresserbrief.

Am 21. Mai war es soweit. Sie holten den Mietwagen, fuhren durch die Straßen und suchten in der Nähe von Schulen nach einem Opfer. Auf der Ellis-Avenue kam ihnen ein dreizehnjähriger Junge entgegen. Sie kannten ihn flüchtig. Er hieß Robert Frank. Sein Vater war ein reicher Finanzmakler. Leopold hielt den Wagen dicht neben Robert an und fragte ihn, ob er sich seine neuen Tennisschläger einmal ansehen wolle. Robert, durch dieses Angebot der Studenten geschmeichelt, stimmte zu. Er stieg in den Wagen und setzte sich neben Loeb auf den Rücksitz.

Sie fuhren durch belebte Straßen, bis sie eine einsame Gegend erreichten. Loeb schlug dem Jungen einen Meißel mehrmals auf den Kopf. Robert verlor das Bewußtsein. Leopold hielt an. Gemeinsam tränkten sie einen Wattebausch mit Salzsäure und stopften ihn Robert in den Mund. Sie wickelten ihn in eine Reisedecke und legten das Bündel auf den Boden des Wagens zwischen Vorder- und Rücksitzen.

Leopold wendete. Sie fuhren durch die Stadt zurück und

verließen sie in Richtung Michigansee. Unterwegs aßen sie in einer Gaststätte und machten sich dann wieder auf den Weg, bis sie ein abgelegenes Sumpfgebiet erreichten. Sie holten das Bündel aus dem Wagen. Die Reisedecke war blutverkrustet, den Fond des Wagens bedeckte eine Blutlache. Als sie die Decke aufwickelten, sahen sie, daß Robert tot war.

Inzwischen war es dunkel geworden. Sie mußten sich beeilen, wenn sie ein gutes Versteck für die Leiche finden wollten. Sie zogen der Leiche Schuhe, Strümpfe und Hose aus und übergossen den Körper mit Salzsäure. Leopold zog sich Wasserstiefel an und watete in das Sumpfwasser. Fern quakten Frösche, sie hörten auch noch Vogelstimmen.

Am Rande des Sumpfes entdeckte Leopold ein Rohr. Es war ein Abwasserrohr, das dicht über dem Wasser endete. Die Röhre war weit genug, um den Toten tief hineinschieben zu können. Zuerst versenkte Leopold die blutigen Wäschestücke im Wasser. Dann drückten beide die Leiche mit dem Kopf voran in das Abwasserrohr. Sie wuschen sich gründlich. Die Ziegelsteine, die sie mitgebracht hatten, um die Leiche im Wasser damit zu beschweren, warfen sie aus dem Wagen, ebenso den blutigen Meißel.

Dann fuhren sie zurück. Unterwegs sagte Leopold plötzlich: »Ich glaube, ich habe meine Brille verloren.«

»Mach keinen Unsinn. Sieh nach, vielleicht steckt sie in deiner Tasche.«

Die Brille war in keiner Tasche zu finden. »Wir müssen zurück und sie suchen«, sagte Leopold.

»Dazu ist es schon viel zu finster. Außerdem gibt es Tausende solcher Brillen.«

Als sie auf Loebs Grundstück ankamen, wollten sie noch den Wagen vom Blut reinigen. In der Dunkelheit schafften sie das nicht mehr.

Leopold rief Roberts Vater an. Sein Sohn sei entführt worden. Am nächsten Tage werde er erfahren, wie die zehntausend Dollar Lösegeld zu übergeben seien. Aber der Vater hatte bereits am Nachmittag Robert als vermißt gemeldet. Die Suchaktion der Polizei war erfolglos geblieben. Die Polizei riet Frank, auf die Lösegeldforderung einzugehen.

Am nächsten Morgen überbrachte ein Taxifahrer den Brief der Entführer. Noch während sich Frank auf die Übergabe des Geldes vorbereitete, erhielt er einen Anruf der Polizei. In einem Sumpf sei eine Kindesleiche entdeckt worden.

Es war Robert Frank.

Die Polizei veröffentlichte die Nachricht von Roberts Ermordung und forderte die Bevölkerung zur Mithilfe auf. Eine beispiellose Fahndung nach dem oder den Tätern begann. Die Polizei erhielt verschiedene Hinweise auf einen verdächtigen Wagen, der in der Nähe von Roberts Schule gesehen worden war. Aber diese Spur führte nicht weiter, ebensowenig wie die Aussage des Taxifahrers, der den Erpresserbrief überbracht hatte.

Die Obduktion der Leiche ergab als Todesursache schwere Schädelverletzungen. Der Obduzent glaubte auch Anzeichen dafür gefunden zu haben, daß am Toten perverse sexuelle Handlungen vorgenommen worden waren. Die Vernehmung potentieller Sexualtäter führte aber auch nicht weiter. Der auf einer Corona-Schreibmaschine verfaßte Erpresserbrief ließ keine Schlüsse auf den Verfasser zu. Eine bekannte Wahrsagerin brachte die Ermittlung auch nicht weiter.

Inzwischen hatte ein Landarbeiter in der Nähe des Tatorts einen blutigen Meißel gefunden. Nicht weit davon hatte eine Hornbrille gelegen. Er überbrachte die Fundstücke der Polizei. Die Polizei begann in Robert Franks Wohnviertel, Optiker nach der Herkunft der Brille zu befragen. Ein Optiker erkannte sie sofort wieder. Es sei ein seltenes und teures Stück. Er besaß auch noch das Brillenrezept. Es war auf einen Studenten namens Nathan Leopold ausgestellt.

Das perfekte Verbrechen der Übermenschen war gescheitert.

Nach ihrer Verhaftung leugneten beide Täter anfangs. Später gestanden sie die Tat und belasteten sich dabei gegenseitig. Die Indizien deuteten darauf hin, daß Loeb die tödlichen Schläge mit dem Meißel vorgenommen hatte, ansonsten jedoch die Tat gemeinsam geplant und ausgeführt worden war. Zwei Wochen später wurden Loeb und Leopold wegen Kidnapping und Mord angeklagt. Sie plädierten auf nichtschuldig. Deshalb wurde die Hauptverhandlung an ein Geschworenengericht überwiesen.

Die drei Verteidiger der Angeklagten waren mit diesem Beschluß nicht zufrieden. Der Mord hatte ungeheures Aufsehen erregt. Die Mörder stammten aus einflußreichen Familien. Die Bevölkerung fürchtete, sie würden Wege und Mittel finden, um ihre Söhne der Höchststrafe, der Todesstrafe, zu entziehen. Der Bevölkerung aber erschien für diesen scheußlichen Mord die Todesstrafe nur allzu gerecht. Diese Forderung, das ahnten die Verteidiger, könnte die Geschworenen von vornherein beeinflussen. Deshalb überredeten sie ihre Mandanten, sich schuldig zu bekennen. Dann würde nur ein einzelner Richter das Urteil sprechen, hoffentlich objektiver als voreingenommene Geschworene.

Loeb und Leopold bekannten sich schuldig. Die Hauptverhandlung wurde auf Ende Juli festgesetzt.

Auf den Verlauf des Sensationsprozesses soll hier nicht näher eingegangen werden. Er erbrachte nichts wesentlich Neues. Bedeutungsvoll jedoch war das Plädoyer des Verteidigers C. Darrow. Darin wird zum ersten Mal in der Geschichte des Verbrechens nach den Ursachen eines Thrill-Mordes gefragt.

Der siebenundsechzigjährige Clarence Darrow war

durch eine Reihe aufsehenerregender Prozesse berühmt geworden. Er galt als Verteidiger der Armen und Entrechteten und unschuldig Verfolgter. Armut und Elend galten für ihn als Ursache vieler Verbrechen. Nun sollte er Millionärssöhne verteidigen, die ein abscheuliches Verbrechen begangen hatten. Deshalb zögerte er anfangs, der Bitte der Eltern um Verteidigung nachzukommen. Zudem war er auch Gegner der Todesstrafe. Er wußte, daß die Verteidigung von Tätern, deren Tod die Öffentlichkeit forderte, seinem Ruf schaden könnte. Aber schließlich sagte er doch zu.

Der Prozeß zog sich in drückender Hitze über Wochen hin. Die Anklagevertretung forderte, wie erwartet, die Todesstrafe für »den kaltblütigsten Mord, den die zivilisierte Welt jemals erlebt hat. Wenn diese beiden dem Galgen entschlüpfen, kann hinfort von keiner Jury erwartet werden, daß sie über einen Angeklagten, so verworfen er auch sei, die Todesstrafe verhängt.« Die Angeklagten seien brutale Killer, Klapperschlangen.

Die Anklage ging davon aus, Ziel des Verbrechens sei die Erpressung von Lösegeld gewesen. Das Motiv blieb also im Rahmen des Üblichen: Entführung, Erpressung und schließlich Mord, weil das Opfer die Täter gekannt hatte.

Mord also zur Vertuschung eines andern Verbrechens.

Darrows Strategie dagegen beruhte darauf, diesen Mord nicht nach herkömmlichen Kriterien zu beurteilen. Niemals sei Lösegeld das Ziel der Täter gewesen. Beide lebten in Reichtum und Luxus, besaßen hohe Konten. Warum sollten diese intelligenten Burschen ihre glänzende Zukunft für fünftausend Dollar aufs Spiel setzen? Nein, rief Darrow, das wäre absurd. Vielmehr war das eine Tat »ohne Verstand, Zweck, Ziel und Motiv, eine vollkommen sinnlose Handlung. Sie haben ihn umgebracht, wie man eine Spinne oder eine Fliege umbringt, sozusagen um mal zu sehen, wie das ist ohne den geringsten Grund, nur beherrscht von einem irrationalen kindhaften Trieb.« Darrow erklärte Verbrechen aus zwei Ursachen: »Der Mensch ist das Produkt seiner Abstammung und seiner Umwelt.« Für ererbte geistige und körperliche Konstitution sei er nicht verantwortlich zu machen: »Hätte die Veranlagung nicht in Loebs Erbmasse gesessen, seine Tat wäre ungeschehen geblieben. Nicht daß der Mensch ... keine strafbare Handlung begehen könnte! Aber es wäre bestimmt alles gut ausgegangen, wäre Loeb verständnisvoll erzogen worden.«

Das Elternhaus aber hatte erzieherisch versagt. Die Eltern, beschäftigt mit Karriere und dem gesellschaftlichen Leben der Oberklasse, überließen die Erziehung Fremden. Und diese verstanden unter Erziehung intellektuelle Bildung und die Aneignung äußerlicher Umgangsformen. Aber die Geistesgaben, sagte Darrow, seien nicht das Wichtigste. Ohne Empfindungen und Gefühle fehle dem Menschen etwas. »Die beiden Angeklagten haben den ganzen schrecklichen Hergang ohne eine Gemütsbewegung, ohne eine Gefühlsäußerung berichten können. Warum? Ich weiß es nicht. Ich weiß nur, daß das Gefühlsleben der wichtigste Bestandteil des Menschen ist. Ich weiß aber auch, daß manche Menschen es nicht aufweisen. Und ich weiß auch, daß ein Mensch ohne Gefühlsleben nicht lebensfähig ist.« Darrow fragte, ob man den Tätern zur Last legen könne, was sie niemals besaßen, nämlich Gefühl, Mitgefühl. »Irgend etwas ist an ihnen kaputt!«

Darrow ging auch auf den Einfluß Nietzsches ein. Nachdem er die Grundgedanken seiner Philosophie dargelegt hatte, sagte er, bei Leopold sei die Philosophie der Mitleidslosigkeit nicht nur ein Teil seines Seins, nein, sie sei sein ganzer Lebensinhalt geworden. Er habe sich und Loeb für Übermenschen gehalten und damit ihr Verbrechen gerechtfertigt. Die Täter seien deshalb aber nicht etwa unzurechnungsfähig. Sie besäßen abnorme seelische Eigenschaften, und ihre Tat sei die Frucht einer krankhaften Motivation. Das sei ein mildernder Umstand.

Zuletzt forderte Darrow das Gericht auf, die Tat im Zusammenhang mit den gesellschaftlichen Umständen zu beurteilen. Der Weltkrieg habe die Welt nachdrücklich verändert. Vier Jahre lang habe die zivilisierte Menschheit sich damit beschäftigt, ihre Mitmenschen umzubringen, hunderttausend an einem Tag. »Wir haben uns am Blutvergießen berauscht. Diese jungen Menschen sind mit dem Gedanken an Mord großgeworden. Was war denn schon ein Leben! Nichts! Das Verachtenswerteste! Sie waren von klein auf alle zur Grausamkeit erzogen worden.«

Darrows Plädoyer dauerte zwölf Stunden. Währenddem war es im Saal totenstill. Als Darrow mit der Bitte um Barmherzigkeit geendet hatte, weinte der Richter. Die erwartete Todesstrafe sprach er nicht aus. Loeb und Leopold erhielten Lebenslänglich.

Zwölf Jahre später wurde Loeb im Gefängnis von einem Mithäftling umgebracht. Leopold wurde 1958, nach vierunddreißig Jahren Haft, entlassen, arbeitete in einem Leprahospital und starb 1972.

Der Mordfall Loeb-Leopold wurde hier als sozusagen »klassisches« Beispiel für einen Thrill-Mord, einen Mord »ohne Verstand, Zweck, Ziel und Motiv« (Darrow) berichtet. Er wies bereits die Merkmale auf, die einen Thrill-Mord charakterisieren:

– Die Tat wurde gemeinschaftlich begangen. (»Wahrscheinlich wäre keiner der beiden Jungen zum Verbrecher geworden, hätten sie nicht einander gefunden«, sagte Darrow. »Ihre Tat war die Tat zweier Verbündeter.)

– Die Täter waren gefühlskalte Jugendliche mit defekter

Psyche. Krankhafte Veranlagung und negative Umwelt-
einflüsse sind nachweisbar.

- Die Tat ist durch keines der sonst üblichen Motive er-
  klärbar. Sie wirkt irrational, motivlos.
- Das Opfer ist zufällig und steht in keiner Beziehung zu
  Tätern und Tat.
- Die Ermordung erfolgt grausam und bereitet den Tätern
  Spaß.
- Die Täter entstammen allen sozialen Schichten.

Es ist interessant, daß zu gleicher Zeit, als Darrow zum
ersten Mal den Thrill-Mord als eine neue Art des Mordes erkannte, auch in damaligen Sowjetrußland darüber
geforscht wurde. Hatte Darrow Krieg und Nachkrieg
für die seelische und moralische Verwahrlosung der Jugend mitverantwortlich gemacht, sah der Minsker Jurist
Dr. Lobatsch »Weltkrieg und Revolution« als Hauptursache für solche sinnlosen Morde ohne persönliches Motiv an: »Bösartigkeit, Zwecklosigkeit, Sinnlosigkeit und
Grausamkeit«, schrieb Lobatsch, kennzeichneten diese
Verbrechen. Er zitierte den russischen Oberprokurator
Krylenko: »Diese junge Generation hatte von der Revolution als Erbteil nur eines erhalten: den Zerstörungsin-
stinkt der Revolution. Diese Jugend hatte in ausreichender
Menge zerstörende Energie in sich aufgenommen, jedoch
keine Möglichkeit, sich positiv wirkende Energie anzu-
eignen.«

»Im Anfang war die Tat«?

Was war der Anfang des Düsseldorfer Thrill-Mordes 1976?
   Goethe ließ seinen Faust nach dem Anfang allen Geschehens fragen. Steht am Anfang der Welt das Wort? Es ist

nicht das Wort. Es ist auch nicht der Sinn, und es ist nicht die Kraft, die alles schafft. »Im Anfang war die Tat!«

Ein Irrtum Fausts. Es ist auch nicht die Tat. Die Tat steht am Ende. Am Anfang ist der Wille, der Vorsatz, etwas zu tun.

Ein Mord, also eine vorsätzliche Tötung, wird meist zuvor in der Fantasie vorweggenommen, dort durchgespielt. Wenn manche Thrill-Morde auch einem spontanen Entschluß entspringen, werden andere genau geplant.

Auch die Thrill-Mörder Fabian und Heckert, über die seinerzeit Kriminalrat A. Mätzler berichtete, brachten ihr Opfer erst um, nachdem sie sich tagelang vorher die Tat in allen Einzelheiten ausgemalt hatten.

Roland Fabian war gerade siebzehn geworden, als er mit seinem Kumpel Peter Heckert den Mord beging. Fabians Kindheit war durch zweimalige Scheidung der Mutter gestört. Er wuchs bei der Großmutter auf, verließ wegen schlechter Leistungen die Schule bereits nach dem 6. Schuljahr, brach eine Lehre ab, war dann Hilfsarbeiter. Er trieb sich mit andern Jugendlichen herum und lernte dabei Heckert kennen. Heckert war ebenfalls siebzehn, aber sonst noch nicht auffällig geworden.

Eines Tages zettelte Fabian in einer öffentlichen Toilette auf dem Fürstenplatz mit einem ihm Unbekannten einen Streit an. Der Wortwechsel endete damit, daß er den Mann niederschlug. Heckert und einige andere Jugendliche waren dabei. Sie verließen die Toilette, hockten sich auf dem Platz hin und diskutierten Fabians Heldentat. Fabian gab sich bescheiden. Eine Heldentat wäre es erst gewesen, hätte er den Mann getötet.

Die Jungen, zu denen sich inzwischen auch einige Mädchen gesellt hatten, begeisterten sich an dieser Möglichkeit. Das wäre doch ein echtes Erlebnis, das gäbe Gesprächsstoff für lange Zeit. So kamen sie zum Entschluß, gemeinsam jemanden umzubringen.

Aber wen?

Irgend jemanden, sagte einer.

Es muß schon einen Sinn haben, sagte ein anderer. Irgend jemanden, der nutzlos ist!

Oder der komisch ist, meinte ein Mädchen.

Der uns durch sein bloßes Dasein provoziert!

Am besten einen Schwulen, sagte Fabian.

Einstimmiger Chorus: Ja, einen Schwulen!

Den Blauthal, schlug einer vor.

Jaja, den Blauthal! Den schwulen Blauthal kannten sie alle. Er war des öfteren auf dem Fürstenplatz zu sehen und spendierte manchmal Zigaretten oder eine Dose Bier. Nahm auch mal aus Gefälligkeit jemanden in seinem Auto mit. Jaja, Blauthal!

Aber eigentlich ist er doch ganz nett, gab ein Mädchen zu bedenken.

Nett oder nicht, er ist ein Schwuler!

In den nächsten Tagen überlegten sie, wie sie Blauthal töten sollten. Erschlagen? Erwürgen? Erstechen? Sie einigten sich aufs Erstechen, da könnte jeder mitmachen und seinen Spaß dabei haben. Und wo soll es geschehen? Am besten in seiner Wohnung. Das ist sicherer als draußen im Freien. Aber er wohnt doch mit seiner Mutter zusammen, und manchmal kommt auch sein Onkel zu Besuch! Na und? Dann hätten wir sogar drei Opfer! »Das würde ein herrliches Massaker!« rief Fabian unter dem Gelächter der Mitverschworenen. Und bei jedem reichte die Fantasie aus, um sich das Schlachtfest vorzustellen. Fabians Fantasie überwucherte alles: »Dann zerteilen wir die Leichen. Hängen die einzelnen Stücke an die Decke. Ein echtes Mobile!«

Am nächsten Tag kamen Fabian Bedenken. So viele Mittäter, so viele Mitwisser. Wenn einer nicht dichthält? So wurde er sich mit Heckert einig, daß sie beide es allein tun wollten.

Fabian bereitete die Tat vor, indem er sich ein langes Küchenmesser beschaffte; ein Klappmesser besaß er ohnehin. Dann riefen sie Blauthal an, er möchte ihnen doch einen Gefallen tun. Ja, sagte Blauthal, gern, kommt doch einfach zu mir.

Sie suchten Blauthal auf, er war allein zu Hause. Nun, so nahe der Tat, zögerten sie. Es war doch nicht so klug, ihn in der Wohnung zu töten. Vielleicht hatte sie jemand im Hause gesehen. Es sollte doch besser draußen geschehen. Als Blauthal in die Küche ging, um Bier zu holen, verständigten sie sich rasch über den veränderten Plan.

Sie baten Blauthal, sie zu den Rheinwiesen zu fahren. Dort stünde noch ein Zelt von ihnen, das wollten sie abbauen und in Blauthals Wagen zurückbringen. Blauthal war bereit, sie dorthin zu fahren.

Es wurde schon dunkel, als Blauthal auf einem Parkplatz an den Rheinwiesen den Wagen abstellte. Sie gingen auf die Wiese hinunter. Die beiden suchten nach einer geeigneten Stelle, wo sie Blauthal töten könnten.

»Wo steht denn nun euer Zelt?« fragte Blauthal.

»Wir sind gleich da.«

Fabian blieb etwas zurück, so daß er hinter Blauthal ging. Fabian zog das Küchenmesser heraus und stach Blauthal in den Rücken. Er stach so kräftig zu, daß das Messer steckenblieb. Blauthal schrie vor Schmerz und Überraschung auf. Es gelang ihm, sich das Messer aus der Wunde zu ziehen. Er schleuderte es fort. Wollte davonlaufen. Fabian schlug ihn mit der Faust nieder. Blauthal wand sich stöhnend auf der Erde.

»Mach ihn doch alle!« rief Heckert.

»Das Messer ist weg!« Fabian tappte umher, suchte das Messer im Gras, fand es aber nicht in der Dunkelheit. Das schöne Messer! Er spürte maßlose Wut. Er trat Blauthal ins Gesicht. Heckert folgte seinem Beispiel und versetzte Blauthal ebenfalls Tritte an den Kopf.

Dann hörten sie Stimmen, die sich näherten. Abendliche Spaziergänger. »Sei still«, flüsterte Fabian dem Blauthal zu, »sonst bring ich dich um!«

Blauthal versuchte stöhnend, sich zu erheben. Fabian begann ein Lied zu pfeifen, um die Schmerzenslaute zu übertönen. Nicht weit entfernt legte ein Schiff an. Fabian fürchtete, sie könnten hier ihr Vorhaben nicht zu Ende bringen. »Wir müssen weg von hier«, sagte er leise zu Heckert. »Machen ihn woanders alle.« Laut verkündete er Fabian, er würde jetzt sein Auto holen und ihn ins Krankenhaus bringen. Mit Blauthals Autoschlüsseln ging er zum Parkplatz. Blauthal hatte starke Schmerzen. Er bat Heckert, ihn am Leben zu lassen. Im Krankenhaus würde er sagen, er sei von Ausländern niedergemacht worden. Heckert beruhigte ihn.

Wieder näherten sich Stimmen. Die Spaziergänger kamen zurück und gingen, ohne etwas zu bemerken, vorüber. Endlich erschien Fabian mit dem Wagen. Irgendwie gelang es den beiden, den Schwerverletzten auf den Rücksitz zu legen. Sie fuhren wieder auf die Straße zurück und verließen die Stadt. An einer einsamen Wiese nahe einem Wald hielten sie an.

»Aussteigen!« rief Fabian fröhlich, »wir sind am Krankenhaus!«

Stöhnend richtete sich Blauthal auf. Hier war kein Krankenhaus. Alles Lüge! Als sie ihn aus dem Wagen zerren wollten, klammerte er sich an den Sitz. Er war zu schwach, um noch Widerstand leisten zu können. Er wurde hinausgezogen und auf die Erde gelegt.

»Was nun?« fragte Heckert leise.

»Ich hab doch noch das Klappmesser. Damit machen wir ihn alle.«

Fabian ließ das Messer aufspringen. Blauthal ahnte, was sie mit ihm vorhatten. Er nahm alle Kraft zusammen, erhob sich und wollte davonlaufen. Heckert stellte ihm ein

Bein. Blauthal stürzte. Fabian stieß ihm das Messer in den Hals und dann mehrmals in die Brust.

Blauthal lag stumm und reglos.

»Der ist hin«, sagte Fabian. »Wir fahren zurück.«

Sie gingen zum Wagen. Heckert blickte sich nochmals um. Er glaubte, Blauthal habe sich bewegt. Er ließ sich Fabians Messer geben und stach noch mehrmals auf den Reglosen ein. »Der ist zähe«, äußerte Fabian. »Steig ein.«

Sie stiegen in den Wagen. Fabian startete und fuhr über Blauthals Körper, hin und zurück, sechsmal ...

»An einem sonnigen Septembermorgen«, so berichtete Kriminalrat Mätzler, »fand ein Revieroberförster die Leiche eines Mannes. Als er näher an den Toten herantrat, bemerkte er Blut und Verletzungen und benachrichtigte die Polizei.«

Die Mordkommission Düsseldorf untersuchte gründlich den Leichenfundort und stellte neben den Blutspuren auch Reifenspuren sicher.

Die gerichtsmedizinische Obduktion des Toten brachte keinen überraschenden Befund. Der Körper war mit 82 Stichwunden wie »übersät«. Die Stiche waren aus verschiedenen Richtungen geführt worden, hatten Augen und Hals durchbohrt, führten hinter den Ohren in den Schädel, hatten den Mund zu einer blutigen Masse zerfetzt. Stumpfe Gewalt hatte Rippenbrüche bewirkt. Todesursache war Verbluten nach innen und außen.

Der Tote wurde durch seine Fingerabdrücke als der zweiunddreißigjährige Kellner Blauthal identifiziert.

Der Autofund am Fürstenplatz ließ die Kripo vermuten, unter den Jugendlichen, die dort zusammentrafen, könnte der Täter zu finden sein. Langwierige Vernehmungen der jungen Leute führten schließlich zu den Tätern. Kriminalrat Mätzler: »Alle hatten es gewußt, schon vor und erst recht nach der Tat. Sie hatten zusammengesessen, Bierflaschen waren herumgereicht worden, und dann hatten sie den Erzählungen der Täter gelauscht, hatten sich in allen Einzelheiten schildern lassen, wie B. gestorben war. Alle, das waren wenigstens zehn Jugendliche, einige Mädchen darunter. (Sechs von ihnen, zwischen vierzehn und siebzehn, sind später bestraft worden wegen Nichtanzeige eines geplanten Verbrechens und/oder Strafvereitelung.)«

Auch bei diesem Thrill-Mord war das Opfer zufällig ausgewählt worden. Keines der üblichen Mordmotive war vorhanden. Der Mord sollte ein Abenteuer in der tristen Umwelt dieser Jugendlichen sein. Wenn man schon ein rational begreifbares Motiv für diesen Mord suchen wollte, stößt man doch wieder nur auf einen letzthin irrationalen Grund: das Opfer war schwul.

»Zunehmend«, heißt es in einer Studie des SPIEGEL 1994, »werden Randfiguren Opfer der Gewalt: Behinderte, Obdachlose, Homosexuelle. Oft werden gerade die gänzlich Hilflosen besonders bestialisch malträtiert.« In Deutschland würden jährlich etwa dreißig Homosexuelle wegen ihrer Veranlagung getötet. Angesichts dieser beängstigenden Steigerung von Morden an Menschen, die »anders« sind – Behinderte, Farbige, Homosexuelle –, ist zu fragen, ob nicht diese Morde eine Form des Thrill-Mordes sind. Sie werden in Gemeinschaft begangen, das Opfer ist zufällig, hat keine Beziehung zu den Tätern, die üblichen Motive sind nicht vorhanden. Der Mord wird mit Lust und Grausamkeit begangen.

Kinder als Killer

Seit Tagen wurde der zweijährige James Bulger vermißt und in einer beispiellosen Fahndungsaktion von der Polizei gesucht.

Dann fanden Jugendliche auf einem Bahndamm die Leiche des Kindes. Der Körper war in zwei Teile zerschnitten.

Die ersten Kriminalbeamten, die am Leichenfundort eintrafen, vermuteten sofort, daß der Junge ermordet worden war. Der untere Teil des Körpers war nackt. Blutbefleckte Ziegelsteine waren um den Körper herum aufgeschichtet worden. Wahrscheinlich sollte die Leiche den Augen eines Lokomotivführers verborgen bleiben. Der Bahndamm war über mehrere Meter hin mit Blut bedeckt. Bluttropfen zeigten, daß das verletzte Kind noch ein Stück gelaufen oder geschleppt worden war, bis man es auf die Schienen gelegt hatte.

Die Leiche wurde in den Sektionsraum eines Liverpooler Krankenhauses gebracht. Dr. Williams nahm die Obduktion vor. Die zwei Teile des Körpers waren über und über voll Blut, das blonde Haar blutverkrustet. Der Kopf wies zahlreiche Verletzungen durch stumpfe Gewalt auf. Nach Eintritt des Todes war das Kind auf die Schienen gelegt und sein Körper durch Überfahren zertrennt worden.

Langwierige, mit großem technischem Aufwand durchgeführte Ermittlungen erbrachten schließlich ein schockierendes Ergebnis: die beiden Mörder waren zehnjährige Kinder. Robert Thompson ist im Februar 1993, als er zum Mörder wurde, zehn Jahre alt. Als er sechs war, verließ der Vater die Familie. Robert mußte bei der Mutter bleiben, obwohl er lieber mit dem Vater zusammengelebt hätte. Die Mutter nahm ihm das übel. Sie verfiel dem Alkohol und überließ ihre sechs Kinder die meiste Zeit sich selbst. Robert begann, die Schule zu schwänzen. Er bewachte Autos, um sich ein Taschengeld zu verdienen, oder durchstreifte mit seinem Freund Jon Venables die Supermärkte. Hier kaufte er sich irgendeine Kleinigkeit, manchmal ließ er auch etwas mitgehen.

Auch Jon war zehn Jahre alt. Wie Robert wuchs er in einer zerrütteten Familie auf. Er war drei, als sich die Eltern scheiden ließen. Die zwei Geschwister Jons mußten wegen Lernschwierigkeiten in eine Sonderschule eingewiesen werden. Er wurde deshalb von seinen Schulkameraden verspottet. Darunter litt er sehr. Auch bei ihm stellten sich Verhaltensstörungen ein. Durch absurde Handlungen störte er den Unterricht. Er wurde an eine andere Schule versetzt und eine Klasse zurückgestuft. Hier traf er auf Robert und schloß sich ihm an. Auch Robert war wegen schlechter Leistungen nicht versetzt worden. »Vielleicht«, schrieb Mark Thomas in seinem Bericht über diesen Mordfall, »war es diese gemeinsame Erfahrung, welche die beiden zusammenführte.« Aber die Kumpanei der beiden war keine gleichberechtigte Freundschaft. Robert war darin die führende Kraft. Er bestimmte, was zu geschehen hatte. Jon unterwarf sich ihm – teils aus Angst, teils aus Bewunderung. Bald beteiligte er sich an Roberts Vagabundieren, ebenso auch an der Drangsalierung kleinerer und schwächerer Kinder.

Anfang 1993 nahm das Schulschwänzen überhand. In diesem Schulhalbjahr wiesen die beiden etwa fünfzig Fehltage auf. Schule und Sozialamt griffen ein und forderten die Mütter auf, den Schulbesuch ihrer Kinder zu sichern.

Am 12. Februar bleiben Robert und Jon wiederum der Schule fern. Sie treiben sich im Einkaufszentrum herum. Wie üblich halten sie Ausschau, wo sich etwas »krallen« ließe. Sie entwenden eine Büchse blaue Farbe und eine Packung Batterien. Doch das ist nur ein Vorspiel. Für heute haben sie sich etwas ganz Besonderes ausgedacht. Eine tolle Sache soll das werden, hatte Robert versprochen, als er Jon seinen Plan mitteilte. Jon war der gleichen Meinung gewesen. Wie sollte es auch anders sein. Was Robert vorschlug, machte er mit. Es würde ja auch ein Heidenspaß werden, wenn sie sich ein kleines Kind griffen und es vom Rand des Gehweges auf die Straße stießen – gerade, wenn sich ein Auto näherte. Und dann zu sehen, wie das Kind überfahren wurde. Die Aufregung der Leute, Polizeiautos mit Blaulicht und Sirenen! Das wäre noch aufregender als im Kino. Weil es eben echt war. Von ihnen selbst inszeniert.

Sie bummeln zwischen den Läden umher, blicken sich nach allen Richtungen um, aber sie sehen nur Kleinkinder mit Müttern, und denen konnten sie ihr Opfer nicht entreißen.

Inzwischen ist es Nachmittag geworden. Ein eisiger Wind weht, die beiden frieren. Sie kehren in den Supermarkt zurück, um sich aufzuwärmen, treiben im Menschenstrom dahin.

»Da!« flüstert Robert. Er zeigt auf einen kleinen Jungen. Er könnte etwa drei Jahre alt sein. Der Junge steht in einer Schlange am Fleischstand, hinter einer Frau, anscheinend seiner Mutter. Er zerrt ungeduldig an ihrem Mantel. Wahrscheinlich langweilt ihn das Anstehen. Die Mutter weist ihn zurecht, wendet sich wieder der Verkäuferin zu. Aber das Kind will nicht mehr länger warten. Es läuft einfach los. Die Mutter bemerkt es nicht.

»Den krallen wir uns«, sagt Robert und geht dem Kleinen entgegen. »Na«, fragt er unschuldig, »wer bist du denn?«

»Jamie«, sagt der Junge.

»Willst du mit uns spielen, Jamie?«

»Ja, was denn?«

»Verstecken vielleicht. Aber draußen.«

James blickt unschlüssig zu seiner Mutter. »Ich darf nicht weglaufen.«

»Nur so lange, bis deine Mama fertig ist«, drängt Robert.

James ist einverstanden. Robert und Jon nehmen ihn an den Händen und gehen mit ihm hinaus. Die Entführer sind glücklich. Endlich haben sie ihr Opfer. Es ging alles so leicht. Schon sind sie draußen. James läuft noch immer getreulich zwischen ihnen mit.

Jon wundert sich, daß Robert nicht stehenbleibt. Ein Auto nach dem andern fährt an ihnen vorbei. Jetzt könnten sie es doch tun. An den Rand des Gehsteiges gehen, ein Stoß – und der aufregende Film beginnt.

Aber Robert hat sich anscheinend etwas anderes ausgedacht. »Wir gehen spazieren«, erklärt er Jon.

James horcht auf. Er wollte doch mit den Jungen spielen und nicht spazierengehen! Und die Mama ist sicher auch längst fertig und wartet auf ihn. Wird schimpfen, daß er weggelaufen ist. James sagt: »Ich will jetzt zu meiner Mama.«

Robert beruhigt ihn. »Es dauert nicht mehr lange. Wir bringen dich gleich zurück.« Er zieht James mit sich fort und biegt von der Straße ab. Sie gelangen zum Kanal. »Wir stoßen ihn ins Wasser«, flüstert Robert Jon zu. »Hier sind wir ganz allein.«

Robert hat recht, denkt Jon. James vor ein Auto zu stoßen, wo so viele Leute um uns herum sind, das ist schwieriger.

Jetzt stehen sie am Kanalufer. »Schau mal«, sagt Robert zu James, »wenn du dich bückst und ins Wasser guckst, das ist wie ein Spiegel. Knie doch mal nieder.«

Aus einer dunklen Ahnung heraus will James nicht am Wasser niederknien. Robert wird wütend. Er wirft James zu Boden. James schreit auf, er hat eine Schürfwunde an der Stirn. Jon ist verwirrt. Was nun? Er blickt Robert fragend an. Robert zuckt mit den Schultern. Anscheinend hat er seinen Plan, James zu ertränken, wieder aufgegeben. »Weiter!« befiehlt er.

Weiter. Nicht mehr lange, dann wird es dunkel. Der Eiswind ist hier draußen noch heftiger als in der Innenstadt. James zittert vor Kälte. Die Beine tun ihm weh. Er kennt diese Gegend nicht, alles ist ihm fremd. Die beiden Jungen sagen nichts. Kein Wort mehr, daß sie mit ihm spielen wollten. James beginnt zu weinen: »Will nicht mehr. Will zu meiner Mama!«

Robert schlägt ihn ins Gesicht: »Hör auf zu heulen!«

Schmerz und Schreck verstärken den Tränenfluß. James versucht, sich loszureißen. Aber die Jungen sind stärker und halten ihn fest. James beginnt zu strampeln, macht sich steif. Robert hebt einen Stein auf und schlägt ihn damit auf Stirn und Wange. Die Wunden bluten. James schreit jämmerlich. Die beiden zerren ihn weiter.

Eine Frau bleibt stehen, fragt, warum der Kleine blute und weine.

»Wir haben ihn auf der Straße gefunden«, sagt Robert. »Er sucht seine Mama. Wir wollen ihn zur Polizei bringen.«

»Ihr seid nette Jungen«, nickt die Frau anerkennend. James wollte der Frau sagen, daß die Jungen gar nicht nett zu ihm wären, aber da ist die Frau auch schon weitergegangen. Die Jungen haben ihn wieder gepackt und schleppen ihn weiter. James hat Angst. Der lange Marsch, die Kälte, die Schläge – er ist entsetzlich müde. Und kann nicht mehr aufhören zu schluchzen. Und jedesmal, wenn jemand vorbeikommt, hofft er, er würde ihn befreien. Aber die Leute gehen alle weiter.

Robert ist richtig stolz, daß er vorhin die Frau, die nach James gefragt hatte, reingelegt hat. Und freut sich, daß nun niemand sie mehr mit Fragen belästigt. James hat jetzt aufgehört zu weinen, er ist zu erschöpft. Wie betäubt trottet er zwischen den beiden weiter. Die Straße wird immer einsamer. Nur hier und da steht noch ein Haus. Sie nähern sich jetzt einem stillgelegten Bahnhof. Das Gebäude ist niedergerissen, eine Ruine.

Ein Güterzug nähert sich. Als er vorübergefahren ist, sagt Robert, jetzt müßten sie auf den Bahndamm hinauf.

James ist so ermüdet, daß sie ihn fast schleppen müssen, um hinaufzugelangen.

Jetzt sind sie oben. Robert blickt sich um. Die Sonne ist längst untergegangen. Hier kommt niemand mehr vorbei. Er läßt James' Hand los. Auch Jon gibt den Kleinen frei. James steht ratlos. »Ich will zu meiner Mama.« Seine Stimme ist nur ein unverständliches Gemurmel. Robert öffnet die Farbdose. Er holt aus und schwappt James blaue Farbe ins Gesicht. James schreit auf, die Farbe brennt in den Augen. Robert nimmt einen Ziegelstein und wirft ihn James an den Kopf. Dem Schmerzensschrei folgt ein Röcheln. James taumelt. Ein zweiter Stein folgt und trifft den Hinterkopf. James stürzt zu Boden.

Jon weiß, daß er nicht nur dabeistehen und zusehen darf. Es ist schlimm, was Robert da tut. Aber Robert erwartet, daß er sich daran beteiligt. Jon hebt eine schmale Eisenplatte auf. Damit schlägt er auf James ein, wohin er auch immer trifft – auf den Kopf, auf die Schultern, in den Magen.

Noch einmal versucht James, sich aufzurichten. Er fällt wieder um. Robert tritt ihm ins Gesicht. James rührt sich nicht mehr. Seine Augen sind weit aufgerissen ...

Als Denise Bulger am Fleischstand des Supermarktes eingekauft hat und sich umwendet, ist James verschwunden. Die Mutter kennt den Bewegungsdrang ihres lebhaften Jungen und glaubt, ihn an irgendeinem Stand des Einkaufszentrums wiederzufinden. Sie kann James nirgends entdecken. Auch draußen auf der Straße sucht sie ihn vergeblich. Jemand empfiehlt ihr, den Sicherheitsbeauftragten des Einkaufszentrums um Hilfe zu bitten. James wird von hier durch Lautsprecher ausgerufen. Währenddem durcheilt Denise verzweifelt die Läden, fragt immer wieder Käufer und Verkäufer nach dem Kind. Das Einkaufszentrum stellt eine Suchmannschaft zusammen. Bald ist Geschäftsschluß. Die Läden werden geschlossen.

Und noch keine Spur von dem Vermißten. Das ist ungewöhnlich. Denn Kinder, die sich hier verlaufen, werden in kürzester Zeit wiedergefunden.

Zum ersten Mal kommt der Verdacht einer Entführung auf. Die Polizei wird benachrichtigt.

Rasch setzt sich der gesamte Fahndungsapparat der Polizei in Bewegung. Streifenwagen suchen während der ganzen Nacht nach dem Kind. Denises Mann, Ralph Bulger, durchstreift mit Freunden und Bekannten den ganzen Stadtteil.

Am nächsten Morgen bittet die Polizei die Medien um Mithilfe. Bald melden sich Zeugen, die James gesehen haben wollen. Alle Aussagen erweisen sich als unbrauchbar.

Nun begnügt sich die Polizei nicht mehr damit, die Straßen abzufahren und Zeugen zu befragen. Sie beginnt, die Umgebung des Einkaufszentrums systematisch zu durchkämmen. Taucher suchen den Kanal ab. Die Bevölkerung, pausenlos vom Mißerfolg der Fahndung unterrichtet, gerät in Unruhe. Möglicherweise ist James das Opfer eines Triebtäters geworden. Auch Jamies Eltern verfallen in Panik, obwohl ihnen die Polizei wider besseres Wissen noch immer Hoffnung macht, James lebend wiederzufinden.

Dann scheint der Entführungsfall eine überraschende Wende zu nehmen. Im Einkaufszentrum sind vor kurzem Videokameras zur Überwachung der Läden installiert worden. Die Filme, die zur Zeit der Entführung aufgenommen wurden, sind noch vorhanden. Als sie im Sicherheitsbüro des Einkaufszentrums abgespielt werden, entdeckt man tatsächlich James Bulger! Zwei Jungen führen ihn hinaus. Für die Polizei steht nun also fest: Zwei Kinder haben James entführt.

Die Videoaufnahmen sind aber nicht scharf genug, um die Entführer erkennen zu können. Videospezialisten der Polizei stellen mit Hilfe modernster Elektronik schärfere Bilder her. Sie werden vergrößert und von den Medien publiziert. Neue Zeugen sagen aus. Alle Aussagen erweisen sich als Irrtum. Dann meldet sich eine Frau. Sie ist sicher, James in Begleitung von zwei Jungen in der Nähe des Kanals gesehen zu haben. Das Kind sei im Gesicht verletzt gewesen und habe geweint.

Neue Einsatzbesprechungen der Polizei, verstärkte Suche, Aufrufe an die Bevölkerung. Es ist alles umsonst.

Da finden Jugendliche, die in der Ruinenwüste des verlassenen Bahnhofs umherstreifen, eine in zwei Teile zerschnittene Kindesleiche ...

Die Leiche wird als James Bulger identifiziert.

Im gerichtsmedizinischen Befund heißt es: »Meiner Meinung nach war die Todesursache das Resultat vielfacher Kopfverletzungen. Kopfhaut und Schädel weisen so viele Verletzungen auf, daß man nicht einen bestimmten Schlag aussondern und sagen kann, das war derjenige, der den Tod herbeiführte. Ich würde schätzen, daß der Körper mindestens dreißig separate Schläge und Tritte erhielt. Die Mehrzahl der Schläge ist auf schwere stumpfe Gewalt zurückzuführen. Ziegelsteine sind das wahrscheinliche Tatwerkzeug.« Weiter heißt es im Bericht, daß der Tod durch ein Schädel-Hirn-Trauma eingetreten, das Opfer aber trotz der vielfachen Schädelbrüche nicht sofort gestorben sei.

In einer Pressekonferenz erklärt Kriminalkommissar Kirby, daß das Kind grausigste Verletzungen erlitten habe. Wie es dazu gekommen sei, wisse er noch nicht. »Ich neige zur Annahme, daß es aus einem Grund stattgefunden hat, den wir nicht verstehen können. Was geschehen ist, hat uns in seiner erschreckenden Grausamkeit tief getroffen.«

Die Panik in der Bevölkerung wächst und erzeugt immer neue hysterische Meldungen. Die Polizei fordert Bevölkerung und Medien auf, vorschnelle Sensationsmeldungen zu unterlassen und Ruhe zu bewahren.

Endlich, am fünften Tag nach der Entführung, kam endlich Bewegung in die Ermittlung. Wiederum meldete sich eine Frau bei der Polizei. Sie sei mit der Familie des zehnjährigen Jon Venables bekannt. Am Abend der Kindesentführung sei Jon mit blauen Farbflecken auf seiner Jacke heimgekommen. Sie glaube auch, auf den veröffentlichten Fotos Jon Venables als einen der Entführer wiedererkannt zu haben. Er sei mit einem gewissen Robert Thompson befreundet.

Die Polizei bereitete in aller Stille noch in derselben Nacht die Festnahme der beiden Verdächtigen vor.

Am nächsten Morgen wurden Robert und Jon verhaftet und Hausdurchsuchungen vorgenommen. Roberts Mutter und Jons Eltern durften bei den Vernehmungen zugegen sein. Anfangs waren die Kriminalisten sehr verunsichert: Diese kleinen Jungen sollten kaltblütige Mörder sein? Andererseits gab es bereits ein Indiz. An Jons Jacke befanden sich blaue Farbflecken.

Bei der ersten Vernehmung leugneten beide, James ermordet zu haben. Dabei flossen reichlich Tränen. Bald gab es Teilgeständnisse. Beide beschuldigten sich dabei gegenseitig. Als erster brach Jon zusammen. Er gab zu: »Ich habe ihn getötet.« Aus den Aussagen der Kinder war nicht klar ersichtlich, welchen Anteil jedes an James' Tod hatte. Nur der Gesamtvorgang der Ermordung konnte einigermaßen rekonstruiert werden.

»Ich bin überzeugt, daß sie beide ihn töteten«, sagte der Kriminalist G. Scott. »Wer ihm tatsächlich den tödlichen Schlag oder Tritt versetzte, wird wohl nie geklärt werden können. Aber sie schlugen und traten ihn beide, bis er tot war.«

Bei einer der Vernehmungen erklärte Jon: »Eigentlich wollte ich James nicht töten. Robert tat es wahrscheinlich zum Vergnügen, weil er wie verrückt lachte.« Der Kriminalist Phil Roberts sagte über diesen Thrill-Mord: »Jemanden töten, das war ihr Kitzel.« Und über Robert:

»Wenn ich auch nicht nach Hörnern auf seinem Kopf Ausschau hielt, dachte ich in diesem Moment doch, daß er ein Teufel sei.«

Es ist verständlich, daß der Gerichtsprozeß gegen die beiden kindlichen Mörder – wie schon zuvor das Verbrechen selbst – weltweites Aufsehen erregte. In England ist ein Täter mit acht Jahren strafmündig. Im Unterschied zu Deutschland und einigen anderen Ländern wird also ein mildereres Jugendstrafrecht nicht angewendet. Vor dem Prozeß wurden Robert und Jon eingehend psychiatrisch untersucht. Die Psychiater beurteilten Tat und Täter unterschiedlich. Der gerichtsmedizinische Psychologe Prof. David Glasgow meinte, daß es eigentlich kein motivloses Verbrechen gebe. Kriminelles Verhalten sei fast immer geplant. »Es wird eine Art Probeablauf gegeben haben. Sie mögen andere Taten verübt haben, Tierquälerei würde wahrscheinlich sein, sie ist oft die Vorstufe zu den sadistischen Morden.« Die Phase der Erprobung, sagte er weiter, habe sich über eine bestimmte Zeit hin entwickelt. »Ihre Fantasie oder spielerische Version würde widerspiegeln, was für einen Lustgewinn sie daraus ziehen wollten. Ich würde eine sexuelle Motivation nicht ausschließen.«

Glasgow rückt das Verbrechen also in die Nähe eines Lustmordes. Der Lustmord ist eine sexuelle Ersatzbefriedigung. Er realisiert langzeitig sich steigernde sexuelle Gewaltfantasien. Er wird zuvor in der Fantasie durchgespielt – und zwar in immer härteren Varianten bis zum Mord. Glasgow nannte das den Probeablauf. In seiner Sicht würde also dieser Mord nicht motivlos, sondern als eine Form des Sexualmordes zu betrachten sein.

Jonathan Hill, Prof. für Kinder- und Jugendpsychiatrie, zweifelte an einer solchen Bewertung. Eine Geistesstörung schloß er bei beiden Kindern aus. Zwar nahm auch er an, daß sie schon einige Zeit zuvor geplant hatten, ein Kind zu töten. Trotzdem sei dann immer noch nicht zu verstehen, wie Zehnjährige eine solche Absicht dann in die Tat umsetzen – selbst wenn man sadistische oder sexuelle Motive einbeziehe. Sicherlich stecke in den meisten Menschen ein destruktives und sadistisches Element, aber das werde von anderen Regungen und Interessen in Schach gehalten und verbleibe im Reich der Fantasie. Aber daß Zehnjährige diese Fantasien realisierten, sei kaum zu verstehen.

Schwierig oder überhaupt nicht zu verstehen – diese Ansicht war immer wieder zu hören. Das Unbegreifliche der Tat schloß natürlich nicht aus, rational erkennbare Ursachen dafür zu suchen. Waren es die schlechten Lebensverhältnisse, in denen beide aufwuchsen? Sie allein können es nicht sein, sagte ein Sozialarbeiter. Nicht einmal die verkommensten Lebensumstände gäben einen ausreichenden Grund für ein solches Verbrechen. War es der Einfluß grausamer Videofilme, die beide Kinder regelmäßig sahen? Beispielsweise hatte Jon kurz vor der Tat unter andern Horrorfilmen auch den Horrorstreifen »Chucky II« gesehen. Darin terrorisiert eine mörderische Puppe, deren Gesicht mit blauer Farbe bespritzt ist, andere Kinder. Der Richter wies deshalb »auf den unkontrollierten Zugang zu gewalttätigen Videofilmen« hin. Trugen der rapide wirtschaftliche und soziale Niedergang dieser Region, die wachsende Arbeitslosigkeit, die Auflösung der Familie Schuld an der Verwahrlosung der Jugend? Muß auch das Rechtssystem verantwortlich gemacht werden, weil es unfähig ist, die Jugendkriminalität einzudämmen? Weil es nur ihre Folgen bestraft, ihre Ursachen aber nicht beseitigen kann?

Das alles waren Fragen, deren sich im Laufe des Prozesses die Öffentlichkeit immer deutlicher bewußt wurde.

Das Gericht wies den Tätern nach, daß ihnen bewußt gewesen war, ein Unrecht zu begehen. Der Richter verurteilte beide zu einer Haftstrafe von unbestimmter Dauer:

»Die Ermordung von James war eine Tat beispielloser Schlechtigkeit und Barbarei. Nach meinem Urteil war euer Verhalten sowohl schlau als auch bösartig.«

Mit diesem letzten Wort des Richters begegnet man einer weiteren Antwort auf die vielen Fragen nach der Ursache eines solchen Verbrechens. Es ist eine Antwort, die ihre Wurzel im mythischen Weltbild hat und von aktuellen Erfahrungen immer wieder genährt wird: »Das Böse« sei eine real existierende Macht.

Es ist eine resignierende Antwort, und der Thrill-Mord von Liverpool hat viel dazu beigetragen, daß sich diese Ansicht verfestigt hat. So sagte der Jurist Sean Sexton: »Ich habe junge Leute verteidigt, die schwerer Verbrechen einschließlich Mordversuchs beschuldigt wurden, und hatte deswegen keine Bedenken. Aber ich würde zögern, es in Zukunft zu tun, nachdem ich die verheerenden Folgen einer solchen Tat für die Familie des Opfers gesehen habe. Tatsächlich, ich bin nicht mehr der mitfühlende Liberale, der ich war. Heute frage ich mich, ob es nicht doch so etwas wie das Böse an sich gibt. Manches kann man nicht erklären, es sei denn, man akzeptiert, daß es das Böse in der Welt gibt. Früher hätte ich in einem Gespräch über Jungen wie diese gesagt, sie müßten zur Arbeit angehalten, müßten psychologisch und erzieherisch betreut und beraten werden, und im übrigen sei niemand unverbesserlich schlecht.« Heute, so fügte Sexton hinzu, nach diesem Prozeß könne er das nicht mehr sagen.

Es ist nicht die Absicht dieses Berichts, die gesellschaftlichen und psychologischen Aspekte der Kinder- und Jugendkriminalität zu erörtern. Das ist Aufgabe der Soziologen und Psychologen, der Juristen und Kriminologen.

Aber die hier geschilderten Mordfälle, von Jugendlichen oder Kindern begangen, Morde, für die es kein ersichtliches Motiv gab als Freude und Lust am Töten, zwingen den denkenden Leser doch immer wieder dazu, nach den Beweggründen für ein solches Verbrechen zu fragen.

Aber die Antwort auf diese Frage bleibt unbefriedigend, denn die Erklärungen der Fachleute sind widerspruchsvoll. Das beginnt bereits bei der Frage, ob die Kinder- und Jugendkriminalität in der Bundesrepublik Deutschland zunehme. Die einen sagen ja, sie nehme bedrohliche Ausmaße an, überschreite bereits die Grenze des Erträglichen; andere beschwichtigen: »Kein Grund zur Besorgnis!« Statistiken seien doppelt interpretierbar. Der Eindruck der Zunahme entstehe, weil mehr Straftaten aufgeklärt würden.

Das Ausmaß der Kinderkriminalität ist ohnehin nicht genau festzustellen. Sie reicht vom Diebstahl über Brandstiftung bis zum Mord. Prof. Mergen schrieb 1979, daß die Kinderkriminalität allein in einem Jahrzehnt um 80 Prozent zugenommen habe. 1953 wurden 31 Fälle von Mord und Totschlag bekannt, 1979 waren es bereits 140. Zu den Motiven der »oft uneinfühlbar grausamen Taten« gehöre auch »die Lust am Töten« und die »Neugier, wie es ist, wenn ein Mensch stirbt«.

Als Ursachen für die Kinder- und Jugendkriminalität werden – wie schon in Darrows Plädoyer – im wesentlichen zwei Faktoren genannt: anlagebedingte und umweltbestimmte. Konservative Theoretiker, die die bestehende Gesellschaft als die denkbar beste so, wie sie ist, akzeptieren, neigen dazu, die genetische Prägung überzubetonen. Gesellschaftskritische Theoretiker sehen in den Widersprüchen und Gebrechen dieser Gesellschaft die Quellen für eine seelische Deformierung junger Menschen. Dabei werden ungünstige soziale Verhältnisse genannt – Arbeitslosigkeit und die dadurch bedingte Langeweile und Perspektivlosigkeit, zerrüttete Familienverhältnisse, Erziehungsfehler, der negative Einfluß der Massenmedien, Überdruß durch Wohlstand usw.

Auch über den Thrill-Mord, den »motivlosen Mord«, gibt es gegensätzliche Meinungen. Im Liverpool-Fall hatte Prof. Glasgow einen motivlosen Mord verneint. M. Breland teilt diese Ansicht, wenn er erklärt, »daß es aus der Sicht der experimentellen Lernpsychologie ein motivloses Verhalten nicht gibt«. Die sogenannten motivlosen Taten ließen sich so verstehen: »Aggressivität wird zunächst erlernt als Verhaltenstendenz, mit der sich Erfolg und Anerkennung erzielen lassen; im Laufe der Zeit verselbständigt sich das aggressive Motiv und wird sich selbst zum Motiv ... Jede ... aggressive Handlung wird dann in sich als Erfolg und Bekräftigung erlebt und verstärkt so ihrerseits das aggressive Motiv weiter, macht also Wiederholungen des aggressiven Verhaltens wahrscheinlicher.«

Andere Autoren halten den motivlosen Mord für eine Tatsache. Nach R. Herren läßt er sich durch keines der üblichen, rational strukturierten Motive erklären. Es sei kein Mord aus Gewinnsucht, kein Mord, um ein anderes Verbrechen zu vertuschen, kein Mord aus einem Beziehungskonflikt, kein Mord eines Triebtäters. Er sei eine gänzlich andere, eine amorphe Gruppe motivarmer oder motivloser Morde, ohne rational erklärbare Ursache, ein Mord aus Spaß, aus reinem Vergnügen, aus Lust, Böses zu tun: »Heute stehen wir als Kriminologen vor der Tatsache, daß jährlich ungezählte Morde aus Nervenkitzel (sogenannte Thrill-Morde) von Jugendlichen begangen werden.« Herren erklärt die Mordlust aus »grenzenloser Langeweile und innerer seelischer Öde«. Er beruft sich dabei auf Erich Fromms Ausspruch, daß in dieser unserer Gesellschaft trotz wachsender Produktion und steigenden Lebensstandards dem Menschen der Sinn seiner Existenz verlorengegangen, daß er seelisch bereits tot sei. Deshalb nennt Herren den Thrill-Mord das letzte Aufputschmittel der toten Seelen.

Eine ähnliche Meinung vertritt der Psychotherapeut Dr.

R. Affemann, wenn er in dem moralischen Verfall dieser Gesellschaft den Boden für solche Verbrechen sieht. Die »Überfluß-, Verschleiß- und Wegwerfgesellschaft« mache »auch Menschen zu Objekten, die man konsumieren, verschleißen, wegwerfen und kaputtmachen kann«.

Gibt es also den motivlosen Mord, gibt es ihn nicht? Trotz der unterschiedlichen, oft gegensätzlichen Meinungen scheint die Antwort nicht schwierig zu sein. Der Thrill-Mord – insofern er als reine Mordlust, als Freude am Töten definiert wird – ist eine Tatsache, durch viele Beispiele belegt. Aber nicht der motivlose Mord ist ein neues Phänomen, sondern sein Motiv, nämlich die scheinbare Motivlosigkeit. Dann sind eben jene »grenzenlose Langeweile und seelische Öde« gesellschaftlich bedingte, erst heute erkannte Motive für den Thrill-Mord.

Aber es wäre einseitig, allein in sozialen Deformierungen die Ursache für Mordlust zu suchen. Die Thrill-Mörder werden immer wieder als gefühlskalte Killer beschrieben. Da die Emotionen eines Menschen weitgehend genetisch, also anlagebedingt sind, kann er – wie Darrow in seinem Plädoyer sagte – für das Fehlen von Gemüt und Gefühl nicht verantwortlich gemacht werden. Andererseits jedoch verlaufen genetisch gesteuerte Reifeprozesse abhängig von der Umwelt. »Die genetischen Anlagen für Emotionen und Motivationen wollen wir demzufolge als Rahmenprogramme verstehen, die nach Art einer Entwicklungsdisposition erst im Verein mit Umwelterfahrungen voll ausgeformt werden.« (G. Wolf und I. Heß). Umwelt und Erziehung spielen dabei eine wesentliche Rolle, fördern emotionale Bindungen und soziale Eingliederung, können aber auch »durch falsche Erziehung oder ungünstige Milieubedingungen ... schwer reparable Störungen der emotionalen und motivationalen Balance« hervorrufen, wie z. B. Aggressivität.

Der Thrill-Mord ist wie die Explosion einer Zeitbombe.

Wie eine Sprengladung nicht von selbst explodiert, sondern einen Zündfunken braucht, treffen beim Thrill-Mord also emotionale Deformation und sozialer Frust aufeinander. Warum dann in manchen Fällen die »Zeitbombe« in einem Thrill-Mord explodiert, in anderen Fällen nicht – das ist, wie im Liverpool-Fall gesagt wurde, schwer zu begreifen.

Nicht nur das Opfer der Thrill-Mörder endet auf dem Seziertisch. Es bedarf wohl weiterhin noch der psychologischen Obduktion der Täter.

V. KAPITEL

TODESFALLE FAMILIE

Männer morden ihre Frauen, Frauen ihre Männer; Eltern die Kinder; Kinder den Vater oder die Mutter.

Was Geborgenheit geben soll, die Familie, wird zur Falle. Wird zur Todesfalle, wenn einem Familienangehörigen der Mord als einziger Ausweg aus einem ausweglosen Konflikt erscheint.

Jeder Konflikt beunruhigt, denn er verändert das Gleichgewicht zwischenmenschlicher Beziehung. Wird er nicht auf normale Weise – im Gespräch, durch Übereinkunft und Kompromisse – gelöst, ruft er Aggressionen hervor: Aggressionen sind gesteigerte Aktivitäten, die das unerträgliche Ungleichgewicht wieder aufheben sollen. Mord und Totschlag sind solche Aggressionen. Sie richten sich gegen den tatsächlichen oder vermeintlichen Urheber der Störung. Seine Vernichtung soll das Ungleichgewicht beseitigen.

Morde innerhalb der Familie gelten als typische Beziehungsmorde. Das sind Tötungsverbrechen, bei denen bereits die Vorgeschichte das Rätsel der Tat erklärt. Täter und Opfer sind durch eine Konfliktlage aneinander gekettet. Nicht nur der Täter schafft die Tatsache einer verbrecherischen Konfliktlösung. Auch das Opfer bedingt häufig durch sein Verhalten Tat und Täter.

Etwa die Hälfte aller Beziehungsmorde geschieht in der Familie. »Die größte Bedrohung«, *schrieb E. Kube,* »stellen zu Beginn des Lebens die Eltern, dann die Ehepartner und später die eigenen Kinder dar.«

Ein vierfacher Kindermord

Ilse war dreiundzwanzig Jahre alt, als sie 1938 den Bauern Erwin Metzner heiratete. Metzner besaß ein Gut von etwa hundert Hektar. Ilse war zuvor in einem Büro tätig gewesen. Die Arbeit in der Landwirtschaft fiel ihr anfangs nicht leicht, aber allmählich gewöhnte sie sich an die schwere körperliche Arbeit. Gleich in den ersten Ehejahren wurden zwei Töchter geboren.

Nach Beginn des Krieges wurde Erwin Metzner zum Kriegsdienst eingezogen. Eine schwere Zeit kam für Ilse. Obwohl ihr Schwiegervater noch mithalf, lastete doch der Hauptteil der Arbeit auf ihr. 1942 erhielt sie die Nachricht, ihr Mann sei in Rußland vermißt. Sie erhielt einen jugoslawischen Kriegsgefangenen zugewiesen, der sie bei der landwirtschaftlichen Arbeit unterstützen sollte. Er hieß Rada und war ein Jahr älter als sie.

Ilse wußte nicht, ob ihr Mann tot oder in Kriegsgefangenschaft geraten war und noch lebte. Es gibt keine Mitteilung darüber, wie sie diesen Zustand der Ungewißheit empfand. Wahrscheinlich nahm sie ihn als das, was er war, als unabänderlich, und sagte sich, der Augenblick ist wichtiger als vage Hoffnung oder endlose Trauer. Der Krieg stumpft ohnehin die Gefühle ab. Niemand weiß, was noch kommen wird. Nur der heutige Tag zählt. Und so entschloß sich die vitale und sinnliche Frau, das Beste aus ihrer Lage zu machen. Sie zierte sich nicht lange und gab dem Zwangsarbeiter Rada deutlich zu verstehen, daß sie ihn ins Bett haben wollte.

Ilse bereute ihren Entschluß nicht. Rada war ein kräftiger und leidenschaftlicher Mann. Seine Aggressivität gefiel Ilse. Und auch Rada war mit dieser Beziehung zufrieden. Er fand bei Ilse nicht nur sexuelle Erfüllung, sie war für den sonst so verachteten Zwangsarbeiter ein

Stück Heimat. Ilse erwies sich als sehr erfinderisch, vor dem Schwiegervater, ihren Töchtern und den Dorfbewohnern das Liebesverhältnis zu verbergen. Sie und Rada wußten, wie grausam im faschistischen Deutschland eine solche Beziehung bestraft wurde, besonders dann, wenn sich eine »germanische« Frau mit einem »östlichen Untermenschen« einließ. Es war immer ein Spiel mit dem Leben.

Anfang 1944 stellte Ilse fest, daß sie schwanger war. Das so sorgsam gehütete Geheimnis würde nun offenbar werden. Das war ein Todesurteil, zumindest für Rada. Für sie bedeutete es, im Dorf geächtet zu werden. Bedeutete Gefängnis und vielleicht noch Schlimmeres. Beide wurden sich einig, die Schwangerschaft zu verbergen. Aber damit war das Problem erst zur Hälfte gelöst, bis zur Geburt des Kindes. Deshalb beschlossen sie, das Kind sofort nach der Geburt zu töten.

Während des Sommers gelang es Ilse, durch selbstgeschneiderte und geschickt arrangierte Kleidung ihren Zustand zu verheimlichen. Ilse ging wie immer tatkräftig ihrer Arbeit nach. Niemand im Haus, keiner im Dorf merkte etwas. Allmählich schwand Ilses Angst, sie begann sich sicher zu fühlen.

Eines Morgens dann ein neuer Schreck: Rada war verschwunden! Ilse fürchtete, er wolle sie ihrem Schicksal überlassen und sich seiner Verantwortung entziehen. Aber zwei Wochen später kehrte er zurück. Er erzählte, man habe ihn in ein Gefangenenlager bei Wien gesteckt, aber er sei entflohen. Ilse glaubte ihm die verworrene Geschichte nicht, war aber froh, daß Rada wieder bei ihr war.

Da Rada behauptete, er würde wegen seiner Flucht gesucht, versteckte ihn Ilse auf dem Dachboden. Dort wohnte er, bis bei Ilse die Wehen einsetzten. Am 20. August kam das unerwünschte Kind zur Welt. Noch bevor sein Schreien Ilses Töchter oder den Schwiegervater aufmerksam machen konnte, erwürgten es die Eltern. Rada legte die Leiche in einen Karton und verbrannte sie in einem geeigneten Augenblick im großen Heizofen.

Der Krieg endete, und Ilses Mann kam nicht heim.

Rada blieb auf dem Hof als Arbeiter und Liebhaber.

1947 wurde Ilse erneut schwanger. Das harte faschistische Rassengesetz gab es nicht mehr. Weder der Mann noch die Frau hatten wegen ihres Verhältnisses eine Verfolgung zu befürchten. Und dennoch sah Ilse der Geburt mit Sorge entgegen. Rada war und blieb ein Ausländer, der nur gebrochen Deutsch sprach. Und mit so einem hatte sich eine Kriegerfrau eingelassen, deren Mann nicht mehr oder noch nicht heimgekehrt war! Der Schwiegervater würde ihr das Leben auf dem Hof zur Hölle machen, die Kinder in der Schule gedemütigt werden. Mit Gottes und Radas Hilfe würde es ihr gelingen, sich unauffällig des Neugeborenen zu entledigen. Rada und Ilse waren sich rasch einig über den zweiten Mord.

Nachdem das Kind getötet worden war, offenbarte sich Ilse ihrer Freundin Lena. Lena war auch sofort bereit, Ilse bei der Beseitigung der Leiche zu helfen. Beide dachten sich ein unauffindbares Versteck aus: Eine Grabstätte auf dem Friedhof. In einer für ihr Vorhaben günstigen Nacht höhlten sie ein Grab so weit aus, daß sie die Kindesleiche darin verbergen konnten.

Im Frühjahr 1948 war Ilse wiederum schwanger. Aller guten Dinge sind drei, mag sie sich gesagt haben, was zweimal gut ging, wird ein drittes Mal nicht scheitern. Der Mordplan war jetzt schon mehr als nur die bequemste Art, öffentlichem Ärgernis zu entgehen. Es war eine Selbstbestätigung, der Beweis für ihre Geschicklichkeit, sich und das Verbrechen zu tarnen. Rada bestärkte sie in diesem makabren Triumph, wenn er ihr sagte, die Polizei sei viel zu »doof«, um ihnen auf die Spur zu kommen.

So erwartete Ilse ruhig den Tag der Niederkunft. Mitte Oktober war es soweit. Wiederum waren die äußeren Umstände glücklich für sie. Die beiden Mädchen weilten in der Schule, der Schwiegervater werkelte in der Scheune. Das Neugeborene wurde wiederum erwürgt, in einen Eimer gelegt und dieser im Schrank aufbewahrt. Ilse hatte schon vor dem Mord eine andere Freundin, die vierundfünfzigjährige Wally, in das Geheimnis eingeweiht. Wally hatte versprochen, ihr bei der Beseitigung der Leiche zu helfen. Wally wohnte nicht im gleichen Ort, sondern in der benachbarten Stadt. Als sie von Ilse angerufen wurde, kam sie sofort in einem Taxi, nahm den zugedeckten Eimer samt Inhalt in Empfang und fuhr mit dem Taxi in die Stadt zurück. Nachts vergrub sie die Leiche in irgendeinem Schrebergarten.

In den nächsten Jahren bröckelte die Beziehung zwischen Ilse und Rada. Rada hatte sich in der Stadt bei Wally ein Zimmer genommen. Dort wohnte er manchmal wochenlang, wenn er eine Gelegenheitsarbeit gefunden hatte. Ilse war Radas zeitweilige Abwesenheit durchaus willkommen. Sie suchte Abwechslung und holte sich gelegentlich einen andern Mann ins Bett. Ganz unauffällig, um ihren guten Ruf nicht zu gefährden. Sie war ja im Dorf eine geachtete Frau. Man bewunderte ihre Tatkraft, wie sie, ohne Ehemann, das im Krieg heruntergewirtschaftete Gut wieder ertragsfähig gemacht hatte. Diesen guten Leumund galt es zu wahren. Aber nicht nur deswegen mußte sie ihre Affären geheimhalten. Rada war sehr eifersüchtig. Wenn er von ihren anderen Liebschaften erfuhr, mußte sie seine Rache fürchten.

Im Sommer 1950 begann Ilses vierte Schwangerschaft. Kurz vor der Geburt quartierten sich Freundin Wally und Rada bei Ilse ein. Der vierte Mord war beschlossene Sache. Bedenken hatte Ilse – wenn sie solche jemals gehabt hatte – nun nicht mehr. Die Tat würde wie ein ganz alltäglicher Vorgang ablaufen, routiniert durch Gewohnheit, wie Abwaschen, Fensterputzen oder Viehfüttern.

Am 9. April 1951 erfolgten Geburt und Mord in Anwesenheit Wallys. Wally wollte diesmal die Leiche nicht mitnehmen, sondern schlug vor, sie im Küchengarten zu vergraben. Ilse zögerte, es war ihr wohl unangenehm, die Leiche so dicht in ihrer Nähe zu wissen. Aber schließlich willigte sie ein. Im Dunkeln grub Wally ein Loch, Ilse paßte auf, daß niemand sie überraschte. Sie legten die Leiche in die Grube und bedeckten sie wieder mit Erde.

Die Jahre vergingen. 1956 holte sich Ilse einen Verwalter auf den Hof. Leo Riedesheimer war fünfzehn Jahre jünger als Ilse – für die immer noch vitale Frau ein möglicher neuer Liebhaber. Es bedurfte keiner großen Mühe, um Leo ihre Wünsche zu offenbaren. Bald hatte Ilse einen neuen Bettgenossen. Anscheinend genügte er nicht ganz ihren Ansprüchen. Zuweilen fuhr sie in die Stadt, um mit Rada zu schlafen. Im Sommer 1957, als sie wieder einmal mit Rada zusammen war, teilte sie ihm mit, sie sei wieder schwanger. Rada nahm das ohne Beunruhigung auf. Sie waren ja beide darin geübt, dieses Problem aus der Welt zu schaffen. Später begann Rada nachzudenken. Schon seit einiger Zeit hatte ihn die Anstellung Riedesheimers als Verwalter mißtrauisch gemacht. Besuchte Rada Ilse, so glaubte er Anzeichen für eine Affäre zwischen ihr und dem Verwalter zu erkennen. Er rechnete nach, ob das Kind von ihm sein könnte. Er war sich nicht sicher. Auch Riedesheimer könnte der Vater sein. Die Unsicherheit verstärkte seine Eifersucht. Dabei richtete sich sein Zorn nicht so sehr gegen den Verwalter. Der war nur ein armes Opfer von Ilses Geilheit. Den hatte sie genau so eingefangen wie damals ihn. Sie war es, die bestraft werden mußte. Eine gerechte Strafe sollte es sein für ihre Untreue. Und eine wirksame Strafe. Niemals mehr sollte sie sich mit einem anderen Mann einlassen können.

An einem Augusttag, so berichtete Kriminalhauptkommissar W. Dahncke, erschien Rada betrunken bei der Kriminalpolizei. Er stieß wilde Drohungen gegen die Bäuerin Ilse Metzner aus. Sie habe mehrere Kinder umgebracht, deren Erzeuger wahrscheinlich er gewesen sei. Der diensthabende Beamte nahm den betrunkenen radebrechenden Jugoslawen anfangs nicht ernst. Aber als er hinausging und rief, er werde nun selbst für Gerechtigkeit sorgen, fürchtete der Beamte eine Gewalttat. Mit seinem Dienstwagen verfolgte er das Taxi, in das der Jugoslawe gestiegen war. Das Taxi hielt in einem benachbarten Dorf vor einem Bauerngut. Das Hoftor war verschlossen. Der Jugoslawe trat wütend dagegen und schrie, man solle ihm öffnen. Der Polizist nahm ihn fest und brachte ihn zur Ausnüchterung in die Dienststelle zurück.

Am nächsten Morgen wurde der Jugoslawe ordnungsgemäß vernommen. Rada erzählte die Geschichte seiner Beziehung zu Ilse Metzner. Er behauptete, sie habe vier Neugeborene ermordet.

Nun nahm die Kripo den Fall doch ernst. Sie bildete eine Sonderkommission. Wochenlange Ermittlungen setzten ein. Dutzende von Zeugen wurden befragt. Der Mordverdacht begann sich zu bestätigen. Rada, Ilse und Wally wurden verhaftet. Ilses Aussagen deckten sich im wesentlichen mit Radas Bericht, nur mit einem Unterschied: Sie behauptete, Rada habe die Kinder erwürgt. Wally gestand, daß sie bei einem Mord dabeigewesen war. Es sei Rada gewesen, der das Neugeborene umgebracht habe.

Zwei der Kindesleichen konnten exhumiert werden: die auf dem Friedhof und die im Küchengarten. Die Leiche im Schrebergarten konnte nicht gefunden werden, da Wally nicht mehr wußte, in welchem Garten sie die Leiche vergraben hatte.

Die Skelette wurden gerichtsmedizinisch untersucht. Die von den Tätern genannte Todesursache durch Erwürgen konnte nicht mehr verifiziert werden. Jedoch konnten die Gerichtsmediziner Ilses spätere Schutzbehauptung widerlegen, die Kinder seien Frühgeburten gewesen und tot zur Welt gekommen. Sie wiesen nach, daß sie voll ausgereift gewesen waren. Damit stützten sie Wallys Aussage, daß das (dritte) Kind bei der Geburt gelebt habe.

Im Schwurgerichtsprozeß gegen Ilse, Rada und Wally wurde festgestellt, daß Ilse Metzner vor der Geburt der vier Kinder »keinerlei Vorbereitungen getroffen hatte, um das zu erwartende Kind gesund zur Welt zu bringen und entsprechend zu pflegen. Dieses Verhalten spricht dafür, daß bei R. und I. schon vor der Geburt der Tötungswille vorhanden war.« Für den ersten Mord 1944 wurden beide Täter unter Berücksichtigung der damaligen Notlage nicht verantwortlich gemacht.

Das Gericht war überzeugt, daß Rada alle Kinder mit eigenen Händen erwürgt und Ilse Metzner diese Morde gebilligt habe. Rada erhielt eine lebenslängliche Freiheitsstrafe, Ilse M. eine sechsjährige Zuchthausstrafe und Wally wegen Beihilfe eine kürzere Gefängnisstrafe.

Nur ein Bein

Harry Koppatsch ist in einem mansfeldischen Dorf geboren. Als Jugendlicher arbeitete er in einem Walzwerk in Hettstedt. Er war einundzwanzig, als er 1955 heiratete. Seine Ehefrau Elvira brachte ein Kind mit in die Ehe, den neunjährigen Rolf. Rolfs Vater war amerikanischer Besatzungssoldat gewesen, mit dem Elvira 1945 eine flüchtige Beziehung gehabt hatte.

Harry Koppatsch versuchte von Anfang an, Rolf wie sein eigenes Kind anzunehmen. Rolf machte ihm das nicht leicht. Ungünstige häusliche Verhältnisse in der Kindheit und ein ungestümer Charakter hatten ihn frühzeitig zu einem widerspenstigen und aggressiven Kind werden lassen. Die bis zu ihrer Heirat alleinerziehende Mutter, durch Berufsarbeit und das schwierige Kind überfordert, hatte wohl gehofft, nach der Heirat würde sich das ändern. Ein Vater wäre im Haus, und Rolfs Verhalten könnte sich normalisieren. Diese Hoffnung erfüllte sich nicht. Der Stiefvater war nach Ansicht der Mutter dem Jungen gegenüber zu weichherzig. Harry Koppatsch lehnte es ab, ihn hart anzufassen oder ihn sogar, wie die Mutter forderte, zu schlagen. Die Mutter sagte, dadurch fühle sich Rolf nur bestätigt in seinem üblen Tun. Er schwänzte die Schule, schlug Kinder blutig, trieb sich herum. Schließlich mußte er in ein Heim für schwererziehbare Kinder eingewiesen werden.

1957 fürchtete Elvira, wegen Staatsverleumdung verhaftet zu werden. Sie floh mit ihrem Mann und der Tochter nach Westberlin. Später siedelten sie nach Solingen über, wo Koppatsch Arbeit erhielt.

Ihren Sohn Rolf hatte die Mutter in der DDR zurückgelassen. Rolf lebte damals noch im Heim. Er glaubte, die Mutter sei froh, ihn auf diese Weise losgeworden zu sein. Sein Haß gegen die Mutter und auch den Stiefvater wuchs. Zugleich aber sehnte er sich auch danach, dem Heim zu entrinnen. Er fürchtete eine Bestrafung, denn er hatte mit einer Kuh Unzucht getrieben. Kurz entschlossen floh er ebenfalls nach Westberlin und zog dann von hier aus zu seinen Eltern nach Solingen.

Schon nach wenigen Tagen, so hieß es im Bericht von Kriminalmeister F. Meese, »stiftete er regelrecht Unfrieden in der Familie«. Er schlug die kleinere Stiefschwester, schwänzte die Berufsschule, bummelte, bestahl Kollegen. Bald stellte sich heraus, daß er seine sechsjährige Stiefschwester sexuell nötigte. Ein Ermittlungsverfahren wegen Unzucht mit einem Kind wurde eingeleitet. Koppatsch wandte sich an das Fürsorgeamt, um eine Trennung Rolfs von Eltern und Stiefschwester zu erreichen. Doch das Amt unternahm nichts. Das ermutigte den inzwischen sechzehnjährigen Rolf zu neuen Gewalttätigkeiten. Er bedrohte ein Mädchen mit dem Messer und zwang es zu unzüchtigen Handlungen.

Immer mehr staute sich in Harry Koppatsch die Erbitterung gegen Rolf an. Alle Ermahnungen, sein Leben in den Griff zu bekommen, alle Auseinandersetzungen über seine ständigen Provokationen hatten nichts bewirkt. Koppatsch, der bisher jede körperliche Züchtigung verabscheut hatte, sah alle seine Bemühungen gescheitert, Rolf in die Familie einzubinden.

Eines Tages war Rolf erneut zur Kriminalpolizei vorgeladen worden. Koppatsch kannte den Grund nicht. Er befürchtete, es ginge um eine neue Straftat Rolfs. Als Rolf mittags von der Vernehmung heimkehrte, war Koppatsch allein in der Wohnung. Er fragte Rolf, warum er vorgeladen worden war. Rolfs höhnische Antwort erzürnte Koppatsch so, daß er zum ersten Mal Rolf eine Ohrfeige gab. Rolf schlug zurück. Koppatsch reagierte mit weiteren Schlägen. Rolf bekam Angst und wollte aus dem Zimmer flüchten. Koppatsch ergriff eine Flachfeile, die auf dem Tisch lag, und schlug Rolf damit auf den Hinterkopf. Rolf brach zusammen. Koppatsch kam in diesem Augenblick der Gedanke, nur noch Rolfs Tod könne die Familie von all dem Kummer befreien, den Rolf ihr bisher bereitet hatte. Rolf lag bäuchlings auf dem Boden, anscheinend bewußtlos. Koppatsch schlug ihm noch mehrmals mit der Feile auf den Hinterkopf. Er war sich nicht sicher, ob Rolf tot war. Deshalb würgte er ihn noch eine Weile mit beiden Händen.

Nun hatte Koppatsch eine Leiche in der Wohnung. Er wußte, daß ihm nur drei Stunden Zeit blieben, bis Rolfs

Mutter heimkam. Er hatte nicht den Mut, ihr die Tat zu gestehen. Deshalb beschloß er, die Leiche zu vergraben. Aber jetzt, am hellichten Tag, konnte er sie nicht aus dem Haus schaffen. Vielleicht ließ sie sich im Keller zwischenlagern, dachte er. Er hörte immer wieder Stimmen und Schritte im Hausflur, so daß ihm der Transport der Leiche in den Keller zu riskant war. Er nahm sich vor, die Leiche zu zerstückeln, die einzelnen Teile ließen sich dann leichter wegbringen.

Koppatsch ging ins Badezimmer. In der Badewanne lag eingeweichte Wäsche. Die brachte er in der Waschmaschine unter. Dann verbrachte er die Leiche in die Badewanne. Er glaubte, es würde seine Arbeit erleichtern, wenn er die Leiche zuvor ausbluten ließe. Mit einem Brotmesser schnitt er den Hals bis auf die Wirbelsäule durch. Später sagte Koppatsch aus, die Schnittwunde habe so stark geblutet, daß Rolf in diesem Augenblick noch gelebt haben müsse.

Dann begann Koppatsch, mit dem Brotmesser beide Beine abzutrennen. Er hatte nicht geahnt, welch mühsames Unterfangen das war. Es dauerte auch viel länger, als er gedacht hatte. Währenddem mußte er immer wieder auf die klaffende Halswunde blicken. Ekel und Übelkeit wurden so stark, daß er von weiterer Zerstückelung absah. Er holte einen roten, mit weißen Blümchen bedruckten Bettbezug, duschte den blutigen Oberkörper ab und wickelte ihn in den Bettbezug ein. Einen Pappkoffer legte er mit Packpapier aus und verstaute darin die beiden Beine und die Kleidungsstücke des Toten. Den im Bettbezug befindlichen Rumpf verschnürte er mit einem Elektrokabel, so daß er ihn wie ein Paket tragen konnte. Koffer und Bündel versteckte er im Keller und reinigte sich, das Bad, die Wanne und das Zimmer von Blutspuren.

Kurz darauf kehrte seine Frau von der Arbeit heim. Sie fragte nach Rolf. Koppatsch sagte, nach der Vernehmung bei der Kripo sei er nur kurz zu Hause gewesen und dann gleich wieder weggegangen.

Als Rolf abends noch immer nicht zurückgekehrt war, erstattete Elvira Vermißtenanzeige. Die Kripo nahm die Anzeige auf, ging ihr aber nicht weiter nach. Sie nahm an, Rolf sei nach der Vernehmung untergetaucht, um sich einem Strafverfahren zu entziehen.

Koppatsch wartete nachts, bis Frau und Tochter schliefen. Dann holte er den Bettbezug mit dem Torso und eine Kohlenschaufel aus dem Keller. Nicht weit von der Wohnung entfernt befand sich ein Wäldchen mit dichtem Unterholz. Dort vergrub er das Leichenbündel. Auch das war eine anstrengende Arbeit, die Stunden dauerte. Er schreckte davor zurück, mit dem Vergraben des Koffers diese Mühsal noch einmal auf sich zu nehmen.

Zwei Tage später, wiederum nachts, holte er aus dem Keller den Koffer, in dem die zwei Beine lagen.

Durch diesen Stadtteil zieht sich ein Wassergraben, der von der Wupper abgeleitet ist. Das Wasser des Kanals treibt die Turbinen einer Fabrik. Koppatsch warf die Beine und die Kleidungsstücke in den Wassergraben. Einen Schuh und eine Socke ließ er versehentlich am Ufer liegen. Er zerteilte den Koffer und versenkte ihn ebenfalls im Kanal.

Inzwischen war seit dem Mord mehr als eine Woche vergangen. Die Kripo hatte nichts unternommen, um den Vermißten ausfindig zu machen oder sich wenigstens in dessen Wohnung umzuschauen. Am neunten Tage nach der Tat reinigte ein Arbeiter den Gitterrost des Wasserkanals. Im Schutzgitter hingen Äste, Abfall, Schlamm. Bei dieser Tätigkeit erblickte der Mann im Wasser ein menschliches Bein.

Die Mordkommission begab sich an den Fundort. Das Bein war sauber am Hüftgelenk abgetrennt. Das schloß einen Unfall aus und wies auf eine vorsätzliche Leichenzerstückelung hin, also auf die Folge eines Tötungsverbrechens.

Das Bein wurde der Gerichtsmedizin zur Untersuchung übergeben.

Festzustellen, wie lange eine Leiche oder ein Leichenteil im Wasser gelegen hat, gehört zu den Schwierigkeiten in der Rechtsmedizin. Eine genaue Zeitbestimmung – die für die Ermittlung der Todeszeit wichtig ist – hängt von der Kenntnis mehrerer Bedingungen ab, z. B. ob das Objekt sofort nach Eintritt des Todes ins Wasser verbracht wurde oder erst nach einiger Zeit hineingelangte. Auch die Art des Wassers, seine Temperatur und die jahreszeitlichen Verhältnisse verändern eine Leiche unterschiedlich. Die Gerichtsmediziner kamen zur Ansicht, daß das Bein etwa acht Tage im Wasser gelegen haben könnte. Die Größe des Beines ließ vermuten, daß es das Bein eines jungen Menschen im Alter zwischen siebzehn und zweiundzwanzig Jahren mit einer Körpergröße von etwa 1,64 Meter war.

Mit diesem vorläufigen Befund ausgerüstet, überprüften die Kriminalisten die Vermißtenmeldungen der letzten zwei Wochen. In diesem Zeitraum waren ein Dreizehnjähriger und ein Sechzehnjähriger verschwunden. Einem Dreizehnjährigen konnte das Bein nicht zugeordnet werden. Also war es möglicherweise das Bein des als vermißt gemeldeten Rolf Koppatsch.

Diese Vermutung wurde durch den Fund eines Schuhs und einer Socke am Ufer des Wassergrabens bestärkt. Elvira Koppatsch war sich sicher, daß beides ihrem Sohn gehört hatte. Der Schuh paßte auch an den Leichenfuß. Aber der Körper des Toten blieb vorerst verschwunden. Der Wassergraben wurde entleert, die Wupper mit ihren Nebenarmen weiträumig durchsucht. Bereitschaftspolizisten durchstreiften mit Diensthunden erfolglos Wiesen und Waldstücke in der Nähe des Fundortes. Schließlich trat eine ganze Hundertschaft in Aktion. Mit Sonden und Spaten untersuchten die Polizisten erneut das bereits durchforschte Gelände. Und dann entdeckten zwei Polizisten im dichten Unterholz des Wäldchens am Kanal den vergrabenen Bettbezug mit dem Körper des Toten.

Die Leiche wurde als Rolf Koppatsch identifiziert.

Bei der Obduktion wurden drei Schädelverletzungen festgestellt. Sie waren allerdings nicht so schwer, daß sie zum Tode geführt hätten. Massenhafte Haut- und Bindehautblutungen, Kratzer und Abschürfungen am Hals sowie hochgradige Blähung der Lungen ergaben als Todesursache Erwürgen.

Die Kriminalisten benachrichtigten die Eltern des Toten. Dabei zeigten sie ihnen den roten Bettbezug mit den weißen Blümchen. Harry Koppatsch sagte, er kenne den Bettbezug nicht. Aber Elvira korrigierte ihn erregt: »Aber das ist doch ein Bezug von uns!« Sie hatte das kaum ausgesprochen, als sie ohnmächtig zusammenbrach.

Der Mordverdacht richtete sich gegen Harry Koppatsch. Er wurde festgenommen und gestand die Tat.

Kriminalmeister F. Meese schrieb über den Täter, er sei ein ruhiger, fleißiger, verläßlicher Mensch gewesen, ein guter Familienvater, der zuerst an die Familie und zuletzt an sich selber dachte. Die Kripo besaß Aussagen von Rolf, in denen dieser von seinem Stiefvater sagte: »Er gab mir das letzte, was er hatte.« Harry Koppatsch habe sehr unter seiner Tat gelitten. Während die Mutter nur voller Haß über ihren Sohn sprach (dem sie nach Meeses Meinung nicht genug Nestwärme gegeben hatte), äußerte sich Harry Koppatsch niemals negativ über ihn. Meese meinte abschließend: »Bei der Beurteilung des Opfers und des Täters kommt der Täter wesentlich günstiger davon als der Getötete.« Beim Täter habe sich eine lange angestaute Wut durch einen geringfügigen Anlaß explosionsartig entladen.

Um so verwunderlicher ist es, daß Harry Koppatsch eine lebenslängliche Freiheitsstrafe erhielt.

Tödliche Ehen

Es war kurz vor Weihnachten Anfang der 60er Jahre in einer sächsisch-anhaltinischen Stadt. Bunte Kugeln und Lichterketten in den Schaufenstern suchten die bescheidenen Auslagen zu verschönern. Margot Escher, eine vierundfünfzigjährige Angestellte, hatte keinen Blick dafür. Sie war nicht in Weihnachtsstimmung. Sie hatte Angst. Sie war auf einem schweren Gang: zur Volkspolizei.

Einem Oberleutnant der Kriminalpolizei teilte sie mit, ihr Mann sei vor mehreren Wochen weggegangen. Sie wisse nicht, wohin, er habe keine Nachricht hinterlassen. Der Kriminalbeamte stellte die üblichen Fragen. Der Vermißte, Hermann Escher, war vierundsechzig, nicht mehr berufstätig, seit Jahren schon invalidisiert. Also behindert? fragte der Beamte. Nicht direkt behindert, erklärte Elvira. Ihr Mann litt an chronischem Asthma. Bewegen konnte er sich schon, sonst hätte er ja nicht fortgehen können, nicht wahr? Und wann ist er fortgegangen? Irgendwann Anfang November. Den genauen Tag wußte Elvira nicht mehr. Kam es öfter vor, daß er verschwand? Nein, eigentlich ist es das erste Mal. Elvira hatte von Tag zu Tag auf seine Rückkehr gewartet. Aber nun hatte sie die Ungewißheit nicht länger ausgehalten und sich entschlossen, zur Polizei zu gehen. Sie gab Auskunft auf die weiteren Fragen: Ob sie selbst schon nachgeforscht habe, wo sich ihr Mann aufhalten könnte, bei Verwandten, Bekannten, Freunden, bei einer Frau, ob sie Verdacht auf einen Unfall, einen Selbstmord oder gar ein Verbrechen habe. Nichts dergleichen, sagte Elvira, es sei ihr unerklärlich.

Die kriminalpolizeilichen Ermittlungen blieben erfolglos. Es ergab sich kein Hinweis auf einen Unfall, einen Selbstmord oder ein Tötungsverbrechen. Das war ungewöhnlich. Ein so kranker invalider Mensch braucht

Medikamente und ärztliche Betreuung. Seit seinem Verschwinden waren inzwischen mehr als zwei Monate vergangen. Recherchen im Lebensumkreis des Vermißten ergaben, daß das Ehepaar seit längerer Zeit in Unfrieden miteinander lebte. Nachbarn berichteten von lautstarken Auseinandersetzungen. Sie nannten Elvira zänkisch und gemütskalt, die sich wenig oder gar nicht um den kranken Mann kümmerte. Man hatte den Eindruck, er sei ihr eine Last.

So nahm die Kriminalpolizei Mitte Januar eine Hausdurchsuchung vor. Dabei fand sie auch den Personalausweis des Vermißten. Das verstärkte den Zweifel, er habe freiwillig das Haus verlassen. Schließlich wurde im Keller, unter einer großen Steinplatte verborgen, Hermann Eschers Leiche entdeckt.

Der Tote wurde nach über zehnwöchigem Aufenthalt im Kellergrab obduziert.

Über das Obduktionsergebnis berichteten Dr. M. Laufer und Dr. F. Wolff: Die Leiche befindet sich in fortgeschrittenem Fäulniszustand. Die Haut ist grünlich verfärbt, die Körperhöhlen sind mäßig gasaufgetrieben, die Gesichtsweichteile am Beginn der Mumifizierung. In den Augenbindehäuten finden sich keine punktförmigen Unterblutungen, auch ist keine Strangfurche am Hals vorhanden. Zungenbein und Kehlkopfgerüst sind unversehrt. Die inneren Organe befinden sich in fortgeschrittenem Fäulniszustand. Ein Kavernensystem in beiden Lungenspitzen, Anzeichen für Tbc. Schließlich hieß es: »Infolge des fortgeschrittenen Zersetzungszustandes der Leiche konnte die Todesursache durch die Sektion allein nicht festgestellt werden.«

Deshalb wurden Leber und Nieren chemisch-toxikologisch mit Hilfe der Papierchromatographie untersucht.

Die Papierchromatographie ist eine Routinemethode bei toxikologischen Analysen, z. B. beim Nachweis von

Schlafmitteln wie den Barbituraten, aber auch von barbitursäurefreien Präparaten. Diese Methode ist gerade bei sehr kleinen Proben erfolgreich. Das auf einem Spezialfilterpapier erscheinende Chromatogramm erlaubt eine vorwiegend qualitative Bestimmung, also um welche Art von Schlafmittel es sich handelt. Im Fall Hermann Escher konnte Glutethimid nachgewiesen werden. Dieses Glutethimid ist »hinsichtlich seiner pharmakologischen und toxikologischen Eigenschaften mit der Phenyläthylbarbitursäure vergleichbar.«

Hermann Escher hatte also zu Lebzeiten Schlaftabletten zu sich genommen – aber, wie ebenfalls nachgewiesen werden konnte – keine tödliche Menge. Schlafmittel sind ein Gift für Selbstmörder. Als Mordgift sind sie jedoch kaum geeignet. Die meisten sind sehr bitter und schwer in Flüssigkeit lösbar, so daß sich dem Opfer schwerlich eine tödliche Dosis beibringen läßt. Andrerseits gab es keinen Grund, warum Hermann Escher freiwillig mehrere Schlaftabletten eingenommen haben sollte, zumal ja die äußeren Umstände einen Selbstmord ausschlossen.

Die Vernehmungen der Elvira Escher führten bald zu einem Geständnis. Ihre Aussagen stimmten weitgehend mit dem gerichtsmedizinischen Gutachten überein.

Schon seit längerer Zeit gaben Eschers Krankheit, sein hinfälliger Zustand und sein dadurch bedingter Gemütszustand Anlaß zu Spannungen in der Ehe. Elvira wollte den ihr lästig gewordenen Mann loswerden. Sie beschloß, ihn zu töten. Obwohl ihr Mann durch die Krankheit geschwächt war, wagte es die Frau nicht, ihn im Wachzustand zu ermorden. Sie besorgte sich in der Apotheke zwei Schachteln rezeptfreie Schlaftabletten, war sich aber noch nicht klar, wie viele sie brauchen würde, um den Mann in tiefen Schlaf zu versetzen.

Am Spätnachmittag des Mordtages stellte sie zwei Flaschen Bier auf den Tisch. Es war üblich, daß beide um diese

Zeit ein Bier tranken. Escher leerte seine Flasche vollständig, legte sich dann auf die Couch und schlief einige Zeit. Seine Frau hatte ihre Flasche nur zur Hälfte ausgetrunken. Während der Mann schlief, warf die Täterin mehrere Tabletten in die halbgeleerte Flasche und versuchte, sie im Bier aufzulösen. Das gelang nicht gänzlich, es blieben Tablettenreste sichtbar.

Hermann Escher erwachte. Er klagte, wie so oft, über Magenschmerzen. Elvira gab ihm in etwas Wasser seine Magentropfen, sogenannte Dreierleitropfen. Diese enthalten u. a. Baldrian und Pfefferminzspiritus. Dann schüttelte Elvira nochmals kräftig die Bierflasche, um den flockigen Niederschlag der Tabletten aufzulösen, und reichte sie dem Mann. Hermann trank die Flasche, ohne abzusetzen, aus. Danach äußerte er, das Bier habe diesmal sehr bitter geschmeckt. Das kommt von den bitteren Dreierleitropfen, beruhigte ihn Elvira. Das sah er ein. Bald fühlte er sich müde. Er legte den Kopf auf die Tischplatte und schlief ein. Nach einer Viertelstunde rüttelte Elvira ihn und rief seinen Namen. Hermann schlief fest. Sie lehnte seinen Körper nach hinten an die Stuhllehne und holte den bereits zurechtgelegten Seidenschal, drehte ihn zusammen, bis er eine gewisse Festigkeit hatte, und schlang ihn von hinten um den Hals ihres Mannes. Sie packte den Schal an beiden Enden und zog ihn kräftig zu. Ihr Opfer röchelte mehrmals. Sie blickte auf die Wanduhr und lockerte nach etwa fünf Minuten die Drosselung. Hermann Escher war tot.

Den Toten schleppte sie auf die Couch. Mit mehreren Tabletten verschaffte sie sich selber einen ruhigen Schlaf bis weit in den nächsten Tag hinein. Nachts verbrachte sie den abgemagerten Körper des Toten in den Keller, hob unter einer großen Steinplatte eine Grube aus und legte ihn hinein.

Der schlau eingefädelte Mord war aufgeklärt. Die Täterin hatte damit gerechnet, mit dem bitteren Geschmack des Bieres die Bitternis der Tabletten verdecken zu können. Sollte das Opfer dennoch mißtrauisch werden – was dann auch geschah, erklärte sie den auffälligen Geschmack mit den zuvor bewußt verabreichten Dreierleitropfen.

Die Berichterstatter bemerkten abschließend: »Zum Gelingen der Tat hat auch in hohem Maße die geschickte Anpassung an die Lebensgewohnheiten des Opfers beigetragen, vor allem das Biertrinken aus der Flasche und die regelmäßige Einnahme von Magentropfen. Zweifellos waren bei dieser Applikation des Elrodorm derartig günstige Voraussetzungen für eine schnelle Resorption mit einer eventuellen Potenzierung der Wirkung durch Alkohol gegeben, daß der rasch folgende tiefe Schlaf eine unbehinderte Tatausführung ohne jede Abwehr erlaubte.«

Prof. Dr. Trube-Becker hatte in ihren Untersuchungen festgestellt, daß der Ehemann relativ selten Opfer seiner Frau werde. Bei zweihundert Morden zwischen Eheleuten fand sie nur dreizehn Fälle, in denen die Frau ihren Mann getötet hatte.

Der Rentner Bela Kovacs war fünfundsiebzig Jahre alt, als er seine gleichaltrige Ehefrau mit vergiftetem Bier tötete.

Der Mordfall ereignete sich in der ungarischen Stadt Szeged.

Kovacs hatte Zeit seines Lebens in der Landwirtschaft gearbeitet. Seine Frau starb, da war Kovacs achtundsechzig. Kurz darauf verheiratete er sich wieder mit Eva, einer Witwe. Nicht lange, und Kovacs begann die überstürzte Heirat zu bereuen. Eva erwies sich bald als ein unerträgliches Biest. Sie nahm ihm einen beträchtlichen Teil seiner Ersparnisse ab und setzte sie in Alkohol um. Sie betrank sich zu Hause und betrank sich in den umliegenden Schenken. Trinken und Faulenzen waren ihre Lieblingsbeschäftigungen. Kovacs mußte die gesamte Hausarbeit allein verrichten. Er versuchte sich gegen die Unordnung zu wehren, vergeblich, jeder Streit endete für ihn mit einer Niederlage. Er kam gegen seine tyrannische scharfzüngige Frau nicht an. Bald kontrollierte sie jede kleinste Ausgabe und verfügte auch selbstherrlich über seine Rente. Das Leben der beiden bestand nur noch aus Zank und Streit. Bald drohte Kovacs, bald drohte Eva, den Ehepartner umzubringen.

Bis Bela Kovacs eines Tages beschloß, seine Drohung wahrzumachen. Er wollte Eva vergiften. Aber das war ein schwieriges Unternehmen. Belas Drohungen hatten Eva mißtrauisch gemacht. Sie hatte Vorkehrungen gegen eine Vergiftung getroffen, wie sie bei einigen Despoten üblich sind. Zu Hause trank sie nur dann, wenn Bela zuvor etwas von dem Getränk zu sich genommen hatte.

Bela mußte also seinen Mordplan besonders sorgfältig vorbereiten. Es mußte ein sicheres, rasch wirkendes und unauffälliges Gift sein, das Eva nicht wahrnahm, wenn sie es schluckte. Bela wollte es in ein Getränk mit Eigengeschmack mischen, am besten in Bier. Auch mußte das Opfer veranlaßt werden, ohne Argwohn das Bier zu trinken. Die einzige Chance dafür war, Gäste einzuladen. Vor Gästen würde sich Eva wahrscheinlich scheuen, ihn das Getränk vorkosten zu lassen. Schlimmstenfalls müßte er dann selbst ein Schlückchen von dem vergifteten Bier trinken. Noch besser wäre es, auch den Gästen präpariertes Bier anzubieten, es sähe dann wie eine allgemeine Biervergiftung aus.

Als geeignetes Gift hatte Bela Nikotin ausgewählt. Von seiner landwirtschaftlichen Tätigkeit her kannte er die Gefährlichkeit nikotinhaltiger Schädlingsbekämpfungsmittel. Er besaß noch ein Fläschchen davon. Er probierte es zuerst an Ratten aus und überzeugte sich von der tödlichen Wirkung.

Eines Tages vereinbarte Bela mit Eva, ein befreundetes

jüngeres Ehepaar einzuladen, Ferenc und Sofia, und mit den beiden einen gemütlichen Nachmittag zu verbringen.

»Was soll ich zum Trinken besorgen?« fragte er. Er mußte sie fragen, denn sie hatte die Hand auf dem Geld.

»Bier«, antwortete sie, »für jeden eine Flasche.«

Er hatte gehofft, sie würde Bier wünschen. Darin ließ sich das Gift am besten unterbringen.

Bela kaufte vier Flaschen Bier. Im Keller entfernte er vorsichtig an drei Flaschen die Kronkorken und schüttete in jede etwas konzentrierte Nikotinlösung. Dann setzte er die Kronkorken wieder so geschickt auf, daß ihnen die Manipulation nicht anzusehen war.

Am Spätnachmittag des nächsten Tages kam der Besuch. Man plauderte etwas miteinander. Dann fragte Bela die Gäste, ob sie ein Bier trinken wollten. Die Gäste stimmten zu. Bela holte die vier Flaschen aus dem Keller.

»Gut gekühlt und ganz frisch!« verkündete er und öffnete die Kronkorken. Er füllte vier Gläser. Sich selbst schenkte er zuletzt ein. Er setzte sich und hob das Glas: »Na denn, zum Wohl!«

Bela nahm nur einen winzigen Schluck, dann stellte er das Glas auf den Tisch zurück. Hoffentlich merkt niemand etwas, dachte er, das Bier schmeckt widerlich.

Aber Ferenc hatte etwas gemerkt. Er hatte gerade trinken wollen, als er das Glas wieder absetzte. »Das stinkt wie ein ganzer Schweinestall«, sagte er. »Und es schäumt auch nicht.«

»Weil es ganz frisch ist«, erklärte Bela. »Der Verkäufer hat es erst vor drei Tagen abgefüllt.«

»Es ist verdorben«, beharrte Ferenc.

Inzwischen jedoch hatten Eva und Sofia bereits getrunken. Sie hatten die Gläser kaum wieder auf den Tisch gestellt, als ihnen übel wurde. Sie fürchteten zu ersticken. Todesangst überfiel sie. Ihr Hilferuf war nur ein Röcheln. Sofia spürte Brechreiz und lief auf den Hof hinaus, fiel nieder und erbrach. Eva wankte in die Küche, erbrach ebenfalls und sank bewußtlos zu Boden.

»Um Gottes willen«, rief Ferenc, »was ist bloß geschehen! Das muß das Bier sein!«

»Mir ist auch so schlecht«, jammerte Bela.

Ferenc eilte hinaus. Seine Frau lag auf dem Hof. Er wollte ihr helfen und wußte nicht wie. Sie erbrach erneut und flüsterte: »Schnell einen Arzt!«

Nebenan befand sich ein Spirituosengeschäft. Von dort rief Ferenc den Rettungsdienst an. Dann fragte er den Verkäufer, ob Bela bei ihm das Bier gekauft habe.

»Ja, gestern.«

»Es ist verdorben!« sagte Ferenc, »das kann ich Ihnen beweisen!«

Er lief zurück, stellte die vier Gläser und die beiden noch nicht geöffneten Flaschen auf ein Tablett und brachte es in den Laden. Der Verkäufer nippte an einem Glas. »Tatsächlich«, gestand er, »es ist nicht in Ordnung.«

»Warum verkaufen Sie verdorbenes Bier?«

»Als Herr Kovacs es kaufte, war es nicht verdorben. Wahrscheinlich hat er die Flaschen in fauligem Wasser gekühlt. Die Kronkorken müssen sich gelockert haben, fauliges Wasser ist eingedrungen.«

Ferenc forderte den Verkäufer auf, Gläser und Flaschen aufzubewahren.

Inzwischen war ein Rettungswagen eingetroffen. Der Notarzt vermutete eine Vergiftung und forderte Ferenc auf, die Bierreste zurückzuholen und ins Krankenhaus zur Untersuchung zu bringen. Die drei Vergifteten sollten in die Infektionsabteilung eingeliefert werden. Auf dem Transport verstarb Eva Kovacs. Bei Sofia wurde eine schwere Vergiftung festgestellt. Sie hatte Kreislaufzusammenbruch, starke Schweißabsonderung und extreme Schwäche zur Folge. Bei Bela fand sich Blut im Stuhl. Er klagte fortwährend über Übelkeit.

Sofia wurde nach fünf, Bela nach vierzehn Tagen aus der Klinik entlassen.

Die gerichtsmedizinische Obduktion der Eva Kovacs ergab bereits bei der äußeren Besichtigung den Verdacht auf eine akute Nikotinvergiftung. An Nase und Mundöffnung sowie auf der Haut der Lippen befand sich ein eingetrocknetes graugelbes Sekret. Unverkennbar war der tabakähnliche Geruch der Leiche. Der innere Befund zeigte ein Lungenödem, ferner eine ausgeprägte Blutüberfüllung in der Milz, im Magen-Darm-Kanal und im Herzen. Der Inhalt des Zwölffingerdarms roch ebenfalls deutlich nach Nikotin. Die toxikologische Untersuchung einiger innerer Organe bestätigte die Nikotinvergiftung. Sie war auch die Todesursache.

Die chemische Untersuchung des Inhalts der Biergläser und einer scheinbar noch verschlossenen Bierflasche wies Nikotin in beträchtlicher Menge nach. Die quantitative Bestimmung ergab, daß ein großer Schluck Bier die mehrfache tödliche Menge an Nikotin enthielt.

Daß Sofia überlebt hatte, war nach Ansicht der Gerichtsmediziner Prof. Fazekas und Dr. Kosa »entweder nur dem Zufall zu verdanken oder ist mit weitgehendem Ausscheiden des Giftes durch das Erbrechen zu erklären«. Der Täter selbst habe wahrscheinlich eine so winzige Menge des Biers getrunken, daß es bei ihm niemals zu einer lebensgefährlichen Vergiftung kommen konnte.

Kriminaltechnisch wurde nachgewiesen, daß die Kronkorken zweimal entfernt worden waren.

Bemerkenswert an diesem Mord ist die wohldurchdachte Vorbereitung. Bela hatte das Gift zuvor an Ratten ausprobiert. Das Bier sollte den Nikotingeruch mildern. Die Vergiftung sollte als Folge verdorbenen Biers getarnt werden. Er selbst nahm etwas Bier zu sich, um den Verdacht von sich abzulenken. Und er kalkulierte bei dem Mord den Tod weiterer Menschen ein.

Kovacs wurde psychiatrisch untersucht. »Eine Geisteskrankheit, senile Demenz oder Bewußtseinsstörung waren nicht nachweisbar«, erklärten die Gerichtsmediziner. »Doch äußerten wir uns bei der psychiatrischen Begutachtung dahin, daß das tiefe Zerwürfnis zwischen dem Angeklagten und seiner Frau, das teils aus dem Verschulden der Frau seit Jahren bestand, beim Ausklügeln des Plans wesentlich mitgespielt haben dürfte.«

Es gibt Dutzende von Berichten über den Tod durch Nikotin. Der erste bekannt gewordene und toxikologisch nachgewiesene Nikotinmord geschah 1850 in Belgien. Der Graf Bocarme goß seinem Schwager gewaltsam Nikotinlösung in den Mund. Das Opfer starb unter gräßlichen Qualen innerhalb von Minuten. Auch Selbstmörder töteten sich mit Nikotin, sowohl als Sud aus Tabak oder sie aßen größere Mengen Tabak. Mehreren Opfern wurde zum Scherz Nikotinlösung in den Schnaps gegeben. Sie starben sofort. Eine Frau kam zu Tode, als sie mit Tabaksud eine Abtreibung vornahm. Ebenfalls in Ungarn ereignete sich ein Todesfall, als eine Frau ihrem Ehemann Nikotin ins Gesicht und in die Augen schüttete. Auch nikotinhaltige Schädlingsbekämpfungsmittel verursachten immer wieder tödliche Unfälle.

Der oft blitzartige Tod durch konzentrierte Nikotinlösung erklärt sich daraus, daß die Schleimhäute das Gift sofort absorbieren und dadurch die akute Vergiftung außerordentlich beschleunigt wird.

Ein makabrer,
wenn nicht tragischer Fall

In dumpfer Betäubung blickt er auf die reglose Frau, die vor ihm auf dem Teppich liegt.

Plötzlich wird ihm bewußt, daß der Fernsehapparat noch läuft: die Pfingstsamstagabend-Show. Das Ballett. Ein Wirbel von Lärm und Rhythmus.

Er wendet den Kopf und starrt auf die leicht angewinkelten Beine seiner Frau. Der Bademantel hat sich über die Knie emporgeschoben, die Nylonstrümpfe sind fast bis auf die Knöchel heruntergerollt. Unordentlich selbst noch im Tod, fährt es ihm durch den Kopf.

Er läßt sich auf einen Stuhl fallen.

Tot. Sie ist tot, tot, tot. Die Wiederholung nimmt dem Wort jeden Sinn.

Tot. Erwürgt.

Er versucht sich zu erinnern, wie es geschehen ist. Als könnte die Erinnerung alles rückgängig machen. Den ganzen Nachmittag in der Eckkneipe gesessen. Bier getrunken. Karten gespielt. Heimgegangen. Monika mit ihren üblichen weinerlichen Vorwürfen: »Wieder versumpft! Die sind dir ja mehr wert als ich! Ich könnte inzwischen krepieren, das merkst du auch erst drei Tage später! Ein mieser Kerl! Und du willst bald Vater werden? Ein schönes Vorbild für dein Kind!«

Er hatte versucht, ihren Übertreibungen zu entgegnen, und dabei nur noch ihren Zorn gesteigert. Wieder war ein solcher wilder Streit entbrannt, wie er sich seit Monaten fast täglich ereignete, um irgendwelche Nichtigkeiten, wie er meinte, um Lebenswichtigkeiten, wie sie behauptete.

Vielleicht hatte die Schwangerschaft sie so verändert. Sie merkte nicht, daß ihn ihre üble Laune regelrecht von zu

Hause forttrieb, zu Freunden, zu ruhigen Männergesprächen und Späßen bei Karten und Bier.

Bisher hatte er ihren Vorwürfen eine Art passiven Widerstandes entgegengesetzt, die lächerlichen Beschuldigungen über sich ergehen lassen oder geduldig zurückgewiesen.

Heute abend aber – er weiß selbst nicht mehr, warum ihn Monikas Beschimpfungen immer wütender gemacht hatten. Er hatte wohl zu viele Demütigungen hinuntergeschluckt. Nun hatten sie sich zu einem Klumpen zusammengeballt. Er wäre daran erstickt, hätte er ihn nicht ausgespuckt.

Anfangs noch hatte er sich vor den Fernsehapparat gesetzt und Monika aufgefordert, ihn in Ruhe zu lassen. Sie schrie ihn an, sie lasse sich nicht den Mund verbieten, und von so einem schon gar nicht! Von so einem! Die Verachtung, mit der sie das sagte, hatte ihn noch mehr verbittert.

Er war aufgesprungen. »Ich laß mich nicht wie ein Stück Dreck behandeln!«

»Was bist du den anderes als ein Stück Dreck!« höhnte sie. Dabei hatte sie theatralisch aufgelacht. Dieses Lachen war zuviel für ihn gewesen. Er wollte dieses hämische hysterische Lachen auslöschen.

Er hatte ihren Hals gepackt und zusammengedrückt. Das Lachen war in ein Gurgeln übergegangen. Plötzlich war sie in seinen Händen ganz schwer geworden und zusammengesunken.

Erwürgt. Tot.

Der sechsundzwanzigjährige Handelsvertreter Rainer Mohnstock sitzt noch immer auf dem Stuhl, blickt auf die Tote. Sie wird nicht wieder lebendig. Er sitzt noch anderthalb Stunden, bis er die Kriminalpolizei anruft, seiner Frau sei etwas zugestoßen.

Gegen 22.30 Uhr erscheinen zwei Kriminalbeamte.

Sie sehen eine junge Frau auf dem Teppich liegen, nur mit einem Bademantel bekleidet. Sie liegt auf dem Rücken, die Beine leicht angewinkelt und gespreizt, die Arme weit ausgebreitet. An den Füßen trägt sie heruntergerollte Nylonstrümpfe. Hausschuhe sind nicht zu sehen. Die Tote liegt neben dem Tischchen mit dem Fernsehapparat. Die Bildseite ist der Wand zugekehrt, die Rückseite des Apparates offen, die Abdeckplatte des besonders isolierten Hochspannungsteils liegt oben auf dem Gehäuse. Das Kabel des Gerätes läuft unter der Leiche hinweg bis zur Schuko-Steckdose an der Wand. Der Stecker des Kabels ist herausgezogen.

»Was ist geschehen, Herr Mohnstock?« fragt Oberkommissar Münz.

Mohnstock berichtet, als er heimkam, habe seine Frau leblos auf dem Teppich gelegen. Der Schreck habe ihn so verstört, daß er erst Stunden später die Polizei benachrichtigt habe. Mohnstock deutet auf die rechte Hand der Toten, die eine Kombizange hält. »Monika hat sicher etwas an dem Fernsehapparat reparieren wollen und einen Stromschlag erhalten.«

»Verstand sich denn Ihre Frau auf solche Reparaturen?«

»Basteln war ihr Hobby, das wissen alle unsere Bekannten.«

Warum betont er das so, denkt Münz und beugt sich über die Leiche. Etwas Glänzendes an ihrem linken Nylonstrumpf ist ihm aufgefallen. Er sieht, daß oberhalb des Knöchels blanke Kupferlitze fest um den Unterschenkel gewickelt ist. Er streift den Strumpf am rechten Unterschenkel etwas weiter herauf. Auch hier die gleiche Umschnürung durch Kupferdraht.

»Was soll der Kupferdraht, Herr Mohnstock, wie erklären Sie sich das?«

»Der Kupferdraht?« Mohnstock blickt erstaunt nieder. »Ah ja, natürlich. Monika hatte sich nach dem Baden die

Strümpfe angezogen und sie wahrscheinlich mit etwas Draht befestigt.«

Münz läßt sich nicht anmerken, was er von dieser irren Erklärung hält. Aber er kann sich auch noch kein Bild von den tatsächlichen Vorgängen machen. Viele Elektrounfälle enden tödlich. Aber die Kupferlitzen an den Fußgelenken passen nicht zu einem Elektrounfall. Andererseits sind Morde mit Hilfe von Elektrizität selten. Was liegt hier vor? Unfall oder Mord?

Die Obduktion der Toten verstärkt den Verdacht auf Mord erheblich. Sie weist nach, daß ein Unfall nicht wahrscheinlich ist.

Bei der Sektion stellt Dr. Wander an der Innenseite der rechten Hand und an beiden Unterschenkeln Strommarken fest. Strommarken entstehen durch die Hitzeeinwirkung elektrischen Stroms. Es sind lokale Hautveränderungen, deren rötlichbraunes Zentrum von einem grauweißen Wall umgeben ist.

Die Strommarken an der Hand befinden sich am kleinen Finger, am Zeige- und am Ringfinger. Armreifen, die die Tote getragen hatte, hatten Strommarken an den Innenseiten beider Unterarme verursacht. Strommarken oberhalb der Fußgelenke umlaufen die Unterschenkel ringförmig und entsprechen der Lage der Kupferlitzen.

Die Strommarken an den Unterschenkeln sind noch zu Lebzeiten der Frau entstanden, die Strommarken an Hand und Unterarmen vermutlich erst nach dem Tod.

Die Strommarken an der rechten Hand entsprechen nicht dem Abdruck eines Stromleiters, also der Kombizange.

An der Kupferlitze befinden sich eingeschmolzene Hautpartikel. Diese fehlen jedoch an den Nylonstrümpfen. Da Nylon isolierend wirkt, hätten sie den Stromeintritt in den Körper verhindert. Sollte aber trotzdem Strom hindurchgeflossen sein, hätten sich an den Strümpfen ebenfalls Hautpartikel finden müssen. Aus alledem läßt sich schließen, daß die unter Strom gesetzte Kupferlitze ursprünglich direkt auf der Haut gelegen hatte und erst nach dem Stromeintritt, also nach dem Tode, über die Strümpfe gelegt worden war.

Mit zwei weiteren Feststellungen widerlegt Dr. Wanders Gutachten die Behauptung Mohnstocks, seine Frau sei durch einen Elektrounfall bei der Reparatur des Fernsehapparates ums Leben gekommen.

Da die Strommarken an den Unterschenkeln zu Lebzeiten, die Strommarken an Hand und Armen erst nach dem Tode entstanden waren, mußte also zweimal Strom in den Körper geleitet worden sein. Und da sich der Abdruck der metallischen Armreifen nur an der Innenseite der Arme befand, mußte der Strom eingeleitet worden sein, als die Arme der Frau mit der Unterseite bereits auf dem Erdboden auflagen. Die Feststellung, daß das Opfer zu unterschiedlicher Zeit zweimal der Einwirkung elektrischen Stroms ausgesetzt worden war, sprach also gegen einen Unfall.

Auch ein Elektro-Sachverständiger schloß aus, daß aufgrund aller vorhandenen Bedingungen das Fernsehgerät als Quelle eines tödlichen Unfalls hier in Frage kam.

Beide Gutachten, das medizinische wie das physikalische, erklärten einen Elektrotod durch Unfall für unmöglich. Sie überführten Mohnstock der Tötung seiner Frau durch elektrischen Strom.

Dieser Fall hat einen makabren, wenn nicht tragischen Aspekt. Mohnstock hatte beabsichtigt, den im Affekt begangenen Totschlag dadurch zu tarnen, daß er einen tödlichen Unfall durch elektrischen Strom vortäuschte. In Wirklichkeit war seine Frau durch das Würgen nur bewußtlos geworden. Getötet hatte er sie wider Willen erst danach – nämlich als er Strom in ihren Körper leitete.

Ein Vatermord

»Es war ein dramatischer Augenblick, als die Leiche umgewendet wurde, denn in der rechten Hand hielt der Getötete einen Federhalter ...« berichtete der Gerichtsmediziner Prof. Dr. H. W. Schultze.

Dieser äußerst merkwürdige Fall trug sich bereits 1924 zu. Er wird hier trotzdem erzählt, denn anfangs schien es ein simpler Selbstmord zu sein, der sich jedoch schon bei der ersten Besichtigung des Toten durch einen Gerichtsmediziner als Mord herausstellte. Dabei kam ihm eine sehr seltene Erscheinung an der Leiche des Opfers zu Hilfe. Sie gab dem Fall eine aufsehenerregende Note.

In einem Dorf nahe Braunschweig wohnte in einem kleinen Haus der Schuhmacher Schindler mit seiner Frau, vier Kindern und seinem Vater. Nach dem Tode seiner Frau hatte der Vater das Haus geerbt und dann seinem Sohn überschrieben, sich jedoch notariell ein Wohnrecht auf Lebenszeit und ein tägliches Mittagessen gesichert.

Der Vater war ebenfalls Schuhmacher gewesen, hatte dann diese Tätigkeit aufgegeben und Werkstatt und Werkzeug dem Sohn überlassen. Er arbeitete jetzt im Ort als Kassierer für eine Krankenkasse. Trotz des notariellen Vertrages waren noch einige Probleme ungeklärt geblieben, u. a. die Aufteilung der Räume und die Nutzung der Möbel. Das gab Anlaß zu Streitigkeiten zwischen Sohn und Vater. So wickelte beispielsweise der Vater seine Kassengeschäfte noch in der Werkstatt ab, in der der Sohn arbeitete. Der fühlte sich durch die Kunden des Vaters gestört, denn diese kamen zu völlig willkürlichen Zeiten, um ihre Beiträge zu bezahlen. Der Vater weigerte sich, feste Kassenstunden einzurichten. Erst nach heftigen Auseinandersetzungen erklärte er sich schließlich bereit, die Geschäfte in seinem eigenen Wohnzimmer zu tätigen.

Noch mehr Verdruß bereitete dem cholerischen Schindler, daß der Vater mit am Mittagstisch saß, wie es der Vertrag vorsah.

Als Schindler erfuhr, daß der Vater wieder heiraten wolle, empfand er das als unerträgliche Bedrohung und voraussehbare Einengung seines eigenen begrenzten Wohnraums. Die Spannung zwischen beiden wuchs. Sie redeten nicht mehr miteinander, und wenn es unumgänglich war, brach sofort wüster Streit aus.

Einen Tag, bevor der Vater die Kassierung in sein eigenes Zimmer verlegen wollte, erreichte der Konflikt seinen tödlichen Höhepunkt.

Es war an einem Sonnabendvormittag. Vater und Sohn befanden sich in der Werkstatt. Schindler reparierte ein Paar Schuhe. Der Vater saß auf einem dreibeinigen Schemel an seinem Schreibpult und überprüfte Abrechnungen. Er bemerkte nicht, daß auf dem Werkzeugtisch der Trommelrevolver seines Sohnes lag, den dieser am Abend zuvor gereinigt und geölt hatte.

Der Streit entzündete sich an einer belanglosen Frage des Vaters. Er wollte wissen, ob der Sohn nachmittags in die Stadt fahren werde, um, wie versprochen, die Tapeten für das neu einzurichtende Zimmer des Vaters zu besorgen. Schindler gab eine patzige Antwort, die der Vater ignorierte. Er blätterte weiter in seinen Akten und fragte dabei erneut nach den Tapeten. Schindler rief, der Vater habe ihm gar nichts zu befehlen. Der Vater verwies darauf, es sei sein Recht, eine Instandsetzung des Zimmers zu fordern, schließlich sei der Sohn der Hauswirt. Der Vater sagte das, ohne sich umzuwenden und schrieb währenddem irgendwelche Belege aus.

Schindler griff nach dem Revolver, erhob sich leise, trat unbemerkt hinter den noch immer schreibenden Vater, richtete die Waffe auf dessen rechte Schläfe und drückte ab. Der Vater stürzte mit dem Schemel nieder und blieb reglos liegen. Schindler zielte auf ein Tischchen, das neben dem Werkzeugtisch stand und schoß noch einmal. Dann legte er den Revolver nahe dem Kopf des Vaters auf den Boden ...

Schindlers Frau, die im oberen Stockwerk zu tun hatte, hatte die Schüsse gehört. Sie eilte hinunter, trat in die Werkstatt und sah den Schwiegervater vor dem Schreibpult liegen. Sie trat zu ihm. Er lag auf dem Bauch. Aus einer Wunde über dem linken Ohr floß Blut in großer Menge aus. Frau Schindler blickte entsetzt zu ihrem Mann. Der saß am Schustertisch und hämmerte emsig Zwecken auf eine Schuhsohle. Er murmelte: »Er hat es nicht anders verdient.«

»Hast du ihn etwa erschossen?«

»Ich? Er selber war es. Du gehst jetzt zum Gemeindevorsteher und meldest Vaters Selbstmord.«

Zwanzig Minuten später erschien der Gemeindevorsteher. Als er das Haus betrat, sah er Schindler im Hausflur auf der Treppe sitzen. Schindler sagte, sein Vater müsse den Verstand verloren und sich erschossen haben. Der Gemeindevorsteher ging in die Werkstatt, gefolgt von Schindler und seiner Frau. Ihm fiel die merkwürdig verrenkte Haltung der Leiche auf. Er beugte sich nieder, um den Revolver zu betrachten.

»Der lag doch vorhin anders«, sagte Frau Schindler verwundert, »rechts vom Kopf.« Jetzt lag er links.

»Was ist geschehen?« fragte der Gemeindevorsteher.

»Es gab Streit«, antwortete Schindler, »wegen Tapeten. Ich war vielleicht ein bißchen grob, jedenfalls schoß der Vater plötzlich auf mich. Der Schuß ging dort in den Tisch. Dann hat er sich selbst erschossen.«

Der Gemeindevorsteher erklärte, er werde den Landjäger (so hießen damals die dörflichen Polizisten) benachrichtigen. Er verschloß die Tür zur Werkstatt und nahm den Schlüssel an sich. Der Landjäger erschien, sah sich den

Tatort kurz an und benachrichtigte das zuständige Gericht. Zusammen mit dem Pathologen Dr. Schultze traf eine Gerichtskommission in Schindlers Haus ein.

Dr. Schultze hatte aus gerichtsmedizinischer Sicht folgende Tatortsituation zu beurteilen: Die Leiche lag auf dem Bauch dicht vor dem Schreibpult, links neben ihr der umgestürzte dreibeinige Hocker. Auf der rechten Seite des Kopfes hatte sich eine große Blutlache ausgebreitet. Mitten darin lag der Trommelrevolver. Der Kopf des Toten war nach links gedreht, man sah deshalb an der linken Schläfe die blutige Ausschußöffnung.

Dr. Schultze fiel sogleich die merkwürdige Haltung der Leiche auf. Sie lag nicht, wie zu erwarten gewesen wäre, flach auf dem Boden. Der Rücken war stark nach oben gewölbt. Bauch und Brust berührten den Boden nicht, so daß man bequem die Hand darunter schieben konnte. Der linke Arm war spitzwinklig gekrümmt, der rechte befand sich unter dem Körper.

Und dann kam, als die Leiche auf den Rücken gewendet wurde, jener »dramatische Augenblick. Denn in der rechten Hand hielt der Getötete einen Federhalter in charakteristischer Schreibfederhaltung, und zwar so fest, daß die deutlichen Eindrücke am Daumen und Mittelfinger vorhanden waren und der Federhalter auch bei Bewegen des Armes nicht aus der Hand herausfiel.«

Und weiter hieß es dann in Dr. Schultzes Bericht: »Im übrigen war die Leiche in allen Teilen vollständig totenstarr und zeigte die Haltung eines am Schreibtische sitzenden Mannes. Besonders charakteristisch war neben der Stellung des Federhalters auch die starre Haltung des linken Arms. Sie entspricht der Stellung des linken Arms beim Festhalten des Schreibpapiers. Nach diesem Befund konnte es sofort als ausgeschlossen bezeichnet werden, daß der Getötete sich selbst den Schuß beigebracht haben konnte.«

Schindler wurde noch am Tatort vernommen. Sein Konflikt mit dem Vater war bekannt. Er galt als der einzig Verdächtige. Schindler wiederholte, der Vater habe sich selbst erschossen.

»Das ist unmöglich«, erwiderte Dr. Schultze. »Im Augenblick seines Todes hatte er einen Federhalter in der Hand und schrieb. Wie sollte er sich da einen Revolver an die Schläfe halten?«

Schindler wußte eine Antwort darauf. »Vielleicht hat mein vierjähriger Sohn seinem lieben Großvater den Federhalter in die Hand gedrückt – als er schon tot war.«

»Wie das? Der kleine Junge soll die Leiche hochgehoben, die unter der Brust verborgene Hand herausgezogen und dann wieder daruntergeschoben haben?«

Schindler dachte nach. Dann erwiderte er gleichmütig: »Nun gut, dann muß ich wohl die Wahrheit sagen. Ich habe meinen Vater erschossen. Wir hatten Streit. Mein Vater drohte, mich zu erstechen. Ich glaubte, er würde ein Messer herausziehen, griff nach dem Revolver, um mich zu verteidigen. Ich stolperte, ein Schuß löste sich ...‹

»Sie haben zweimal geschossen«, hielt ihm der Untersuchungsrichter vor.

»Der erste Schuß traf den Tisch. Ich fühlte mich noch immer bedroht. Und schoß ein zweites Mal. Es war Notwehr.«

Schindlers Aussage war völlig unglaubhaft. Er wurde verhaftet.

Die gerichtsmedizinische Obduktion ergab »einen absoluten Nahschuß in der rechten Schläfe, genau hinter der Kranznaht, mit ausgedehnter Fraktur nach hinten zu durch das rechte Scheitelbein und nach unten in die Schädelbasis ... Das Gehirn war weitgehend zertrümmert, ein breiter Schußkanal verlief durch beide Schläfenlappen.« Als Todesursache nannte Dr. Schultze Schädeldurchschuß. Ein Selbstmord sei ausgeschlossen. Es handele sich hier um einen der seltenen Fälle kataleptischer Totenstarre. Dabei werde durch die blitzartig eintretende Starre der Skelettmuskulatur diejenige Haltung fixiert, die der Verstorbene im Augenblick des Todes innegehabt habe. Der Verstorbene sei, während er schreibend am Pult saß, von seitlich hinten durch einen absoluten Nahschuß getötet worden.

Das Gericht, mit einer so ungewöhnlichen Leichenerscheinung wie der kataleptischen Totenstarre unvertraut, ersuchte Dr. Schultze um ein zusätzliches Gutachten. Die Frage des Gerichts an Dr. Schultze lautete: Ist es wirklich unmöglich, daß das vierjährige Kind dem Toten nachträglich den Federhalter in die Hand gedrückt haben könnte?

Dr. Schultze ging in seinem Gutachten näher auf die kataleptische Totenstarre ein. Sie sei durch eine sofort tödliche Zerstörung größerer Teile des Gehirns infolge Schädeldurchschuß verursacht worden. Die kataleptische Totenstarre sei erstens dadurch bewiesen, daß die Leiche in allen Teilen vollständig starr war, zweitens, daß sie schon in starrem Zustand zu Boden fiel. Wäre sie in noch schlaffem Zustand niedergestürzt, hätte sie nach dem Gesetz der Schwere eine ganz andere Lage einnehmen müssen. Brust und Bauch hätten dann flach auf dem Erdboden aufgelegen, statt sich nach oben zu wölben. Der Federhalter wäre der Hand entfallen. Um dem Toten den Federhalter in die Hand zu drücken, hätte die Starre gelöst werden müssen. Danach aber wäre die Starre nicht wieder eingetreten. Außerdem hätten bei gelöster Starre die Finger den Federhalter nicht so festhalten können, wie es hier – sichtbar an den Eindrücken an Daumen- und Mittelfinger – der Fall gewesen war. Möglicherweise könne in die schlaffe Hand eines Toten ein Revolver gedrückt werden, der dann, wenn durch die Totenstarre die Hand sich teilweise zur Faust krümmt, einigermaßen festgehalten wird. »Ein Federhalter würde aus einer schlaffen Hand aber stets herausfallen und eine Schreibfederhaltung durch die Totenstarre spontan nicht eintreten.«

Die gerichtsmedizinischen Gutachten trugen entscheidend zur Überführung des Täters bei. Dr. Schultze bekräftigte deshalb die damals durchaus noch nicht selbstverständliche Forderung, zur Tatortuntersuchung einen Gerichtsmediziner hinzuzuziehen: »Hätte der Angeklagte im vorliegenden Fall die Leiche aufgehoben und den Federhalter entfernt, so wäre eine Überführung außerordentlich erschwert gewesen.«

Die kataleptische Totenstarre ist, wie der Gerichtsmediziner Prof. G. Hansen schrieb, eine »besondere, viel diskutierte Form der Starre. Diese ... ist sehr selten.« Eine der Ursachen der kataleptischen Starre ist die Verletzung des Stammhirns. Die Starre setzt im Augenblick des Todes ein und fixiert den Körper in der zuletzt eingenommenen Haltung. Die kataleptische Starre soll des öfteren im Krieg an gefallenen Soldaten beobachtet worden sein. Prof. O. Prokop legte sich in der »Forensischen Medizin« hinsichtlich der kataleptischen Starre nicht fest. Er schloß sich »rückhaltlos« der Meinung einiger Gerichtsmediziner an, die erklärten, »man könne die kataleptische Totenstarre nicht unbedingt ablehnen, es sei aber zweckmäßig, nicht an sie zu glauben, weil man sonst möglicherweise ... über Hergang und Art des Todes getäuscht werden könne.«

Dr. Schultze allerdings war sich sicher gewesen, daß in diesem Fall eine solche kataleptische Totenstarre vorgelegen hatte. Das Gericht schloß sich seiner Meinung an und verurteilte Schindler wegen Totschlags zu lebenslänglicher Freiheitsstrafe.

Ein Muttermord

Im Vatermord-Fall hatte der mörderische Sohn entschieden niedere Motive gehabt. Die Anwesenheit des Vaters und die materiellen Verpflichtungen ihm gegenüber waren Schindler lästig gewesen.

Im Fall des Muttermörders Christian Majeur hatte der Mörder ausgesprochen höhere Beweggründe genannt: die Reinigung und Erlösung der Menschheit von Urschuld und Sünde.

Hatte Schindler letzthin aus Gewinnsucht getötet, so tötete Majeur aus religiösem Fanatismus.

Der Baseler Psychiater Dr. L. Wurmser suchte den Beweggründen des Täters in einer Art psychologischer Obduktion auf die Spur zu kommen. So tiefgründig Wurmser auch unbewußte und stammesgeschichtlich bedingte archaische Motive und eine schizophrene Persönlichkeitsspaltung als Erklärung bemühte – das alles bringt kein Licht in das Dunkel dieser verstörten Seele. Denn offen bleibt die Hauptfrage: ob Schizophrenie zu religiösem Wahnsinn oder religiöser Wahn zu schizophrenen Handlungen führen kann.

Die Tat selbst ist rasch berichtet, ihre Vorgeschichte nur zu erahnen.

Christian Majeur war sechsunddreißig Jahre alt, als er seine Mutter tottrampelte.

Majeur war in der Schweiz geboren und lebte längere Zeit in Deutschland. Er entstammte einer gutbürgerlichen Hugenotten-Familie, die seit Generationen Theologen, Pädagogen und Beamte hervorgebracht hatte. Wurmser wies darauf hin, daß die gesamte Familie einer christlichen Sekte angehörte, die sich jedoch nicht von der Außenwelt abschloß. »Der Großvater war Prediger, der Vater ein verschlossener, etwas eigenartiger Kaufmann, die Mutter tüchtig und energisch, lebhaft und gesellschaftlich, eine gute feinsinnige Erzieherin.«

Christian hatte noch acht Geschwister. Als Kind war er schwächlich und häufig krank. Noch als Erwachsener äußerte er, seine Mutter habe ihn mit besonderer Liebe und Sorgfalt gehegt und gepflegt. Seine schulischen Leistungen waren mäßig. An ein Studium und eine akademische Laufbahn war nicht zu denken. Als junger Mann ging er dann nach Deutschland und arbeitete in verschiedenen Geschäften als Buchhalter. Er galt als bescheiden und verläßlich. Einen Freund hatte er nicht, von Frauen hielt er sich fern. Er litt unter der Öde seines Daseins und suchte nach einer Betätigung, um ihm einen Sinn zu geben. Schon frühzeitig hatte er seine innere Einsamkeit mit Bibelstudien ausgefüllt. Er war sehr belesen und kannte viele Bibeltexte auswendig. So reifte der Wunsch in ihm, mit den Wahrheiten, die er in der Bibel gefunden zu haben glaubte, auch andere Menschen zu beglücken. Er war zweiundzwanzig, als er der Mutter diese Absicht erzählte. Die Mutter war realistischer als der Sohn. Sie war nicht davon überzeugt, daß dieser junge weltfremde Mann den Menschen etwas zu sagen habe. Sie riet ihm ab, und Christian fügte sich.

Von nun an verstärkte er seine Bibelstudien und seine Gebete, bis eines Tages Gott zu ihm sprach, er solle nicht länger zögern und als Prediger SEIN WORT verkünden. Christian gehorchte, ließ sich in einer Missionsschule ausbilden und wurde Prediger.

Diese Tätigkeit – er war inzwischen fast dreißig Jahre – veränderte ihn äußerlich und innerlich sichtbar. Er legte sich einen langen Bart zu, löste sich von seiner Sekte und ließ sich in einer andern erneut taufen, wanderte predigend und bettelnd durch die Lande und kehrte nach einiger Zeit ins Schweizer Elternhaus zurück. Er wirkte, so Wurmser, »mit seinem ungepflegten Bart und dem eigenartigen Ausdruck seiner Augen prophetisch und ekstatisch«.

Christian war schweigsam geworden. Wenn er sprach, sprach er mit den Worten der Bibel. Die Mutter ertrug es geduldig. Der Vater war frustriert vom eifernden Prophetentum seines Sohnes. Es kam zu Auseinandersetzungen. Christian wurde immer aggressiver oder »lächelte mit hoheitsvoller Überlegenheit«.

Wurmser schilderte die einzelnen Stufen des Persönlichkeitszerfalls, »wie hinter der sichtbaren Gestalt des schmächtigen Sektierers mit dem Prophetenbart und den kindlich lächelnden Augen ... die Konturen einer verzerrten Dämonenfratze nebelhaft auftauchen«.

Christian Majeur steigerte sich immer ekstatischer in die Rolle eines Nachfolgers Christi hinein und verkündete den nahen Weltuntergang. Er fühlte sich berufen, die sündige Menschheit zu erlösen, indem er sich selbst zum Opfer bringe. Mehrmals versuchte er sich zu töten und mußte in eine Nervenklinik eingewiesen werden. Er wurde als geheilt entlassen. Besonders beschäftigten ihn nun die Untergangs-Visionen in der Offenbarung des Johannes. Erneut ergriff ihn religiöser Wahnsinn oder – wir wissen es nicht – sein Wahnsinn kleidete sich in religiöses Gewand. Er schloß sich in sein Zimmer ein, schnitt sich die Hälfte des Penis ab und ein Stück Fleisch aus dem linken Bein. Mit den Worten »Jesus ist in mir, Jesus ist der Lebensbaum, wer vom Lebensbaum ißt, kann nie sterben!« aß er das Fleisch und schlürfte das Blut. Als »Abendmahl« bot er davon auch den Eltern an.

Der Vater ließ ihn ins Spital bringen. Er wurde operiert, ein Katheter wurde eingesetzt.

An einem der nächsten Abende besuchte ihn die Mutter.

Schon lange hatte sich bei Christian ein Frauenhaß entwickelt. Die biblische Eva galt ihm als Symbol der Versuchung, der Lüge und Hinterlist, denn sie hatte der

Schlange gehorcht. Von ihr mußte die Welt befreit werden, sie sei die Wurzel allen Übels.

Christian hatte geschlafen. Als er erwachte, saß die Mutter an seinem Bett. Die Mutter! Das Weib! Die Schlange! blitzte es durch sein Hirn. Der Schlange den Kopf zertreten!

Er richtete sich auf, starrte die Mutter an. Der Schlange den Kopf zertreten! Er begann, lautlos zu beten. Und hörte, wie Gott zu ihm sprach: Du sollst das Weib abschaffen und der Schlange den Kopf zertreten!

Und Christian sprang aus dem Bett. Riß sich den Katheter heraus. Die Mutter sah seinen wilden Blick. Sie erhob sich, wollte hinaus, den Pfleger rufen. Aber sie kam nicht weit. Christian trat nach ihr, sie fiel zu Boden.

Nun lag sie vor ihm. Er schloß die Augen und hörte Gott abermals: Du sollst die Schlange zertreten!

Und er zertrat sie.

Seine Beine: ein Hammerwerk, das auf den Kopf der Mutter donnerte. Bis ihr Kopf zerplatzte und das Gehirn heraustrat ...

Christian Majeur wurde auf Dauer in die Psychiatrische Universitätsklinik Basel eingewiesen.

Sein Psychiater suchte die Motive der Tat zu ergründen. Ist es eine gestörte Mutter-Beziehung? »Was haben wir bis jetzt gefunden? Den nicht psychotischen, kindlich treuherzigen verschrobenen Sektierer und andrerseits den psychotischen mörderischen Friedenskönig, der die Erlösung der Welt ... durch Ausrottung des Unreinen, Geschlechtlichen, ... durch die Selbstopferung in Christi Nachfolge und durch die Opferung des Liebsten, der Mutter, die zugleich aber auch ein Symbol der Versuchung und der Sünde war, zu erreichen versuchte ...« Christian hatte später geäußert: »Ich habe sie gleichzeitig geliebt und gehaßt.« Er empfand auch Schuldgefühle, weil er die Mutter getötet hatte. Er versuchte auch, sein Bein zu zerschmettern, mit dem er sie totgetrampelt hatte.

Wurmser fragte auch nach dem Anteil des religiösen Wahns an der mörderischen Tat, suchte in der biblischen Symbolik, die den Täter völlig beherrschte, nach einer Erklärung. Eine überzeugende Antwort fand er nicht. Es sei denn, man akzeptiert die vage Äußerung des Täters, seine Krankheit entspringe dem Sexuellen. Damit näherte man sich dann wieder dem Mutterkomplex: Die verdrängte Haßliebe zur Mutter soll befriedet werden durch die Vernichtung des geliebten und gehaßten Objekts. Und die Bibelzitate in Form des göttlichen Auftrags dienten dann unbewußter Selbstrechtfertigung,

Der Kriminologe Prof. v. Hentig bezeichnete das Töten durch Zertreten als einen stammesgeschichtlich sehr alten Trieb und setzte ihn in Beziehung zum Lustmord.

Wurmser faßte die »psychologische Obduktion« des Täters zusammen: »In der Sprache dieser archetypischen Leitmotive und Einzelsymbole drücken sich gewaltige Aggressionen und Schuldängste, Spannungen und Bindungen, extreme Ambivalenzen und ihre radikale Lösung aus.« Es sei jedoch nicht zu klären, wodurch diese radikale Lösung verursacht worden sei – ob anlagebedingt, durch frühkindliche Erlebnisse oder spätere psychische Störungen.

VI. KAPITEL

SEX UND TOD

*Die Sexualität ist einer der stärksten menschlichen Triebe. Sie
ist »Potenz«, das heißt potenziertes Er-Leben, körperlich, geistig,
seelisch. Ist erfülltes Leben.*

*Deshalb scheinen Sexualität und Tod im Widerspruch zuein-
ander zu stehen, sich auszuschließen. Aber wie das Leben einge-
bettet ist in den Tod, sich erst durch den Tod als Leben bestimmen
läßt, so hat auch die Sexualität neben ihrer hellen, lebenskräf-
tigen Seite eine dunkle und tödliche. Denn »sie wird gesteuert
durch den Stoffwechsel, durch Hormone, durch nervale Reize,
durch genetische Bedingungen, die Umwelt, durch unser Fühlen, unsere Fantasie.« (B. Gödtel)*

*So viele Bedingungen der Sexualität – und so viele Möglich-
keiten, daß sie einer Fehlsteuerung verfallen. Solche Fehlsteue-
rungen bringen Haß und Gewalt hervor, Perversion und Mord.*

»Herzinfarkt beim Schäferstündchen«

So benannte der Kriminalist F. Glücker seinen Bericht
über einen außergewöhnlichen Todesfall mit kriminel-
lem Anschein. Er ereignete sich in einem weltbekannten
westdeutschen Kurort.

Um die Mittagsstunde eines Sommertages erhielt die
Stadtpolizei einen Anruf aus einem Hotel. Dort war in
einem nicht vermieteten Zimmer eine unbekannte männliche Leiche gefunden worden.

Die Kriminalisten begaben sich sofort in das durchaus

renommierte Hotel und wurden zum Leichenfundort geführt. Im Doppelbett befand sich ein älterer nackter Mann. Er lag entspannt auf der linken Seite, der rechte Arm ruhte auf der Brust. Ein Auge war geschlossen, das andere geöffnet. Beim Umwenden der Leiche zeigten sich Totenflecke. Der Tod mußte also schon vor Stunden eingetreten sein.

Das Hotelzimmer wies keine Zeichen von Unordnung auf. Die Jacke des Toten hing über der Stuhllehne, die übrigen Kleidungsstücke waren sorgfältig auf das Sofa gelegt worden. Bei Durchsuchung der Jacke fanden sich 13,20 DM in Münzen und die Brieftasche mit den Ausweispapieren. Danach war der Tote der fünfzigjährige Kaufmann Walter Sturm, der sich seit zwei Wochen im Kurort aufhielt, jedoch in einem anderen Hotel wohnte.

Wie war Sturm in dieses Hotel gelangt? Er hatte das Zimmer nicht gemietet. Niemand wußte, wie er sich in das verschlossene Zimmer Zutritt verschafft hatte. Beide Betten waren benutzt worden. Es mußte also noch jemand mit Sturm in das Zimmer gekommen sein. Auffällig war auch, daß der anscheinend wohlhabende Kaufmann nur einige Münzen in der Tasche gehabt hatte. Es war an einen Raubmord zu denken. Hinwiederum gab es im Zimmer keine Hinweise für einen Kampf noch am Körper des Toten sichtbare Zeichen von Gewalt.

Ermittlungen in dem Hotel, in dem Sturm als Kurgast wohnte, ergaben, daß er dort zum letzten Mal am Abend zuvor gesehen worden war. Über einen Kontakt mit anderen Leuten war nichts zu erfahren.

So blieb der Fall vorerst rätselhaft.

Erneut setzten die Kriminalisten bei der Frage an, wie Sturm und die zweite Person in das verschlossene Hotelzimmer gelangt waren. Schließlich stellte sich heraus, daß der Angestellte, der nachts an der Rezeption Dienst gehabt hatte, noch nicht befragt worden war. Er hatte heute dienstfrei. Er wurde ins Hotel gerufen und gestand nach einigem Zögern, nachts gegen drei Uhr seien ein Herr und eine Dame gekommen und hätten ein Zimmer verlangt. Der Herr habe es ihm gleich bar bezahlt und ein ansehnliches Trinkgeld dazugelegt – unter der Bedingung, daß er und seine Begleiterin keinen Meldeschein ausfüllen müßten.

So blieb der Name der Frau vorläufig unbekannt. Und unbekannt blieb auch, wann und wie sie das Hotel unbemerkt wieder verlassen konnte. War es möglicherweise eine Prostituierte, die den Mann bestohlen hatte?

In der Dienststelle untersuchten die Beamten die Brieftasche des Toten genauer. In einem verborgenen Zwischenfach entdeckten sie 550 DM. Außer dem Geld befand sich in dem Geheimfach noch die Adresse eines Arztes. Der Arzt wurde befragt. Er hatte Sturm ein Medikament gegen Herzbeschwerden verordnet.

Und noch ein Fund in einer Jackentasche: die zerknüllte Rechnung einer Nachtbar. In der Nachtbar erhielten die Kriminalisten die Auskunft, daß Sturm dort gestern nacht ausgiebig mit einer Frau gezecht hatte. Kurz vor drei Uhr früh hatten beide gemeinsam die Bar verlassen. Wer Sturms Zechgenossin gewesen war, wußte man auch in der Bar nicht – wahrscheinlich war sie ebenfalls ein Kurgast.

Die Ermittlung geriet erneut ins Stocken.

Inzwischen wurde der Tote obduziert. Die Obduzenten schlossen einen unnatürlichen Tod aus. Sturm war herzkrank gewesen. Vor seinem Tode hatte er sexuellen Verkehr gehabt. Der Blutalkoholspiegel war recht hoch. Wahrscheinlich hatte er kurz zuvor auch das ihm vom Arzt verordnete Herzmittel eingenommen. Die Kombination des Herzmittels mit reichlich Alkohol, verbunden mit sexueller Erregung, hatten einen plötzlichen Herztod verursacht.

Soweit war also ein Verbrechen auszuschließen. Der Fall wurde dann aber doch noch zufriedenstellend aufgeklärt.

Eine Bardame aus jener Nachtbar, in der Sturm mit seiner Begleiterin gewesen war, erschien bei der Kripo. Sie war schon zuvor wegen der Identität von Sturms Begleiterin vernommen worden und wußte von Sturms Tod. Nun berichtete sie, eine ältere Dame hätte sie aufgesucht – eben die Frau, die zusammen mit Sturm gezecht hatte. Diese Frau war sehr beunruhigt und fragte die Bardame, ob sie nicht ein Gespräch mit der Kripo vermitteln würde. Sie könnte die Vorgänge um Sturms Tod aufklären.

Die Frau wurde vernommen. Ihre Aussage ermöglichte es, die Ereignisse jener Nacht zu rekonstruieren. Sturm genoß seinen Kuraufenthalt auch als Urlaub von der Ehe. Seine Frau war ebenfalls zur Kur, aber an einem anderen Ort. Regelmäßige Barbesuche gehörten zu Sturms Vergnügungsprogramm. An jenem Abend lernte er in der Nachtbar die zweiundsechzigjährige Witwe Kummernus kennen. Sie sah jünger aus, als sie war. Sturm verliebte sich in sie, und sie fand Gefallen an ihm. Sie tranken reichlich. Vom Wein gingen sie zu Sekt über und hielten sich mit Mokka munter. Sie kamen in Stimmung. Sturms Verlangen, mit der Frau zu schlafen, wuchs. Er ging zum Telefon, rief ein Hotel an und bestellte ein Doppelzimmer. Gegen drei Uhr, als beide schon stark angeheitert waren, verließen sie die Bar. Draußen wartete ein Taxi. Sturm hatte es schon vorhin, als er das Hotel anrief, bestellt. Frau Kummernus wunderte sich, denn ihr Quartier lag ganz in der Nähe. Sturm schwärmte von einer Spazierfahrt mit ihr. Sie fuhren eine Weile durch die Gegend – ein Anlaß zu intimen Zärtlichkeiten auf dem Rücksitz. Schließlich landeten sie vor einem Hotel. Sturm bat seine Freundin auszusteigen, er habe hier für sie beide ein Zimmer bestellt. Frau Kummernus war nun nicht mehr im Zweifel, was Sturm vorhatte. Sie war mit seinem Vorschlag einverstanden.

An der Rezeption bezahlte Sturm den Nachtportier bar und gab ihm ein hohes Trinkgeld, weil er versprach, auf die Eintragung im Meldebuch zu verzichten. Der Nachtportier brachte sie zu ihrem Zimmer. Trotz seiner Erregung legte Sturm seine Kleidung ordentlich auf dem Sofa ab. Auch Frau Kummernus kleidete sich aus. Sturm zog sie zu sich ins Bett und begann sie stürmisch zu liebkosen. Dabei kam es bei ihm zu vorzeitiger Ejakulation. Im gleichen Augenblick sank er in sich zusammen. Ein Auge hatte sich geschlossen, das andere starrte glasig die erschrockene Frau an. Kein Zweifel, der Mann war tot.

Frau Kummernus geriet in Panik. Allein mit einem fremden Toten in einem heimlich gemieteten Zimmer. Sie wußte nicht einmal den Namen des Mannes. Was geschehen war, war unzweideutig zu erkennen. Sie fürchtete Unannehmlichkeiten mit der Polizei. Sie kleidete sich an. Um nicht vom Nachtportier gesehen zu werden, schlich sie in den Speiseraum und kletterte von dort aus durch ein Fenster hinaus.

Ihr Bericht deckte sich mit dem Ergebnis der Obduktion.

Die Gerichtsmedizin hat eine Anzahl Fälle eines plötzlichen natürlichen Todes beim Geschlechtsverkehr auf ihre Ursachen hin untersucht. Sie sind nicht nur medizinisch, sondern auch kriminalistisch interessant, denn »das Verfängliche der Situation und das vorher äußerlich gesunde Verhalten der Betroffenen gibt von vornherein einem Verdacht, daß hier ein Verbrechen vorliegen könnte, erhebliche Stütze«, schrieb der Gerichtsmediziner Dr. G. Schrader.

Die pathologischen Befunde beim plötzlichen Tod während des Geschlechtsverkehrs ergeben immer wieder die gleiche Todesursache.

Ein junger Sportler starb während des Beischlafs mit einer Prostituierten. Die Obduktion ergab ausgedehnte Blutansammlungen im Gehirn, hervorgerufen durch den Riß einer Hirnarterie. Einige Tage zuvor war der Mann vom Barren gestürzt und hatte danach Kopfschmerzen und Benommenheit verspürt. Todesursache war also eine traumatische Spätblutung, die von einem Hämatom nach einer zuvor erlittenen Schädelverletzung ausgegangen und dann durch den Coitus ausgelöst worden war.

Eine siebenundzwanzigjährige Frau verstarb beim Geschlechtsverkehr. Die Obduktion ergab: krankhafte Veränderung der Aorta. Ein Thrombus hatte die linke Herzkranzarterie verstopft.

In einem anderen Fall war ein Aortenaneurysma gerissen, in einem weiteren Fall eines zweiunddreißigjährigen Offiziers hatte ein Thrombus beide Kranzadern blockiert.

Diese wenigen Beispiele genügen, um die immer gleichen Ursachen dieser außergewöhnlichen Todesfälle zu benennen: Der tödliche Ausgang wurde jedesmal durch den Coitus ausgelöst. Verantwortlich dafür, so faßte G. Schrader das Ergebnis seiner Untersuchungen zusammen, sind die starke Steigerung des Blutdrucks und vor allem erhebliche Blutdruckschwankungen, die durch die physische Belastung und die psychische Erregung hervorgerufen werden. Sie belasten stark den Kreislauf. Sind nun bereits krankhafte Organveränderungen (Herz, Aorta usw.) vorhanden, wird der Geschlechtsverkehr zum auslösenden Moment.

Über einen ganz ungewöhnlichen Todesfall berichtete der Budapester Gerichtsmediziner I. Balogh: »Martha L., eine Jungfrau von immerhin dreiundfünfzig Jahren, brach ohne erkennbaren Grund auf einem öffentlichen Platz zusammen. Der von Zeugen verständigte Inspektionsarzt konnte bereits kein Lebenszeichen mehr wahrnehmen.«

Dr. Balogh nahm die Obduktion vor. Er fand ein Kondom, das Luftröhre und rechten Bronchus verschloß. Die Lungen waren aufgebläht, punktförmige Unterblutungen der Augenbindehäute und akute Blutstauungen ergänzten das Bild eines Erstickungstodes, verursacht durch

Aspiration eines Kondoms. Balogh fügte noch hinzu, Nachforschungen über die vermutlich merkwürdige Vorgeschichte des Falles seien ergebnislos geblieben.

Über einen ebenso seltenen, wahrscheinlich einmaligen Todesfall beim Geschlechtsverkehr berichteten die Rechtsmediziner J. Dufkova und H.-J. Wagner. Sie hatten die Leiche einer dreiunddreißigjährigen Frau erhalten, um eine Verwaltungssektion vorzunehmen. Die Frau war vor zwei Tagen tot in ihrer Wohnung aufgefunden worden, in der sie zusammen mit ihrem Freund lebte. Der Freund war bereits polizeilich vernommen worden. Er hatte ausgesagt, er habe gegen 5 Uhr morgens festgestellt, daß das Bett, in dem beide lagen, eingenäßt war. Er suchte vergeblich seine Freundin zu wecken. In der Annahme, sie sei betrunken, legte er sie auf eine Couch. Als er gegen 7 Uhr erwachte, war die Frau tot.

Die äußere Besichtigung der Leiche ergab punktförmige Unterblutungen der Augenbindehäute, Hautabschürfungen bzw. Kratzer am Hals und im Nacken, Unterblutungen am rechten Oberschenkel, am rechten Schienbein. Obwohl die Fingernägel der Toten die Fingerbeeren um zwei Millimeter überragten, war kein Fingernagel abgebrochen. Beim Herauspräparieren der Halshaut wurden an der rechten Halsseite unter dem von außen sichtbaren Kratzer eine frische Unterblutung und in allen Schichten der Halsmuskulatur auf beiden Seiten flächenhafte Unterblutungen im Nackenbereich gefunden. Diese und weitere Anzeichen wiesen auf einen nicht natürlichen Tod hin, einen Erstickungstod durch mechanische Absperrung der Atemwege.

Das vorläufige Gutachten betonte, daß eine erhebliche Gewalt auf die Halspartie des Opfers eingewirkt hatte. Da die Haut weitgehend unversehrt war, hatte die Gewalt möglicherweise mehr flächenhaft eingewirkt. Auch auf den Nackenbereich war starker Druck ausgeübt worden.

Nach diesem Befund geriet der Freund der Toten natürlich in den Verdacht eines Tötungsverbrechens. Anfangs hatte er beteuert, seine Freundin nicht getötet zu haben.

Das Obduktionsergebnis widerlegte diese Behauptung. In einer sehr intensiven Vernehmung gestand er schließlich, seine Freundin sei möglicherweise während eines Beischlafs ums Leben gekommen.

Er schilderte den Vorgang folgendermaßen: Nachts wollten beide miteinander schlafen. Der Versuch scheiterte, weil beide betrunken waren. (Nach dem Obduktionsbefund hatte die Frau tatsächlich einen Blutalkoholwert von 2 Promille gehabt.) Nun sollte Oralverkehr den gewünschten Erfolg bringen. Der Mann setzte sich auf die Brust seiner Freundin, nahe am Hals, legte seine Hände unter ihren Nacken und bewegte rhythmisch ihren Kopf. Seine Oberschenkel lagen entlang ihres Halses. In der Erregung preßte er sie fest am Hals. Nachdem auch der Oralverkehr wegen völliger Passivität der Frau abgebrochen werden mußte, hatte sich der Mann wieder schlafen gelegt.

Am Beschuldigten konnten keine Verletzungen festgestellt werden, die auf Abwehrhandlungen der Frau gegen einen tätlichen Angriff hingewiesen hätten. Die Rechtsmediziner erklärten, daß die Aussage des Beschuldigten nicht im Widerspruch zum Obduktionsbefund stünde: »Die beiderseitigen Unterblutungen in der Halsmuskulatur lassen sich ohne weiteres durch den Schenkeldruck eines in geschlechtlicher Erregung befindlichen Menschen erklären, und die Blutungen in der Nackenmuskulatur können durch den pressenden Fingerdruck vom Nacken aus zustande gekommen sein.«

Die Kriminalpolizei schloß sich dieser Meinung an und betrachtete die Aussage des Beschuldigten als nicht widerlegbar.

Der letzte Orgasmus

»Im Schein der Taschenlampen und tragbaren Scheinwerfer bot sich den Ermittlungsbeamten ein grausiges Bild«, berichtete 1962 der Kölner Kriminalobermeister K. Ulonska.

An einem Augustnachmittag hatten Pilzsucher im Königsforst bei Köln im Baumgeäst eine Schaufensterpuppe hängen gesehen. Sie vermuteten einen Scherz junger Leute und benachrichtigten erst Stunden später die Polizei. Die glaubte jedoch nicht so recht an einen Scherz und machte sich sogleich auf die Suche nach dem vage benannten Fundort der »Puppe«.

Es war schon finster, als die Polizisten die Gestalt im Baum entdeckten. »Im Schein der Taschenlampen und Scheinwerfer bot sich ihnen ein grausiges Bild«: In etwa fünf Meter Höhe hing eine riesige menschliche Leiche. Es schien eine Frau zu sein. Langes Haar fiel bis auf die Schultern. Das Gesicht glich einem Totenschädel, es war teilweise skelettiert. Der Unterkörper der Leiche war mit einem Petticoat bekleidet. Ob der Oberkörper, Arme und Beine nackt waren, ließ sich nicht erkennen. Sie leuchteten fluoreszierend im Scheinwerferlicht.

In der Nähe des Baumes fand sich eine vollständige Herrenbekleidung. Daneben lagen Nylonstrümpfe, Lippenstifte, Parfümfläschchen.

Die Finsternis gestattete weder eine genauere Untersuchung des Fundortes noch eine Abnahme der Leiche aus dem Geäst.

Erst am nächsten Morgen konnten die näheren Umstände dieses Todesfalls ermittelt werden. Die Füße der Leiche hingen unterhalb eines starken Astes, auf dem sie – wie Abschürfungen auf dem Ast zeigten – vor dem Tode gestanden hatten. Den Hals der Leiche umgab lose ein Nylonstrumpf. Darüber befand sich die Schlinge eines Stricks. Das andere Ende des Stricks war an einem Ast über dem Kopf befestigt. Der Nylonstrumpf unter der Schlinge sollte verhindern, daß der Strick zu sehr in die Haut einschnitt. Ein weiteres Seil hing lose herab.

Die Leiche wurde vorsichtig abgeseilt. Erst jetzt stellte sich heraus, daß es keine weibliche – wie gestern nacht angenommen –, sondern eine männliche war. Über Arme und Beine waren lange Damen-Nylonstrümpfe gezogen, den Oberkörper bedeckte ein seidener Spitzen-Unterrock. Die Stoffe, so der Bericht, lagen so eng an der Haut an, daß nachts im nebligen Lampenlicht Arme und Beine nackt erschienen. Am Baumstamm, sozusagen unter der Leiche, lagen zwei Damenstrümpfe über Kreuz, im linken und rechten Schenkel des Kreuzes jeweils ein roter Gummihandschuh und zwischen den oberen Schenkeln des Strumpfkreuzes ein Pornobild.

Die Leiche wurde im Institut für Gerichtliche Medizin obduziert. Es war ein Mann, der sich eine Perücke aus langem Frauenhaar über den Kopf gestülpt hatte. Unter dem Petticoat trug die Leiche vier Damenslips mit Spitzenbesatz, ein Menstruationshöschen, eine Camelia-Binde und eine Kinderwindel. Die nackten Körperstellen waren teilweise mumifiziert, die bekleideten, besonders der Unterkörper, von Maden zerfressen. Tierfraß hatte auch das Gesicht und den Hals stellenweise skelettiert.

Als Todesursache wurde Erhängen festgestellt.

Der Tote konnte bald identifiziert werden. Es war ein sechsundzwanzigjähriger Reserve-Leutnant, der zur Zeit seines Verschwindens vor mehr als sieben Wochen als Student eingeschrieben war. Anfangs ergab sich ein Widerspruch zwischen der natürlichen Größe des Mannes, die 1,89 Meter betragen hatte, und der Körperlänge der Leiche, die zwei Meter betrug. Die Differenz ließ sich durch das »Aushängen« erklären.

Die Ermittlungen ergaben ferner, daß der Tote ein Einzelgänger gewesen, dessen sexuelle Abartigkeit aber nicht aufgefallen war. Er war auf folgende Weise zu Tode gekommen:

Im Wald hatte er sich seiner Kleidung entledigt und Damenwäsche angezogen. Dann hatte er unten neben dem Baumstamm kreuzweise die Nylonstrümpfe, die roten Gummihandschuhe und das Pornobild ausgebreitet, war auf den Baum gestiegen, hatte sich Nylonstrumpf und Schlinge um den Hals gelegt, das andere Seilende und ein zweites Seil an einem Ast über sich befestigt. An diesem zweiten Seil hielt er sich fest und begann, auf einem Ast stehend, auf und nieder zu wippen. Dabei zog sich das Seil um den Hals straff und lockerte sich wieder. Die rhythmische Drosselung der Luftzufuhr zum Gehirn, der Blick auf die Nylonstrümpfe, die Gummihandschuhe und das Pornobild sollten den Orgasmus auslösen. Als der Orgasmus kam, rutschten die Füße des Mannes vom Ast.

Es war sein letzter Orgasmus.

Auch für den zwölfjährigen Schüler Robby war es der letzte Orgasmus, den er auf ähnliche Weise erreicht hatte. Auch er suchte, wie Kriminaloberinspektor B. Büchner berichtete, seine Selbstbefriedigung mit Hilfe eines Erhängungsmechanismus.

An einem Sonntag war der Junge mit seinem Vater zum Baden gefahren. Es saß eine Weile am See und sah dem fröhlichen Treiben zu. Bald fühlte er sich sexuell erregt, stand auf und sagte dem Vater, er wolle im nahegelegenen Wald nach einem Vogelnest sehen. Er werde bald wieder zurück sein.

Robby war schon öfter an diesem See gewesen und in den Wald gegangen. Dort hatte er an einer schwer zugänglichen Stelle unter dichtem Gesträuch ein Seil verborgen.

Zielstrebig begab sich Robby zu diesem Versteck. Er

legte Trainings- und Badehose ab und knotete dann das Seil etwa einen Meter über seinem Kopf an einem Ast fest, bildete mit dem anderen Ende eine Schlinge und legte sie sich um den Hals. Das Seil hatte dabei einen gewissen Spielraum. Es zog sich erst dann straff zu, wenn Robby in die Knie ging. Dann schnürte es ihm den Hals ab.

Der Junge besaß schon Übung in dieser Art Masturbation. Bisher hatte er noch immer, bis ihm die Einschnürung das Bewußtsein nahm, sich rechtzeitig wieder aufgerichtet und die Drosselung gelockert.

Aber diesmal, als er mit der Hand die Erregung noch zu steigern suchte, kam der Orgasmus zu plötzlich und gewaltsam. Noch bevor sich der Junge wieder aufrichten konnte, verlor er das Bewußtsein ...

Die Obduktion ergab Tod durch Strangulation. Eingetrocknete Flecken an Hand und Oberschenkel wurden durch den Phosphatase-Test als Sperma identifiziert. Die saure Phosphatase ist ein Ferment, das in besonders hoher Konzentration im Sperma enthalten und deshalb relativ einfach nachzuweisen ist.

Eine andere Art tödlicher Unfälle bei autoerotischen Handlungen zeigt der Erstickungstod des sechsundzwanzigjährigen Martin Kittler.

Kittler, ein alleinstehender Arbeiter, war seit Tagen nicht mehr gesehen worden. Die Nachbarn verständigten die Polizei. Kittler wurde tot auf seinem Bett gefunden. Die Leiche war in eine Plastikhülle eingewickelt. Der Kopf des Toten ruhte auf der umgeschlagenen Öffnung des Plastiksackes, nur ein kleiner Spalt ermöglichte Luftzufuhr.

»Nach Aufschneiden der Plastikhülle«, berichtete Kriminalamtmann E. Daucher, »verbreitete sich starker Fäulnisgeruch. Die Innenseite der Plastikhülle war mit Kondenswasser beschlagen. Am Mund hatte sich ein auffallend großer weißer Schaumpilz gebildet.«

Auf der Brust des Toten befand sich eine leere Blechdose. Sie hatte das Lösungsmittel Methylenchlorid enthalten. Es erzeugt beim Einatmen eine ätherähnliche narkotisierende Wirkung. Eine Hand des Toten steckte in einem Gummihandschuh.

Die Obduktion ergab Erstickung als Todesursache.

Kittlers autoerotische Praktik hatte darin bestanden, sich in einen Plastiksack einzuwickeln, dadurch die Atemluft zu drosseln und sich mit Hilfe des Methylenchlorids in einen rauschhaften Zustand zu versetzen und dabei masturbatorisch einen gesteigerten Orgasmus zu erreichen.

Autoerotische Praktiken sind vielfältig in ihren Methoden. Einige Hilfsmittel, die den Lustgewinn erhöhen sollen, können tödlich sein. Die hier berichteten Beispiele sind keine absonderlichen Einzelfälle. In Deutschland ereignen sich jährlich Dutzende tödlicher Unfälle bei autoerotischer Betätigung. Meist läßt sich für Kriminalisten und Rechtsmediziner der autoerotische tödliche Unfall klar als solcher erkennen und vom Selbstmord abgrenzen. Die äußeren Begleitumstände am Leichenfundort weisen meist deutlich darauf hin: Aufhängung, Selbstfesselung, Plastikhüllen, weibliche Kleidung, Pornobilder, Spermaspuren.

Den hier geschilderten Fällen ist eines gemeinsam: Drosselung der Atemluft soll das sexuelle Lustgefühl erhöhen. Hypoxie, also Sauerstoffmangel, tritt ein, indem sich die Betreffenden partiell aufhängen oder strangulieren, den Kopf oder den ganzen Körper in einen Plastikbeutel stecken oder betäubende Dämpfe einatmen. Das Gehirn erhält zu wenig Sauerstoff und reagiert mit Einengung des Bewußtseins. Übergeordnete Zentren werden gelähmt, das tiefgelegene Sexualzentrum im Rückenmark wird stärker erregt.

Die Praktiken, die diesem Ziel dienen, sind deshalb so gefährlich, weil sie nicht exakt kontrolliert werden können. Statt des gewünschten Wollustgefühls tritt Bewußtlosigkeit ein. Der Betroffene kann sich aus seiner Lage nicht mehr selbst befreien und erstickt.

Der autoerotische tödliche Unfall hat auch eine versicherungsrechtliche Seite. Da ein versicherungsrechtlich anerkannter Unfall nur dann vorliegt, wenn der Betreffende durch ein plötzlich von außen auf ihn einwirkendes Ereignis unfreiwillig geschädigt worden ist, ist beim tödlichen Unfall durch autoerotisch erzeugte Hypoxie der Versicherungsfall in der Regel nicht gegeben. Denn der Verunfallte hat sich bewußt und freiwillig in eine lebensbedrohliche Situation begeben.

Lust an der Qual

Dr. Erwin Bornschein war ein beliebter Heilpraktiker. Die Patienten schätzten seine freundliche lebensfrohe Art, seine Aufmerksamkeit gegenüber ihren Leiden, seine Hilfsbereitschaft und Heilerfolge. Nachdem er eine Tätigkeit in der chemischen Industrie ausgeübt hatte, ließ er sich als Heilpraktiker ausbilden und eröffnete zwei Praxen als Homöopath. Sein guter Ruf als Heilpraktiker verschaffte ihm das Angebot, auch als Ausbilder für den Nachwuchs wirksam zu werden.

Niemand von seinen Patienten ahnte, daß dieser nette beliebte Mann ein Doppelleben führte.

Dr. Bornschein war Masochist.

Masochismus ist eine sexuelle Anomalie. Der Masochist gelangt nur dann zu sexueller Befriedigung, wenn er Schmerzen erleidet. Der Schmerz des Masochisten ist ein komplexes physisches und psychisches Geschehen. Der Masochist braucht nicht nur rein körperliche Schmerzen wie Peitschenschläge, Tritte, Würgen. Er fordert damit zugleich auch das Erlebnis der Demütigung, der Erniedrigung, der Unterordnung unter diejenigen, die ihm den Schmerz zufügen. Der heterosexuelle Masochist findet diese Befriedigung durch entsprechende Handlungen von Frauen. Oft sind es Prostituierte, »Dominas«, die darauf spezialisiert sind. Der homosexuelle Masochist sucht sich Männer für diese Dienstleistungen.

Bornschein war homosexuell veranlagter Masochist und besaß ein ausgeprägtes feminines Wesen. Er war, wie Kriminalhauptkommissar H. Rehberg berichtete, »hochgradig masochistisch-flagellantistisch pervers. Er suchte sich seine Partner vorwiegend aus dem niedrigsten Milieu. Er bevorzugte brutale kräftige Typen.«

Diese fand er in Lokalen, die als Treffpunkte Homosexueller bekannt waren. Die Männer, die er mit in seine Wohnung nahm, mußten – den Oberkörper nackt, mit Reithosen und gespornten Stiefeln bekleidet – Bornschein so lange peitschen, bis er zum Orgasmus kam. Zu diesem Zweck ließ er sich auch gern drosseln und würgen.

In einer Juninacht lud Dr. Bornschein Thilo Polster zu sich ein. Bornschein hatte seit längerem homosexuelle Kontakte zu Polster. Als Polster erschien, war er schon ziemlich angetrunken. Beide blieben nur kurze Zeit in der Wohnung. Dann beschlossen sie, in einen Wald zu fahren. Dort gingen sie eine Weile spazieren. Der Morgen dämmerte schon. Auf einem einsamen Pfad, so berichtete Rehberg, blieben sie stehen: »Sie waren beide sexuell erregt. P. zerrte B., der sich betont langsam zu entkleiden begonnen hatte, die Kleider vom Leibe. Währenddem schlug er auf das Gesicht und den Körper des Dr. B. ein. P. warf ihn zu Boden, biß ihn nach Aufforderung, würgte und drosselte ihn mit dem Beinling von B.'s Schlafanzugshose. Anfangs hatte Dr. B. Laute von sich gegeben, die P. als Ausdruck der Lust wertete. Diese Laute gingen dann in ein Stöhnen über, das P. unbekannt war. Er stellte das Würgen ein, hob den Kopf B.'s und stellte fest, daß er kraftlos zur Seite fiel.«

Polster sah entsetzt, daß sein Partner tot war. Hatte er ihn zu lange und zu kräftig gewürgt? Hastig kleidete er sich an. In der vagen Hoffnung, er könnte sich geirrt haben, untersuchte er nochmals den reglosen Bornschein. Er war tot. Polster suchte die Kleidungsstücke des Toten zusammen und bedeckte damit die nackte Leiche. Zuvor hatte er der Hosentasche Geldbörse und Schlüsselbund entnommen. Er eilte durch den Wald zurück in Richtung Stadt. Die Schlüssel warf er in einen Kanal, die geleerte Geldbörse in ein Gebüsch.

Übernächtigt und voller Angst begab er sich zum Bahnhof und trank im Wartesaal eine Tasse Kaffee. Dann setzte er sich in einen Zug, stieg bald irgendwo wieder aus und schlief mehrere Stunden im Freien. Er wagte es nicht mehr, in seine Wohnung zurückzugehen, fuhr weiter, übernachtete an andern Orten bei Bekannten und las zwei Tage später, daß Dr. Bornscheins Leiche gefunden worden sei und die Polizei zu ermitteln begonnen habe.

Als Waldarbeiter die Kriminalpolizei zu der unbekannten nackten Leiche gerufen hatten, vermutete sie anhand der Tatort-Situation von Anfang an ein Verbrechen. Der um den Hals fest zugezogene Beinling einer Schlafanzugshose legte Tod durch Erdrosseln nahe. Die ineinander verschlungenen und verschmutzten Kleidungsstücke, abgerissene Knöpfe u. a. »deuteten an, daß das Entkleiden überhastet, bei atypischer Kraftaufwendung und ohne Konzentration auf den Entkleidungsakt erfolgt war. Der Tod des Unbekannten war nach den vorgefundenen Umständen auf sexuelle Motive zurückzuführen.« Die Tatort-Situation sprach auch dagegen, daß der Tod durch autoerotische Betätigung erfolgt war. Eine weitere Person mußte zumindest mitbeteiligt gewesen sein.

Die Obduktion ergab Blutungen und Unterblutungen am Kopf, am Hals und an den Schläfen. Augäpfel und Bindehäute besaßen die für Ersticken typischen punktförmigen Unterblutungen. Das Nasenbein war gebrochen. An den Gliedmaßen fanden sich Hautabschürfungen. Um den Hals lief eine eingetrocknete Strangfurche. Am Penis und an der Schambehaarung wurde Sperma nachgewiesen. Je eine Hautvertrocknung am linken Unterarm und auf dem rechten Schulterblatt ließen sich als Bißspuren deuten. Die Verletzungen an Kopf und Hals waren durch stumpfe Gewalt hervorgerufen worden, möglicherweise durch Schlagen und Würgen. Todesursache: Erdrosseln.

Über eine Vermißtenmeldung wurde der Tote als Dr. Bornschein identifiziert. Bei der Wohnungsdurchsuchung fand sich die Schlafanzugsjacke, die zur am Tatort gefundenen Hose gehörte. Weitere Ermittlungen zur Person des Toten führten zu seinen homosexuellen Beziehungen. Kriminalhauptkommissar Rehberg sah das als erschwerend für die Aufklärung an, denn bei einem Tötungsdelikt im homosexuellen Milieu seien »Täter, Opfer und Zeugen in einem Schweigekomplott verbunden«.

In langwierigen Ermittlungen wurde Polster als Täter gefunden.

Nun noch ein weiterer Todesfall eines Masochisten. Bei ihm verband sich eine relativ normale heterosexuelle Veranlagung mit fortschreitender masochistischer Anomalie.

Der Fall, über den seinerzeit Kriminaloberkommissar H. Oehmke berichtete, trug sich 1957 in Berlin zu.

Theo Niethammer wohnte in Ostberlin und besaß in Westberlin einen Großhandel. Während des Krieges war sein Geschäft aufgeblüht. Er hatte zahlreiche Bordelle mit Gummischutzmitteln beliefert. Seine im Krieg geknüpften Geschäftsbeziehungen halfen ihm, nach dem Krieg sein Unternehmen auszuweiten.

Niethammers Geschäftsräume lagen in einem Hinterhaus. Dort hatte er sich auch eine Schlafstelle eingerichtet, um hier zu übernachten. Seine geschiedene Frau, die im Geschäft mitarbeitete, bewohnte noch gemeinsam mit ihm die Wohnung in Ostberlin. Die Ehe war geschieden worden, weil Frau Niethammer sich den abartigen sexuellen Forderungen ihres Mannes entzogen und Niethammer Erfüllung dieser Wünsche bei anderen Frauen, meist Prostituierten, gesucht hatte.

Eines Tages wurde Niethammer in seinem Geschäftsraum tot aufgefunden. Er lag auf einer Couch. Der Oberkörper war mit einer Schlafanzugsjacke bekleidet, der Unterkörper nackt. Die Füße waren zusammengebunden, die Hände auf dem Rücken gefesselt. Die Fesselung war so beschaffen, daß er sie nicht selbst hätte vornehmen können. Um den Hals war ebenfalls eine ziemlich dicke Schnur geschlungen. An beiden Enden der Schnur befanden sich geknotete Schlaufen. Diese erlaubten einen sichereren Griff beim Zuziehen der Schnur.

Die Obduktion bestätigte die Annahme, daß Niethammer durch Drosseln mit der Schnur erstickt worden war. An seinen Händen gab es keine Abwehrverletzungen. Die durch die Fesselung von Händen und Füßen erzeugten Strangmarken bewiesen, daß Niethammer noch zu Lebzeiten gefesselt worden war. Eingetrocknete Spermaspuren am rechten Oberschenkel bewiesen, daß Niethammer vor oder während der Strangulation ejakuliert hatte.

Die Mordkommission vermutete den Täter im Milieu von Homosexuellen oder Prostituierten. Bei ihren Ermittlungen erhielt sie den Hinweis, daß die zweiundzwanzigjährige Prostituierte Christine Beziehungen zu einem masochistischen Mann habe. Christine und ihr Zuhälter waren zur Tatzeit in der Nähe des Tatortes gesehen worden. Beide waren vorbestraft und erkennungsdienstlich registriert.

Inzwischen war ein roter Gummihandschuh, der neben der Leiche gelegen hatte, untersucht worden. Dabei machte man eine unerwartete Entdeckung: im Inneren des Handschuhs fand sich der teilweise Abdruck einer Handfläche. Es war wie eine ironische Fügung: Der Gummihandschuh sollte Fingerabdruckspuren vermeiden und bewahrte eine gleichwertige Spur auf. Sie konnte der verdächtigen Christine zugeordnet werden.

In Zusammenarbeit mit der Ostberliner Kripo wurden Christine in Ostberlin und der Zuhälter in Westberlin festgenommen.

Beide gestanden, Niethammer ermordet zu haben.

Christine hatte den Geschäftsmann ein Jahr zuvor kennengelernt. Er wurde bald ihr »Stammfreier«. Sie suchte ihn mehrmals wöchentlich in seinem Geschäftszimmer auf und erfüllte gegen gute Bezahlung seine speziellen masochistischen Wünsche. Dazu gehörten Stockschläge auf den Penis, Frottieren des nackten Körpers mit einer Drahtbürste und Strangulieren mit einer Schnur. Meist ließ er sich zuvor fesseln. Daß er bei der Drosselung manchmal bewußtlos wurde, beunruhigte ihn nicht. Er sagte, wenn er dabei für immer »wegbliebe«, wäre ihm das gleichgültig. Kriminaloberkommissar Oehmke schloß daraus, daß Niethammer »in der Betätigung seiner Perversion auch nicht vor der Möglichkeit einer Selbstvernichtung zurückschreckte«.

Christine wußte, daß ihr Kunde in seinen Geschäftsräumen größere Geldbeträge aufbewahrte. Zusammen mit ihrem Zuhälter kam sie auf den Gedanken, Niethammer zu töten und zu berauben. Niethammers Strangulationslust kamen ihnen dabei zu Hilfe. Christine brauchte die Drosselung nur bis zum Eintritt des Todes fortzusetzen.

Eines Abends, als Niethammer gefesselt vor Christine

lag und sie zur Drosselung aufforderte, zog sie fest zu. Es brauchte nicht einmal viel Kraft. Niethammer zuckte, sein Orgasmus war der letzte.

»Das weite Feld der sexuellen Anomalien«, schreibt der Psychiater R. Gödtel, mache die »enormen Risiken des menschlichen Sexuallebens bewußt«. Hier auf die Ursachen solcher Anomalien einzugehen, ist nicht die Aufgabe dieses Berichts. Gödtel bezeichnet die Perversionen als Ersatzhandlungen für nicht zu erreichende ideale Sexualkontakte. Kriminalisten und Rechtsmediziner weisen immer wieder darauf hin, daß sexuell anomal veranlagte Menschen besonders gefährdet sind. Das zeigen die tödlichen Unfälle bei autoerotischen und masochistischen Praktiken.

Aber auch ein Mord wie der an Niethammer ist durchaus nicht zufällig. M. Staak vom Institut für Gerichtliche Medizin Tübingen veröffentlichte 1972 eine Untersuchung über »Tötungssituationen in heterosexuellen und homosexuellen flüchtigen Partnerschaften«. Auch eine mehr oder weniger flüchtige Beziehung zwischen Täter und Opfer birgt die Gefahr eines Gewaltverbrechens. Staak hatte 45 Tötungsverbrechen in flüchtigen Partnerschaften untersucht und dabei festgestellt, bei Tötungsdelikten in heterosexuellen flüchtigen Partnerschaften falle die häufig dominierende Rolle der Prostituierten gegenüber dem Täter auf. Typisch für Morde an Prostituierten seien ungelöste Konflikte des Täters mit seiner Ehefrau oder Geliebten. Die Prostituierte werde zum Ersatzopfer. Bei Tötungsdelikten in homosexuellen flüchtigen Partnerschaften sei der Kunde das Opfer. Der junge Täter verachte das ältere Opfer als minderwertig. In einigen Fällen führte Zudringlichkeit des Opfers zu einer überschießenden Abwehrreaktion des Täters.

Strichcode

In den 70er Jahren erzählte mir ein Leipziger Gerichtsmediziner einen Mordfall, zu dessen Aufklärung er wesentlich beigetragen hatte. Am zweiten Weihnachtsfeiertag war eine vierundsechzigjährige Rentnerin nach einem Verwandtenbesuch auf einem verschneiten Feldweg vergewaltigt und danach durch Messerstiche in Rücken und Hals getötet worden.

Die im Vaginalabstrich gefundenen Spermaspuren ließen die Blutgruppe des Täters feststellen: die verhältnismäßig seltene Blutgruppe AB. Die polizeilichen Ermittlungen führten zu einem fünfundzwanzigjährigen Mann, der diese Blutgruppe besaß. Er gestand schließlich die Tat.

Bekanntlich kann die Blutgruppe nicht nur aus dem Blut, sondern auch aus anderen Körpersekreten wie Schweiß, Nasenschleim, Speichel festgestellt werden, sofern die betreffende Person zu den sogenannten Ausscheidern von Blutgruppensubstanz gehört. Trotzdem haftete in dem eben genannten Fall – wie in jedem anderen, wo die Blutgruppe ein wichtiges Indiz darstellte – dem Beweis für die Täterschaft theoretisch eine Schwäche an. Es gibt viele Menschen, die die gleiche Blutgruppe wie der vermeintliche Täter haben. Denn die Zahl der Blutgruppen und ihrer Untergruppen ist begrenzt. Auf der Welt haben Millionen von Menschen die gleichen Blutgruppen-Merkmale, kämen also hypothetisch als Verursacher, als Täter in Frage. Der Blutgruppennachweis erlaubte also immer nur einen negativen Beweis: Es kann immer nur bewiesen werden, daß eine bestimmte Blutprobe *nicht* von einem bestimmten Menschen stammt. Ein absolut sicherer positiver Beweis konnte also auch bei einem Sexualverbrechen nicht erbracht werden. Natürlich konnte diese Unsicherheit in der kriminalistischen Praxis durch andere positive Indizien (Identifizierung des Täters durch das Opfer, Geständnis des Täters, materielle Beweise usw.) weitgehend begrenzt werden. Aber theoretisch blieb sie bestehen.

Deshalb suchte die Forschung diese unübersteigbare Grenze der Identifizierung zu überwinden. Es ging darum, aus einer körpereigenen Spur (Blut, Sperma, Gewebe usw.) die absolute einmalige Identität des Betreffenden zu bestimmen. Wie der Fingerabdruck jedes Menschen einmalig ist, ist auch seine Blutstruktur einmalig. Ziel aller wissenschaftlichen Anstrengungen auf dem Gebiet der forensischen Serologie ist es also, wie Dr. W. Bär sagte, Methoden zur Individualisierung von Spuren und Personen zu finden. Das ist möglich, denn die Menschen sind trotz gemeinsamer Merkmale unendlich verschieden, von »großer genetischer Heterogenität und Einmaligkeit« (W. Bär).

Das praktisch nachzuweisen, gelang jedoch erst in den 80er Jahren durch die DNA-Bestimmung. DNA, die Desoxyribonukleinsäure (auch DNS), ist eine einmalige und einzigartige Substanz, die die gesamte genetische Information und damit die Anlagepläne jedes Lebensbausteins eines Lebewesens, also die Verschlüsselung seiner Individualität, enthält. Sie läßt sich durch chemische Extraktionsverfahren aus Blut, Sperma, Gewebe gewinnen und schließlich in einer Art Strichcode darstellen, ähnlich dem Strichcode auf Supermarktartikeln. So erhält man ein einmaliges Muster, »das keinem andern Menschen auf diesem Planeten gehört«, sagte der Entdecker dieses Verfahrens, der englische Genetiker Jeffreys. Analog zum einmaligen Fingerabdruck nannte er das einmalige DNA-Muster den »genetischen Fingerabdruck«.

Die Kriminalisten H. Heitborn und F. Steinbild berichteten, wie 1989 ein scheinbar unaufklärbarer Sexualmord mit Hilfe des »genetischen Fingerabdrucks« doch noch aufgeklärt werden konnte.

Bianka Harnisch, eine zweiundzwanzigjährige Verkäuferin in einer westfälischen Kleinstadt, bewohnte eine Souterrainwohnung in einem Zweifamilienhaus. Ihr Freund Frank besuchte sie oft. In letzter Zeit übernachtete er auch bei ihr. Den Abend des 21. Dezember hatten beide getrennt verbracht, Bianka mit einigen Freundinnen, Frank mit mehreren Kollegen.

Gegen 3 Uhr früh kehrte Frank in Biankas Wohnung zurück. Ein Freund begleitete ihn. Verwundert bemerkten sie, daß die Wohnungstür offenstand. Auf seine Rufe erhielt Frank keine Antwort. Dann fand er Bianka im Schlafzimmer. Sie lag nackt auf dem Bett, ihr Körper war blutüberströmt.

Bei der Untersuchung des Tatorts stellte die Kripo fest, daß die Tür nicht gewaltsam aufgebrochen worden war. Möglicherweise hatte Bianka den Täter gekannt und in die Wohnung eingelassen.

Aus der Scheide des Opfers war ein Sekret aufs Laken geflossen. An der Leiche und am Bett wurden Mikrospuren sichergestellt, u. a. in größerer Menge Fasern von einem pinkfarbenen Polyacryl-Kleidungsstück.

Die rechtsmedizinische Obduktion ergab als Todesursache Verbluten. Das Opfer hatte zahlreiche Stiche im Hals- und Bauchbereich erhalten. Mit großer Gewalt hatte der Täter auch drei Stiche in die Schläfe geführt. Die auf dem Laken gefundene Flüssigkeit war eine Mischung aus Vaginalsekret und Sperma. Es war anzunehmen, daß das Opfer vergewaltigt und danach getötet worden war.

Eine Anzahl Personen aus Biankas Bekanntenkreis wurde vernommen und ihre Blutgruppe festgestellt. Dazu gehörte auch ein dreiundzwanzigjähriger Mann, der mit Bianka befreundet war. Er hatte bereits einige Gewalttätigkeiten gegen Frauen begangen. Er leugnete, Bianka ermordet zu haben. Ein Vergleich seiner Blutgruppe mit der aus dem Sperma gewonnenen Blutgruppe ergab, daß er als einziger der Tat verdächtig war. Aber mit Sicherheit war er nicht als Täter zu identifizieren.

Die Kriminalisten entschlossen sich, einen anerkannten Spezialisten für DNA-Analyse, den Züricher Gerichtsmediziner Dr. Bär, zu Rate zu ziehen. Dr. Bär untersuchte das Vergleichsmaterial. Der genetische Fingerabdruck schloß den Verdächtigen als Täter aus.

Der Mordfall Bianka Harnisch blieb ungeklärt.

Mehr als ein Jahr später, am 23. Februar 1989, erfolgte im selben Ort erneut ein Sexualmord. Die siebzehnjährige Schülerin Peggy Petersen war von einem abendlichen Handballtraining nicht heimgekehrt. Eine umfängliche Suchaktion der Polizei blieb erfolglos. Lediglich Peggys Fahrrad wurde am Ufer der Ems gefunden, die Hochwasser führte.

Vier Wochen später wurde die in der Ems treibende Leiche Peggys entdeckt. Der Unterkörper der Toten war nackt.

»Bei der Obduktion dann der entscheidende Befund: todesursächlich waren brutal und gezielt gesetzte Stichverletzungen in den Hals-, Kopf- und Brustbereich, wobei der Halsstich und die Kopfstiche in die rechte Schläfe fast identisch waren mit den Verletzungen bei Bianka H. Jetzt war wohl jedem klar, daß wir in dem kleinen Städtchen einen Doppelmörder suchen mußten.«

Die Suche erfolgte nach allen Regeln kriminalistischer Routine und Taktik. Sie führte ins Leere. Erneut nahm die Mordkommission Verbindung zu Dr. Bär in Zürich auf. Die Kriminalisten gingen davon aus, daß nur Spurenmaterial aus der Mordsache Bianka H. eine Chance für die Ermittlung des Mörders bot.

Dr. Bär teilte mit, daß inzwischen die DNA-Analyse weiter verfeinert worden und in der Lage sei, den Täter selbst aus einer größeren Anzahl Verdächtiger eindeutig zu identifizieren.

Daraufhin wählte die Mordkommission zweiundneunzig Männer aus, die nach den üblichen Kriterien für überprüfenswert gehalten wurden. Dem Bericht zufolge wurde nach umfänglichen Vorbereitungen die Aktion »generalstabsmäßig« durchgeführt.

Die zweiundneunzig zu überprüfenden Männer waren zuvor informiert und zu einer freiwilligen Blutentnahme aufgefordert worden. Nur drei weigerten sich. Aufgrund entsprechender strafrechtlicher Bestimmungen konnte auch ihnen Blut entnommen werden.

Den Hauptanteil der DNA-Analyse übernahm das Züricher Gerichtsmedizinische Institut.

Nach vier Wochen teilte Dr. Bär mit, von den zweiundneunzig überprüften Personen könnten einundneunzig als Verursacher der Spermaspur ausgeschlossen werden. Eine der Proben wäre nun noch genauer zu prüfen. Wiederum zwei Wochen später hatte Dr. Bär zweifelsfrei die Identität zwischen Spermaspur und Blutprobe festgestellt. Sie stammte von dem dreiundzwanzigjährigen Soldaten Achim Roemer.

Roemer war schon nach der Ermordung Biankas als potentiell Verdächtiger vernommen worden. Er wohnte in der Nähe Biankas und hatte für die Tatzeit kein Alibi gehabt. Aber man hatte ihm die Tat nicht nachweisen können.

Roemer wurde festgenommen. Anfangs war er zu keinem Geständnis bereit. Erst am dritten Tag gab er zu, Bianka und Peggy ermordet zu haben.

In der Nacht des 21. Dezember 1987 hatte er bereits vier Liter Bier getrunken, als er im Vorbeigehen sah, daß in Biankas Souterrainwohnung ein Fenster offenstand. Er stieg ein. Angeblich hatte er nur einen Diebstahl beabsichtigt. Dann hatte er im Schlafzimmer Bianka entdeckt, sie aus dem Schlaf gerissen und vergewaltigt. Bianka war eine frühere Schulkameradin von ihm. Sie hatte ihn erkannt.

Er wollte sie als Zeugin ausschalten und erstach sie. Dann wischte er alle Fingerspuren ab, schloß das Fenster, nahm 160 DM aus der Handtasche der Toten, verließ die Wohnung und entledigte sich am nächsten Tag des Messers und der blutigen Kleidung.

Sein zweites Opfer, die siebzehnjährige Schülerin Peggy, war ebenfalls ein Zufallsopfer. Sechs Liter Bier hatten Roemers Sinne vernebelt. Nachts auf der Emsbrücke stieß der Betrunkene mit seinem Fahrrad an das Fahrrad der ihm entgegenkommenden Peggy. Das Mädchen machte eine abfällige Bemerkung über seinen Zustand. Er schlug sie ins Gesicht. Sie schlug zurück. Sie kämpften miteinander, fielen dabei von der Brücke in die Ems. Roemer sagte, darüber sei er so wütend geworden, daß er Peggy erstach.

Diese Darstellung der Tat dürfte bezweifelt werden, wenn man bedenkt, daß die Leiche mit nacktem Unterkörper gefunden worden war.

Im Prozeß gegen den Sexualmörder widerrief dieser sein Geständnis. Die Verteidigung bezweifelte, daß der DNA-Beweis rechtmäßig und verfassungsgemäß sei. Das Gericht erkannte ihn als zulässig an. Später schlossen sich auch andere Gerichte der rechtlichen Zulässigkeit des DNA-Beweises an.

Roemer erhielt wegen Mordes an Bianka und Totschlags an Peggy eine lebenslange Freiheitsstrafe.

Mord nach dem Liebesakt

Es war 22.30 Uhr, in einer Aprilnacht, als der vierundzwanzigjährige Hilfsschlosser Siegfried Kriegel in Hannover vor der Wohnung seiner Geliebten vorfuhr. Er war für diese Zeit mit Gudrun verabredet. Die dreiundzwanzigjährige Arbeiterin Gudrun Spranger war jetzt von ihrem Schichtdienst zurückgekehrt und würde ihn bereits erwarten.

Er brauchte nur kurz zu hupen. Gudrun kam aus dem Haus. Er öffnete ihr die Beifahrertür, sie stieg ein. Er fuhr ab, aus der Stadt heraus, sein Ziel war ein Wäldchen im Südwesten Hannovers.

»Hast du nun endlich mit deiner Verlobten gesprochen?« fragte Gudrun.

»Noch nicht«, erwiderte er nach kurzem Zögern.

»Du hast es fest versprochen!«

»Ich habe es versprochen, und ich werde es tun.«

»Ich glaub's bald nicht mehr. Wie wollen wir heiraten, wenn du dich nicht von ihr trennst!«

Ja, wie? dachte Kriegel, wie nur? Er zog es vor, nicht zu antworten. Er wußte, er war zu feige, seiner Verlobten zu gestehen, daß seine Geliebte von ihm schwanger war. Er hatte Gudrun vor mehr als einem Jahr kennengelernt und seitdem mehrmals mit ihr geschlafen, auf dem Rücksitz des Wagens, im Wald. Er war verlobt und irgendwie in dieses Verhältnis mit Gudrun hineingeschlittert. Nicht allein durch seine Schuld, sagte er sich. Gudrun wußte, daß er an Ulrike, seine Verlobte, gebunden war. Er hatte es ihr von Anfang an gesagt, trotzdem hatte sie sich mit ihm eingelassen. Dann hatte sie ihm vor einem Vierteljahr offenbart, sie sei schwanger. Unmöglich, hatte er erwidert, er habe doch immer ein Kondom benutzt. Und ich, hatte sie entgegnet, habe bisher mit keinem andern Mann etwas gehabt, das Kind ist von dir.

Kriegel hatte sich bereit erklärt, eine Abtreibung zu bezahlen. Aber bald hatte ihm Gudrun mitgeteilt, dazu sei es schon zu spät. Kriegel hatte sich seiner Mutter anvertraut. Die Mutter hatte ihm geraten, die Verlobung zu lösen und Gudrun zu heiraten. Na gut, hatte er gesagt, dann heirate ich eben Gudrun. Er war sich nicht klar, ob er sie wirklich liebte oder bloß eine sexuelle Abwechslung gesucht hatte. Er wußte auch nicht, ob er seine Verlobte liebte oder nur bei ihr blieb, weil ihm die Auflösung der Verlobung unangenehm war.

Er wußte überhaupt nicht, was er tun sollte.

»Dränge mich nicht so, laß mir noch etwas Zeit.«

»Du schaffst es nicht. Nie. Am besten, wir machen Schluß. Beide. Und werfen uns vor einen Zug.«

»Ja, manchmal denke ich auch, das wäre das beste.«

Schweigend fuhren sie durch die Nacht. An einem Wäldchen hielt er an. Sie stiegen aus und gingen ein Stück spazieren. Die Waldwege waren in der Finsternis kaum zu erkennen. Sie kamen an einer Bank vorbei und setzten sich. Kriegel legte den Arm um Gudrun. Sie küßten sich, dann schliefen sie miteinander. Obwohl es kalt war, blieben sie danach noch auf der Bank sitzen.

Warum sollen wir uns beide vor den Zug werfen, dachte Kriegel. Es genügt, wenn Gudrun stirbt. Ich muß nur etwas nachhelfen, damit es wie Selbstmord aussieht. Nun hatte er die Lösung seines Dilemmas. Erleichtert stand er auf. Es sollte gleich geschehen. Sonst würde er vielleicht doch davor zurückschrecken. Und die Finsternis dieser Nacht ist günstig.

Er reichte ihr die Hand. »Komm, laß uns noch etwas spazierengehen.«

Gudrun erhob sich. Zielstrebig lief er mit ihr bis zur Straße zurück. An seinem Wagen vorbei führte er Gudrun bis zur nahen Eisenbahnbrücke. Er lehnte sich über das Brückengeländer und blickte hinunter. Ein Güterzug näherte sich gerade und fuhr unter der Brücke hindurch. Rauch hüllte sie ein.

»Ich könnte stundenlang hier stehen«, sagte Kriegel, »und den Zügen zuschauen.«

Gudrun lachte. »Da wüßte ich angenehmere Beschäftigungen.«

Er blickte immer noch hinab. »Springst du mit mir hinunter, wenn der nächste Zug kommt?« fragte er.

Gudrun war unsicher, ob die Frage nur ein Scherz war. Sie blickte hinab. Bis zu den Schienen hinunter war es wohl sechs bis acht Meter. Springen? Ihr schauderte. »Nie«, sagte sie, »nein, springen würde ich nie. Lieber den Kopf auf die Schienen.«

Du wirst beides haben, dachte er. Es muß nur wie Selbstmord aussehen.

Das Gespräch schleppte sich hin, bis sich erneut das Nahen eines Zuges ankündigte. Die Scheinwerfer der Lok tauchten die Gleise in glitzerndes Licht. Kriegel schlang seinen linken Arm um Gudruns Rücken. Den rechten Arm schob er unter ihre Kniekehlen. Hob Gudrun empor und warf sie, die Beine voran, über das Geländer.

Gudrun schlug wild um sich und bekam einen Stab des Geländers zu fassen. Auch die Füße fanden auf einer Brückenkante Halt. In diesem Augenblick fuhr der Zug unter ihr vorbei. In Todesangst rief sie um Hilfe. Rauchschwaden umhüllten sie, verschluckten ihre Schreie.

Kriegel beugte sich über das Geländer und zog sie zu sich zurück. »Verzeih mir«, sagte er, »eine Kurzschlußhandlung. Verzeihst du mir?«

»Du wolltest mich umbringen, nicht wahr?«

»Nein. Ich wollte dir folgen – da hinunter. Ich hatte einfach die Kontrolle über mich verloren.«

»Na gut, wir sind eben beide völlig fertig mit den Nerven.«

Arm in Arm gingen sie zu seinem Wagen zurück. Er setzte Gudrun vor ihrer Wohnung ab. »Wann sehen wir uns wieder?«

»Erst wenn du mit deiner Verlobten gesprochen hast.«

»Dann übermorgen.«

»Übermorgen, zur gleichen Stunde.«

Ein Kuß zum Abschied.

Gudrun ging ins Haus. Es war bald ein Uhr. Ihre Wirtsleute, ein Rentnerehepaar, schliefen schon. Sie waren wie Eltern zu ihr. Gudruns Eltern waren tot. So war sie dankbar für die herzliche Zuwendung der alten Leute. Diese wußten auch von ihrem Liebesverhältnis mit Kriegel, daß er verlobt und sie von ihm schwanger war. Im Gegensatz zu Gudrun glaubten sie nicht, daß Kriegel sie heiraten wolle. Denn als Gudrun ihm von ihrer Schwangerschaft berichtet hatte, hatte er gedroht, er würde nach drüben in die DDR gehen, dann brauche er keinen Unterhalt zu zahlen.

Am nächsten Abend erzählte Gudrun ihren »Eltern«, was sie in der Nacht zuvor erlebt hatte. Als Beweis zeigte sie ihre rußgeschwärzten Strümpfe. Die alten Leute waren entsetzt. Und als sie hörten, Gudrun wolle sich morgen wieder mit Kriegel treffen, beschworen sie sie, sich sofort von ihm zu trennen. Aber Gudrun wollte von einer Trennung nichts hören.

Am nächsten Abend holte Kriegel Gudrun pünktlich zur vereinbarten Zeit ab. Wiederum fuhren sie zum Wäldchen an der Eisenbahnbrücke. Am Waldrand hielt er an und schaltete Motor und Beleuchtung aus. Gudrun stellte das Radio an. Melodien zur Nacht erklangen. Sie stieg aus und setzte sich auf den Rücksitz.

»Na komm schon«, forderte sie Kriegel auf, »warum auf einmal so schüchtern?«

Kriegel zeigte sich durchaus nicht schüchtern und kam ihrem Verlangen nach.

Als sie dann wieder auf den Vordersitzen saßen, fragte Gudrun erneut, ob er endlich seiner Verlobten gesagt habe, daß er sich von ihr trennen wolle. Natürlich hatte Kriegel nicht mit seiner Verlobten gesprochen. Gudruns Zorn traf auf sein schlechtes Gewissen. Er hatte es satt, zu einer Entscheidung gezwungen zu werden, weil er nicht wußte, für wen er sich entscheiden sollte, und weil er die Entscheidung fürchtete.

Und so war es ihm in diesem Augenblick wohl auch nicht bewußt, daß er – um einer unangenehmen Entscheidung auszuweichen – nun doch eine verhängnisvolle Entscheidung traf. Er umklammerte mit beiden Händen Gudruns Hals. Ihre Gegenwehr war schwächlich gegenüber seinem entschlossenen Griff. Als sie sich nicht mehr rührte, zog er das Tuch, das sie um ihren Hals trug, fest zu und verknotete es. Gudrun war leblos auf dem Sitz zusammengesunken.

Kriegel schaltete Motor und Abblendlicht ein und fuhr auf die Eisenbahnbrücke. Er stieg aus, öffnete die rechte Vordertür, zerrte Gudruns Körper aus dem Wagen, schleifte ihn bis zum Geländer und warf ihn in die Tiefe ...

Am nächsten Morgen, so berichtete Kriminaloberkommissar H. Schiermeyer, »wurde gegen 6.20 Uhr von einem Fahrdienstleiter der Bundesbahn fernmündlich der Polizei mitgeteilt, auf der Bahnstrecke Hannover–Hameln ... am Bornumer Holz ... liege eine zerstückelte Frauenleiche.«

Eine Mordkommission begab sich zum Leichenfundort.

Die Tote lag auf dem Bauch, in Längsrichtung zwischen den Schienen. Das linke Bein war in Höhe des Knies durchtrennt und hing nur noch mit Hautresten am Oberschenkel. An einer Schiene fanden sich Blut und Gewebeteile. Das Gesicht der Toten war blau verfärbt und Blut aus Nase und Mund ausgetreten.

Unweit der Leiche, am Rande des Gleiskörpers, stand eine Damenhandtasche mit geöffnetem Reißverschluß. Links und rechts von der Tasche stand jeweils ein Damenschuh. Beide Schuhe waren sauber. In der Tasche fanden die Kriminalisten u. a. auch den Personalausweis der Toten.

Aus der Fundsituation schlußfolgerten die Kriminalisten, »daß die Tote vor dem Überfahren in Rückenlage dicht neben der linken Schiene gelegen haben kann und erst beim Überfahren und Durchtrennen des linken Beines in Bauchlage (Fundsituation) geschleudert worden ist.«

Erste Überlegungen, ob Unfall, Selbstmord oder Mord vorlag, gingen von der Fundsituation und der Lage der Handtasche und Schuhe aus. Beide Situationen zueinander in Beziehung gesetzt, ergaben nur dann eine Antwort auf diese Fragen, wenn sie in Einklang miteinander gebracht werden konnten und sich nicht gegenseitig ausschlossen.

So sprach für einen Selbstmord, daß die Frau, bevor sie sich auf die Schienen legte, vorher Handtasche und Schuhe an den Rand des Gleiskörpers abgestellt hatte. Sie könnte sich auch von der Brücke hinabgestürzt haben, nachdem sie unten Handtasche und Schuhe hingestellt hatte. Beides wäre denkbar, aber praktisch unsinnig.

Ein Unfall, etwa ein unfreiwilliger Sturz von der Brücke beim Hinüberlehnen über das Geländer, mußte gänzlich ausgeschlossen werden. Damit ließe sich das sorgfältige Abstellen von Tasche und Schuhen nicht erklären.

Möglich war ein Fremdverschulden. Entweder war die Frau schon bewußtlos oder bereits tot auf die Schienen gelegt oder von der Brücke hinabgeworfen worden. Der Täter hatte dann unten die Schuhe und die Handtasche neben die Leiche gestellt.

Die Kriminalisten begaben sich zur Wohnung der Toten. Dort erfuhren sie von den Wirtsleuten Gudruns Beziehung zu Kriegel und dessen ersten Mordversuch vor drei Tagen. Auch die geschwärzten Strümpfe waren noch als Beweis vorhanden.

Die gerichtsmedizinische Obduktion brachte die Aufklärung des Falles ein wesentliches Stück weiter. Sie bestätigte den Verdacht eines gewaltsamen Todes.

Am Hals der Toten fanden sich Würgemale, die ihr zu Lebzeiten zugefügt worden waren. Die typischen Unterblutungen, wie sie beim Erdrosseln und Erwürgen auftreten, gab es jedoch nicht. Ein Erstickungstod war unwahrscheinlich. Dagegen stellten die Obduzenten neben inneren Verletzungen eine Fettembolie fest. Eine Fettembolie entsteht dann, wenn bei schweren Verletzungen durch stumpfe Gewalt halbflüssiges Körperfett in verletzte Adern und damit in den Blutkreislauf gerät und die Fetttröpfchen die feinen Haargefäße in der Lunge verstopfen. Die Fettembolie in der Lunge und das Fehlen von Unterblutungen als Folge des Würgens bedeuteten also, daß Gudrun zwar bewußtlos war, aber noch gelebt hatte, als der Täter sie von der Brücke warf. Der Aufprall auf den Gleiskörper hatte zu schweren inneren Verletzungen und zur Fettembolie geführt, an deren Folgen sie bald darauf verstarb. Die Tote war im vierten bis fünften Monat schwanger gewesen.

Siegfried Kriegel wurde verhaftet, als er gerade mit seiner Verlobten den Garten umgrub. Bereits während der Überführung in die Dienststelle legte er ein teilweises Geständnis ab. In den weiteren Vernehmungen schilderte er den Tatverlauf. U. a. gab er an, er habe geglaubt, Gudrun sei bereits tot gewesen, als er sie von der Brücke warf. Danach habe er die Schuhe und die Handtasche im Wagen entdeckt und der Toten nachgeworfen. Die Lage der Tasche und der Schuhe am Fundort widersprach dieser Behauptung. Sie waren nicht hinuntergeworfen, sondern hingestellt worden. Kriegel war also, nachdem er Gudrun hinabgeworfen hatte, hinuntergegangen und hatte Schuhe und Handtasche neben sie gestellt. Möglicherweise wollte er sich dabei überzeugen, ob sein Opfer auch tot war.

Kriegel erhielt wegen Mordes eine lebenslängliche Freiheitsstrafe.

Nachbemerkung

Dieses Buch ist ein Bericht über Kriminalfälle aus vorwiegend rechtsmedizinischer Sicht. Hinsichtlich des Rohmaterials bin ich den im Text genannten Rechtsmedizinern, Kriminalisten und Kriminologen zu Dank verpflichtet. Für den weiter interessierten Leser verweise ich auf die wesentlichen Quellen dieses Berichts. Es sind dies die Zeitschriften ARCHIV FÜR KRIMINOLOGIE, KRIMINALISTIK UND FORENSISCHE WISSENSCHAFTEN, die DEUTSCHE ZEITSCHRIFT FÜR DIE GESAMTE GERICHTLICHE MEDIZIN, die KRIMINALISTISCHEN MONATSHEFTE, die ZEITSCHRIFT FÜR RECHTSMEDIZIN, ferner die FORENSISCHE MEDIZIN von Otto Prokop, die GERICHTLICHE MEDIZIN von G. Dietz und W. Dürwald, die GERICHTLICHE MEDIZIN von G. Hansen und die Autobiographie von Sir Sidney Smith MEISTENS MORD. Den Fall »Zwei Übermenschen« entnahm ich M. Iactas BERÜHMTE STRAFPROZESSE und A. Weinbergs ANWALT DER VERDAMMTEN, den Fall »Kinder als Killer« dem ALPTRAUM EINER MUTTER von Mark Thomas.

HEYNE
BÜCHER

Thomas Harris

*Beklemmende
Charakterstudien von
unheimlicher Spannung
und erschreckender
Abgründigkeit.*

01/8294

Heyne-Taschenbücher

William Bernhardt

*Gerichtsthriller der
Extraklasse.
Spannend,
einfallsreich und
brillant wie John
Grisham!*

Tödliche Justiz
01/9761

Gleiches Recht
01/10099

Faustrecht
01/10364

Tödliches Urteil
01/10549

01/10364

HEYNE BÜCHER

Richard Bachman = Stephen King

Hinter dem Pseudonym Richard Bachman steckt der weltweit unangefochtene Meister der modernen Horrorliteratur Stephen King!

01/6848

H e y n e - T a s c h e n b ü c h e r